HERZLICHEN GLÜCKWUNSCH

Und Dankeschön für den Kauf dieses Buches. Als besonderes Schmankerl* finden Sie unten Ihren persönlichen Code, mit dem Sie das Buch exklusiv und kostenlos als eBook erhalten.

Beachten Sie bitte die Systemvoraussetzungen auf der letzten Umschlagseite!

66018-gsv6p-
56r00-i36ba

Registrieren Sie sich einfach in nur zwei Schritten unter **www.hanser.de/ciando** und laden Sie Ihr eBook direkt auf Ihren Rechner.

KOMPETENZ · HANSER · GEWINNT

*Bayrisch für eine leckere Kleinigkeit; ein Leckerbissen

Piepmeyer

**Grundkurs
funktionale Programmierung
mit Scala**

Lothar Piepmeyer

Grundkurs funktionale Programmierung mit Scala

HANSER

Prof. Dr. Lothar Piepmeyer, Hochschule Furtwangen, Fakultät Informatik

Kontakt: mail@grundkurs-funktionale-programmierung.de

Bibliografische Information der Deutschen Nationalbibliothek:

Die Deutsche Nationalbibliothek verzeichnet diese Publikation in der Deutschen Nationalbibliografie; detaillierte bibliografische Daten sind im Internet über http://dnb.ddb.de abrufbar.

© 2010 Carl Hanser Verlag München Wien (www.hanser.de)
Lektorat: Margarete Metzger
Herstellung: Irene Weilhart
Copy editing: Manfred Sommer, München
Umschlagdesign: Marc Müller-Bremer, www.rebranding.de, München
Umschlagrealisation: Stephan Rönigk
Datenbelichtung, Druck und Bindung: Kösel, Krugzell
Ausstattung patentrechtlich geschützt. Kösel FD 351, Patent-Nr. 0748702
Printed in Germany

ISBN 978-3-446-42092-2

Meinen Eltern

Inhaltsverzeichnis

Vorwort

„Das ist doch nur was für Spinner." Diese Meinung hat man lange Zeit explizit oder zwischen den Zeilen gehört, wenn man in Projekten den Einsatz funktionaler Programmierung vorgeschlagen hat. Die Zeiten ändern sich aber: Nach über 50 Jahren hat diese Art der Softwareentwicklung die Hörsäle verlassen und gewinnt im Alltag des Entwicklers zunehmend an Bedeutung. Moderne Sprachen wie C#, Erlang oder Scala adaptieren funktionale Konzepte.

Im Sommersemester 2009 habe ich an der Hochschule Furtwangen ein studentisches Projekt betreut, in dem mit der Sprache Scala und funktionalen Programmiertechniken gearbeitet werden sollte. Im Verlauf des Projekts wurde mir klar, dass funktionale Programmierung ohne eine detaillierte Einweisung kaum möglich ist. Wes Dyer hat in einer Artikelreihe in seinem Blog „Yet Another Language Geek"[1] gezeigt, dass funktionale Programmierung kein esoterisches Wissen ist, sondern sich auch sehr „lebensnah" präsentieren lässt.

Das vorliegende Buch baut auf Java auf und richtet sich an Leser mit guten Java-Kenntnissen. Auch Leser, die niemals praktisch mit einer funktionalen Sprache arbeiten werden, lernen so, wie sie die funktionale Denkweise in ihren Java-Alltag integrieren können. Der dritte und vierte Teil enthalten eine Einführung in die funktionale Sprache Scala. Der Fokus liegt insgesamt auf einer *Einführung* in die funktionale Programmierung.

Die meisten Kapitel werden durch einen Aufgabenteil abgeschlossen. Um auch für sich selbst zu prüfen, ob man die Inhalte verstanden hat, wird dem Leser die Bearbeitung der Aufgaben wärmstens empfohlen. Lösungen findet man auf der Website zum Buch: www.grundkurs-funktionale-programmierung.de. Hier kann jeder Interessierte auch Folien herunterladen.

Bei der Fertigstellung des Buches haben mir viele freundliche Mitmenschen geholfen. Bei den Teilnehmern der Vorlesung „Funktionale Programmierung" im Wintersemester 2009/2010 bedanke ich mich herzlich für ihre aufmerksame Teilnahme und die Rückmeldungen zum Manuskript. Hier hat sich vor allem Herr Michael Eckhardt durch seine differenzierte und reflektierte Meinung eingebracht. Mein Kollege Prof. Dr. Bernhard Hollunder hat mich mit der Durchsicht des Manuskripts, vor allem aber mit seinem Zuspruch ganz erheblich unterstützt. Meine Frau Christine hat sich des Manuskripts in seiner Spätfassung angenommen und mit ihrer Liebe zur Sprache und zu Texten maßgeblich zur Lesbarkeit des Buches beigetragen. Für die Realisierung des Buches danke ich dem Hanser Verlag und hier stellvertretend Frau Margarete Metzger und Frau Irene Weilhart.

Furtwangen im April 2010   *Lothar Piepmeyer*

---

[1] http://blogs.msdn.com/wesdyer/

Teil I

Abenteuer Lambda

Kapitel 1

Mehr denken, weniger tippen

In diesem Buch werden Sie die funktionale Programmierung kennenlernen und damit einen scheinbar neuen Weg, um Software zu schreiben. Tatsächlich ist die funktionale Programmierung aber gar nicht so neu – im Grunde genommen gibt es sie sogar länger, als es Computer gibt – sie hat sich aber bisher nur in wenigen Gebieten der angewandten Informatik durchgesetzt. Diese Situation ändert sich seit einiger Zeit: Immer mehr Programmiersprachen weisen heute Merkmale auf, die für funktionale Sprachen charakteristisch sind. Um einen Zugang zur funktionalen Programmierung zu erhalten, müssen wir aber zunächst verstehen, wie wir unsere Denkweise bisher an die Arbeitsweise der Computer angepasst haben. Wir werden dann sehen, dass es auch Programmiersprachen gibt, die dem menschlichen Denken entgegenkommen.

1.1 Sag, was du willst!

SQL (Structured Query Language), die Abfragesprache für relationale Datenbanken, ist ein gutes Beispiel für eine Sprache, die unserem Denken entspricht. In relationalen Datenbanken sind Daten tabellenförmig organisiert. Alle Mitarbeiter einer Firma können beispielsweise in den Zeilen einer Tabelle namens `employee` gespeichert werden, die die Spalten `fname`, `lname` und `salary` für den Vornamen, den Nachnamen und das Gehalt enthält:

fname	lname	salary
Mickey	Mouse	12.000
Donald	Duck	9.000
...	...	...

Mit Hilfe der SQL-Anweisung `select` können wir in Tabellen die Daten finden, die wir brauchen. Die folgende `select`-Anweisung ermittelt, nach den Nachnamen sortiert, die Vor- und Nachnamen aller Mitarbeiter, deren Gehalt höher als 10.000 ist:

```
select fname, lname
from employee
```

```
where salary>10000
order by lname
```

Die Anweisung ist auch ohne detaillierte Erklärungen verständlich: SQL fällt in die Klasse der deklarativen Sprachen; wir formulieren, *welche Daten* wir haben wollen, und müssen dazu nicht wissen, *wie* die Daten ermittelt werden.

Da die `select`-Anweisung nur auf Tabellen operiert, müssen wir nicht einmal wissen, wie Computer funktionieren. Mit Hilfe der Abfragesprache SQL können wir uns auf das Wesentliche konzentrieren und mit wenigen Anweisungen viel erreichen.

Die Von-Neumann-Architektur

Als in den 40er-Jahren des 20. Jahrhunderts die ersten Computer gebaut wurden, bestanden sie im Wesentlichen aus zwei Komponenten:

- Digitaler elektronischer Speicher für End- und Zwischenergebnisse.
- Ein elektronischer Prozessor, der die Inhalte von Speicherzellen lesen, verarbeiten und ändern kann.

Programme für diese Maschinen wurden zunächst entweder direkt vom Lochstreifen gelesen und ausgeführt (Zuse Z3 und MARK 1) oder wurden fest verdrahtet (ENIAC).

John von Neumann (1903–1957) hatte die Idee, auch das Programm im Speicher abzulegen. Die einzelnen Befehle konnten dem Prozessor so wesentlich schneller zugeführt werden.

Es gibt einen Befehlszähler, der die Speicheradresse des aktuellen Befehls enthält. Nachdem der Prozessor einen Befehl bearbeitet hat, erhöht er diesen Zähler und bearbeitet den nächsten Befehl. Neben der einfachen Erhöhung kann der Prozessor den Wert des Befehlszeigers aber auch vermindern, um Befehle wiederholt auszuführen. Erhöht er den Zähler um mehr als 1, werden einige Befehle nicht ausgeführt. Diese Vorwärts- und Rückwärtssprünge im Programmcode bilden die Grundlagen für Konstruktionen wie Schleifen und Verzweigungen, wie wir sie aus der Syntax der Hochsprachen kennen.

Aus dieser Idee entwickelte sich die nach von Neumann benannte und bis heute etablierte Architektur für Computer.

1.2   Der alte Weg

Das folgende in Java formulierte Codefragment, das die Summe über die ersten hundert natürlichen Zahlen berechnet und ausgibt, ist dagegen gar nicht deklarativ:

```
int n=100, sum=0;
while(n!=0){
   sum=sum+n;
   n=n-1;
}
System.out.println(sum);
```

Um das Programm zu verstehen, müssen wir die Arbeitsweise des Computers nachvollziehen: Speicherzellen werden mit Werten initialisiert, die dann nach und nach geändert werden, indem einige Anweisungen wiederholt ausgeführt werden. Sobald die Bedingung n!=0 nicht mehr erfüllt ist, wird die Wiederholung beendet und das Ergebnis ausgegeben.

Mal ehrlich: So denkt doch kein Mensch! Wir fragen uns,

- warum Millionen Softwareentwickler auf der ganzen Welt ihren Code so schreiben und

- ob es nicht eine Möglichkeit gibt, auch „ganz normalen Code" so deklarativ wie etwa in SQL zu formulieren.

Die Antworten finden wir, wenn wir zurück in die Zeit gehen, als die Computer laufen lernten. Als sich die Von-Neumann-Architektur (siehe Kasten „Die Von-Neumann-Architektur" auf Seite 4) in den 1950er-Jahren mehr und mehr durchsetzte, wurden Computer zunächst direkt in Maschinensprache oder in Assemblersprachen programmiert. Da beide Zugänge sehr maschinennah sind, mussten Entwickler auch die Wirkungsweise der Maschine nachvollziehen: Jeder Befehl wurde schließlich so ausgeführt, wie er im Maschinencode- oder Assembler-Programm stand.

Auch wenn wir heute mit höheren Programmiersprachen arbeiten: Die *Denkweise* beim Programmieren, nämlich die Abbildung der logischen Struktur eines Algorithmus auf die Wirkungsweise eines Von-Neumann-Computers, ist die gleiche wie in den Anfangsjahren der Programmierung. Dieser so genannte „imperative Programmierstil" ist bis heute die Hauptrichtung der Programmierung. Entwicklungen wie die modulare oder die objektorientierte Programmierung ermöglichen eine effektive und „gehirngerechte" *Organisation* unseres Codes. Die Software ist aber weiterhin imperativ geschrieben.

Die wesentlichen Merkmale imperativer Sprachen:

- Programme bestehen aus Anweisungen, die der Prozessor in einer bestimmten Reihenfolge abarbeitet.

- Werte von Variablen können gelesen und verändert werden.

- Es gibt bedingte Anweisungen (wie if), die durch Vorwärtssprünge realisiert werden.

- Ihre Syntax enthält Kontrollstrukturen für Schleifen, die vom Compiler auf Rückwärtssprünge zurückgeführt werden.

1.3   Abstraktion der Hardware

Egal, ob imperativ oder deklarativ: An der Von-Neumann-Architektur führt auch heute kein Weg vorbei. Auch wenn beispielsweise SQL sich nicht um die Arbeitsweise des Computers schert, werden die Anweisungen trotzdem auf Computern mit Von-Neumann-Architektur *ausgeführt*. Der Computer ist aber abstrahiert, seine Arbeitsweise gekapselt. Wenn wir also mit einer select-Anweisung auf Tabellen zugreifen, wissen wir zum Beispiel nicht,

- wie die Tabellen gespeichert sind;

- in welcher Reihenfolge die Anweisung bearbeitet wird: Wird zuerst sortiert und dann die where-Bedingung ausgewertet oder umgekehrt?

Das Datenbanksystem kümmert sich um diese Interna, wir müssen nur formulieren, welche Daten wir benötigen. Die Architektur der Hardware, auf der das Datenbanksystem läuft, ist für uns bedeutungslos.

Dieses hohe Maß an Abstraktion bieten uns imperative Sprachen wie Java oder C nicht. Es gibt Programmiersprachen, mit denen wir deklarativ programmieren können und die ebenso ausdrucksstark wie Java oder C sind. Neben logischen Sprachen wie Prolog, sind das die funktionalen Programmiersprachen – und um genau die geht es in diesem Buch.

1.4   Was ist funktionale Programmierung?

Die Grundlagen funktionaler Programmiersprachen sind mit wenigen Worten erklärt. Im Wesentlichen ermöglicht ihre Syntax die Definition von Funktionen. Insbesondere

- ist jedes Programm eine Funktion;
- kann jede Funktion weitere Funktionen aufrufen;
- werden Funktionen wie andere Daten behandelt.

Im letzten Punkt unterscheiden sich funktionale von imperativen Sprachen: Die Trennung von Daten und Programmlogik wird aufgehoben. Die Bedeutung dieses Merkmals wird zum Ende dieses Kapitels noch klarer. Da Java eigentlich die ersten beiden Merkmale aufweist, scheint Java im Sinne dieser Charakterisierung mindestens teilweise eine funktionale Sprache zu sein. Wenn wir aber den Begriff „Funktion" präzisieren, werden wir sehen, dass es doch gravierende Unterschiede zwischen Funktionen und Java-Methoden gibt.

1.5   Funktionen – Unsere Bausteine

Wie für viele andere Begriffe, gibt es auch für den Begriff „Funktion" keine einheitliche Erklärung. Funktionen gibt es nicht nur in der Mathematik und in der Programmierung, sondern auch in vielen anderen Disziplinen. Der mathematische Funktionsbegriff ist dabei für unsere Zwecke zu abstrakt, um ihn in Programmcode zu gießen. In der herkömmlichen, imperativen Programmierung sind Funktionen Unterprogramme mit Parametern; dieses Verständnis einer Funktion lässt sich schwer oder gar nicht formalisieren. Wir definieren zunächst, was wir unter einer Funktion verstehen, und sehen dann, woraus sie besteht.

1.5.1   Was ist eine Funktion?

Eine **Funktion** f ermittelt aus einer Liste von Werten für die **Parameter** p1, ..., pn einen Wert f(p1, ..., pn). Die Werte für die Parameter nennen wir **Argumente**.

An dem folgenden einfachen Beispiel in Java sehen wir, dass die Parameterliste auch leer sein kann:

```
int a()={
  return 42;
}
```

Wenn die Parameterliste nicht leer ist, gibt es zu jedem der Parameter p1, . . . , pn eine Menge von zulässigen Argumenten. Diese Menge nennen wir **Typ** des Parameters. Verschiedene Parameter können denselben Typ haben. Auch der Wert, den die Funktion aus den Parametern ermittelt, hat einen bestimmten Typ, den wir als **Rückgabetyp** bezeichnen.

Die Methode twice ist eine Funktion mit einem Parameter vom Typ int und dem Rückgabetyp double:

```
double twice(int v){
    return 2.0*v;
}
```

Dagegen ist die folgende Methode printInteger keine Funktion, da es keinen Rückgabewert gibt. Für Methoden ohne Rückgabewert verwendet Java das Schlüsselwort void:

```
void printInteger(int v){
    System.out.println(2*v);
}
```

Wir haben drei Beispiele von Java-Methoden gesehen:

■ Die ersten beiden Methoden sind Funktionen im Sinne unserer Definition.

■ Das letzte Beispiel ist dagegen ein typischer Vertreter der imperativen Programmierung. Die Methode hat keinen Rückgabewert und ist somit eigentlich nutzlos. Wir sehen gleich, warum solche Methoden dennoch eingesetzt werden.

Methoden, die keinen Wert ermitteln, verwenden wir nur wegen ihrer **Wirkung**: Im Fall unseres letzten Beispiels soll etwa eine Zahl auf der Konsole ausgegeben werden. Nach Ausführung der Methode printInteger hat die Konsole einen anderen Zustand. Funktionen, wie wir sie in der funktionalen Programmierung verwenden, ändern Zustände nicht. Sie sind frei von **Nebenwirkungen** oder Seiteneffekten (dt. für *side effects*), wie man Nebenwirkungen auch oft nennt. Da einfache Operationen wie die Ein- oder Ausgabe von Daten in einem Programm möglich sein müssen, werden Konzepte wie Monaden[1] eingesetzt, die im Sinne der funktionalen Programmierung sauber sind.

1.5.2 Was steckt in einer Funktion?

Im vorhergehenden Abschnitt haben wir gesehen, dass Funktionen zu einer Liste von Argumenten ein Ergebnis ermitteln; jetzt sehen wir, woraus das Ergebnis ermittelt wird. Wir verknüpfen zwei Funktionen, indem wir das Ergebnis der einen Funktion als Parameter der anderen Funktion verwenden. Ein einfaches Beispiel ist die Verknüpfung der beiden Methoden sqrt und abs aus der Java-Klasse Math:

```
Math.sqrt((Math.abs(-25)));
```

Zunächst wird der Betrag der Zahl −25 ermittelt. Das Ergebnis, 25, ist dann Argument der Funktion sqrt und 5.00 somit der Wert des gesamten Ausdrucks.

---

[1] Themen wie Monaden oder Ein- und Ausgabe in funktionalen Programmen sind nicht Bestandteil dieses Buches. Wir führen die Ein- und Ausgabe wie gewohnt durch.

Die Funktionen `abs` und `sqrt` werden einfach hintereinander ausgeführt. Wir sehen aber gleich, dass das nicht immer möglich ist. In unserem Beispiel funktioniert es, weil die so genannte „äußere Funktion", `sqrt`, nur einen Parameter hat und der Typ dieses Parameters zum Rückgabetyp `int` der inneren Funktion, `abs`, passt.

Wir beobachten, dass die Reihenfolge bei der Verknüpfung eine Rolle spielt. Im Ausdruck

```
Math.abs((Math.sqrt(-25)));
```

haben wir die Funktionen `sqrt` und `abs` einfach vertauscht. Das Ergebnis ist nicht mehr `5.0`, sondern `NaN` (*not a number*), weil wir die Wurzel aus einer negativen Zahl ziehen.

Jetzt haben wir alles, was wir brauchen, um Funktionen zu beschreiben: Eine Funktion besteht aus Verknüpfungen von Funktionen und Funktionsaufrufen.

Diese Charakterisierung hat den Schönheitsfehler, dass wir Funktionen mit Hilfe von Funktionen beschreiben. Damit die Verschachtelung irgendwann ein Ende hat, muss die Programmiersprache uns einige atomare, also unzerlegbare Funktionen zur Verfügung stellen.

1.5.3 Eigenschaften von Funktionen

1. Operationen wie + und * aus Java können wir auch als atomare Funktionen `add` und `mult` interpretieren, die jeweils zwei ganzzahlige Parameter und ein ganzzahliges Ergebnis haben.

    Den Ausdruck `3*3+4*4` können wir daher auch als Verknüpfung von Funktionen darstellen:

    ```
    add(mult(3,3),mult(4,4))
    ```

2. Der objektorientierte Ansatz von Java hat zur Folge, dass eine Methode wie `toLowerCase` aus der Klasse `String` keinen Parameter hat. Tatsächlich *verhält* sich `toLowerCase` wie eine Funktion mit `String` als Parameter- und Rückgabetyp. Im folgenden Beispiel werden also zwei Funktionen miteinander verknüpft:

    ```
    String s="Functional Programming";
    s.toLowerCase().contains("function")
    ```

    Wir können `toLowerCase` und `contains` wie statische Methoden interpretieren, die einen Text als Parameter haben: Wenn wir `toLowerCase` auf den Text `s` anwenden, so liefert sie uns den gleichen Text in Kleinbuchstaben. Ganz ähnlich nimmt die Methode `contains` das Ergebnis `"functional programming"` und prüft, ob es das Wort `"function"` enthält.

3. Java-Methoden und Funktionen in der imperativen Programmierung bestehen aus einer Folge von Anweisungen. Die Anweisungen werden in Java und vielen anderen Sprachen durch ein Semikolon voneinander getrennt. In der funktionalen Programmierung gibt es solche Anweisungsfolgen nicht: Hier werden sie durch geschachtelte Funktionen ersetzt.

4. Auch Variable haben in unserem Funktionsbegriff keinen Platz. Aus *mathematischer* Sicht ist das sehr befriedigend: Wir müssen uns nicht mehr über unlösbare „Gleichungen" wie x=x+1 ärgern, die in imperativen Programmen oft auftreten. Innerhalb einer

Funktion können weitere Funktionen[2] definiert werden; die Veränderung eines Wertes ist aber keine Funktion.

Wenn wir uns das folgende Beispiel einer Schleife anschauen, sehen wir auch schnell, dass Schleifen keine Funktionen sind:

```
int sum(int v){
  int result=0;
  for(int i=v; i>0; i-- )
    result+=i;
  return result;
}
```

Die Variable `i` wird mit jedem Schleifendurchlauf geändert. Egal, ob wir es mit einer `while`- oder `for`-Schleife zu tun haben: Ein wesentliches Merkmal einer Schleife besteht darin, die gleichen Anweisungen mit verschiedenen *Zuständen* wiederholt auszuführen.

Auch wenn uns Programmierung ohne Variablen und Schleifen unmöglich erscheint: Es geht! Funktionale Programmiersprachen haben ihre mathematisch-logischen Grundlagen im Lambda-Kalkül (siehe Kasten „Der Lambda-Kalkül" auf Seite 10). Man weiß aber seit vielen Jahren, dass der Lambda-Kalkül zu Turing-Maschinen äquivalent ist. Da auch gängige imperative Programmiersprachen wie Java oder C zu Turing-Maschinen äquivalent sind, folgt, dass funktionale Programmiersprachen genauso ausdrucksstark sind wie imperative Sprachen.

Wenn wir uns klarmachen, dass eine Funktion nicht nur andere Funktionen, sondern auch sich selbst aufrufen kann, gibt es auch für unsere Methode `sum` einen funktionalen Ersatz, der außerdem kürzer ist:

```
int sum(int v){
  return v<=0 ? 0 : v +sum(v-1);
}
```

Zur Formulierung der Methode verwenden wir den Bedingungsoperator, dessen Operanden mit den Zeichen `?` und `:` voneinander getrennt werden. Wenn der Boolesche Ausdruck `v<=0` den Wert `true` hat, liefert `sum` den Wert `0`, sonst ermittelt die Funktion den Wert von `v+sum(v-1)`. Funktionen, die sich selbst aufrufen, heißen **rekursiv**. Rekursive Funktionen ermöglichen ein Leben ohne Schleifen.

---

[2] Hier kommt es auch auf die Sichtweise an: Konstanten als Grenzfall von Funktionen können wir ebenfalls in Funktionen vereinbaren.

Der Lambda-Kalkül

In der ersten Hälfte des 20. Jahrhunderts wurde intensiv an den Grundlagen der Mathematik gearbeitet. Es ging sinngemäß um Fragen wie:

- Was ist ein Algorithmus? Können wir den Begriff Algorithmus formalisieren?

- Was können wir überhaupt berechnen?

- Gibt es (mathematische) Probleme, die sich nicht algorithmisch lösen lassen?

Alonzo Church (1903–1995) versuchte, den intuitiven Begriff „Berechenbarkeit" zu formalisieren und schuf den Lambda-Kalkül. Die zentrale Idee besteht darin, dass Funktionen nicht, wie gewohnt, einen Namen bekommen, sondern anonym definiert werden. Beispielsweise wird im Ausdruck

$$(\lambda x.x + 1)$$

der Wert des Parameters x durch die Vorschrift $x + 1$ um Eins erhöht. Die Anwendung sieht dann so aus:

$$(\lambda x.x + 1)23 = 24.$$

Solchen Lambda-Ausdrücken kann man nicht nur Zahlen, sondern auch andere Lambda-Ausdrücke als Argumente übergeben. So ist

$$(\lambda y.2 * y)$$

ein Lambda-Ausdruck, dem wir jetzt unseren ersten Lambda-Ausdruck als Argument übergeben:

$$(\lambda y.2 * y)(\lambda x.x + 1)$$

Wir müssen überall dort, wo der Parameter y verwendet wird, $x + 1$ einsetzen und erhalten mit der äquivalenten Form

$$(\lambda x.2 * (x + 1)) = (\lambda x.2 * x + 2)$$

einen neuen Lambda-Ausdruck.

Turing hat nachgewiesen, dass sich mit dem Lambda-Kalkül die gleichen Funktionen wie mit Turing-Maschinen berechnen lassen. Turing-Maschinen leisten ihrerseits das Gleiche, wie gängige Programmiersprachen. Man spricht in diesem Zusammenhang auch von Turing-Vollständigkeit. Der Lambda-Kalkül ist also genauso mächtig (oder ohnmächtig!) wie Java oder C. Im Lambda-Kalkül werden Schleifen beispielsweise durch Rekursion ersetzt.

Turing und Church haben unabhängig voneinander das Wesen der Berechenbarkeit erkannt. Nach ihnen ist auch die Church-Turing-These benannt worden, die es noch in vielen gleichwertigen Geschmacksrichtungen gibt: Eine Funktion ist genau dann intuitiv berechenbar, wenn sie durch den Lambda-Kalkül ausgedrückt werden kann.

1.6 Die referentielle Transparenz

Aus der Definition einer Funktion ergibt sich eine weitere Eigenschaft mit weitreichenden Folgen: Funktionen müssen für gleiche Argumente *immer* das gleiche Ergebnis liefern.

Somit ist die Methode `Math.random()` sicher keine Funktion, da sie zu verschiedenen Zeitpunkten verschiedene Werte zurückgeben kann. Der Wert, den `random` liefert, hängt vom Zufallszahlengenerator ab, den die Klasse `Math` verwendet und dessen Zustand sich mit jedem Aufruf von `random` ändert. Die Methode `Math.random()` hat also Nebenwirkungen.

Wenn wir auf Nebenwirkungen verzichten, können wir uns auf unsere Funktionen verlassen: Jetzt ergibt `2*f()` immer das gleiche Ergebnis wie `f()+f()`. In der Mathematik ist das selbstverständlich, in der imperativen Programmierung aber nicht, wie wir eben am Beispiel der `random`-Methode gesehen haben.

Der Wert einer Funktion hängt also nur von den Werten seiner Teilfunktionen und niemals vom Zeitpunkt der Berechnung ab. Diese Eigenschaft einer Funktion heißt auch *referentielle Transparenz*: Etwaige Abhängigkeiten von Daten dürfen das Ergebnis einer Funktion bei wiederholter Anwendung nicht ändern.

Der Verzicht auf Nebenwirkungen hat auch Konsequenzen für Klassen:

```
class Simple{
  private int a=1;
  int doubleA(){
    return a*=2;
  }
}
```

Die Methode `doubleA` verdoppelt das Attribut `a` und gibt dann das Ergebnis zurück; das Ergebnis von `doubleA` ändert sich also mit jedem Aufruf. Der Wert von `doubleA` hängt von den vorhergehenden Aufrufen von `doubleA` und somit vom Zeitpunkt der Ausführung ab.

Das letzte Beispiel zeigt uns, dass Objekte, wie wir sie aus der objektorientierten Programmierung kennen, in der funktionalen Welt mit Einschränkungen leben müssen: Objekte dürfen keine veränderbaren Attribute enthalten.

Der Zustand eines Objekts wird durch die Werte seiner Attribute definiert. Damit die Ergebnisse von Funktionen aber vom Zeitpunkt ihrer Änderung unabhängig sind, dürfen Objekte in der funktionalen Programmierung nicht veränderbar sein.

Wir müssen uns die referentielle Transparenz noch einmal auf der Zunge zergehen lassen: Es spielt überhaupt keine Rolle, *wann* eine Funktion ausgeführt wird. Wenn aber jede Funktion *irgendwann* ausgeführt werden kann, dann können zum Beispiel auch mehrere Prozessoren gleichzeitig verschiedene Funktionen ausführen, ohne dass wir uns über die Synchronisierung der Prozesse irgendwelche Gedanken machen müssen.

In einer Zeit, in der selbst einfachste Computer mit immer mehr Prozessoren ausgerüstet werden, ist das natürlich ein erheblicher Vorteil und einer der Gründe, warum sich in den letzten Jahren immer mehr Leute für die funktionale Programmierung interessieren.

Wir haben bereits gesehen, dass es die Ein- und Ausgabe, wie wir sie kennen, in der funktionalen Programmierung nicht gibt. Unter dem Aspekt der referentiellen Transparenz wird das noch einmal klarer: Wenn etwa zwei verschiedene Funktionen eine Ausgabe durchführen, ist das Ergebnis der Ausgabe abhängig von der Reihenfolge, in der die Funktionen aufgerufen wurden. Die Quintessenz der funktionalen Programmierung können wir so zusammenfassen: Jede Funktion gibt es, weil sie einen Wert ermitteln soll. Dieses Ergebnis ist für jeden Aufruf, bei gleichen Argumenten, immer das Gleiche. Es dürfen keine Nebenwirkungen auftreten.

1.7 Das wirkliche Leben

Die Aspekte, die wir bisher von der funktionalen Programmierung kennengelernt haben, zeigen uns, dass funktionale Programmierung aus mathematisch-logischer Sicht die vernünftige Art der Softwareentwicklung ist. Es hat sich aber schon in vielen Fällen gezeigt, dass vernünftige Lösungen sich nicht unbedingt in der Praxis durchsetzen.

Für den praktischen Einsatz funktionaler Prinzipien in der Softwareentwicklung sprechen aber gute Gründe. Neben der bereits besprochenen einfachen Möglichkeit zur Parallelisierung ist das Thema Sicherheit ein Aspekt, der bei der Evolution der Programmiersprachen immer mehr in den Vordergrund tritt. Exemplarisch seien hier die generischen Datentypen in Sprachen wie Java genannt: sie sind nicht für den Programmierer bequem handhabbar, sondern ermöglichen es auch, dass der Compiler bei der Übersetzung Typverletzungen findet, die – bevor es generische Datentypen gab – zur Laufzeit in Form von Exceptions hochgekocht sind. Die funktionale Programmierung unterstützt den Entwickler dabei, sichere und weniger fehleranfällige Software zu schreiben: In Kapitel 4 werden wir uns mit den Problemen von veränderbaren Zuständen beschäftigen und sehen, dass die Veränderbarkeit eine unablässig sprudelnde Fehlerquelle ist. Da es in funktional entwickelter Software keine veränderbaren Zustände gibt, haben wir dieser Quelle den Hahn abgedreht.

Nur derjenige Entwickler macht keine Fehler, der keinen Code schreibt. Da mit solchen Kollegen wenig anzufangen ist, hat diese Erkenntnis keine praktische Relevanz. Wenig Fehler machen Entwickler, wenn sie wenig Code schreiben. Die Ausdrucksstärke ist einer der Vorteile der funktionalen Programmierung: Wir erreichen viel mit wenig Code und reduzieren in dem kompakteren Code die Fehlerquellen. In Abschnitt 18.8.1 wird eine funktionale Implementierung des Quicksort-Verfahrens vorgestellt. Jeder, der funktional programmieren kann und die Idee des Quicksort verstanden hat, kann die funktionale Implementierung formulieren. Das ist bei imperativen Implementierungen nicht der Fall: Hier muss sich der Entwickler um viele Details kümmern, von denen man das eine oder andere auch gerne mal übersieht.

Funktionale Programmiersprachen, die keine Nebenwirkungen zulassen und in denen Funktionen nur aus Funktionsaufrufen und geschachtelten Funktionen bestehen, werden oft auch als **rein** (dt. für *pure*) bezeichnet. Die meisten funktionalen Programmiersprachen nehmen es aber mit der Reinheit nicht so genau: Ein- und Ausgaben *können* ebenso wie Variable in der gewohnten Weise genutzt werden. Diese pragmatische Lösung macht den Umstieg auf eine funktionale Sprache leichter, sie erinnert uns aber vielleicht an den Refrain aus Kurt Tucholskys Gedicht „Ideal und Wirklichkeit" [Tuc29]:

„Man möchte immer eine große Lange,
und dann bekommt man eine kleine Dicke –
C'est la vie – !"

Alles klar?

■ Software, die mit imperativen Sprachen wie C oder Java entwickelt wird, reflektiert die Von-Neumann-Architektur der Hardware.

■ In der deklarativen Programmierung geht es um das Ergebnis der Berechnungen und nicht um die Realisierung des Rechenweges mit einer Maschine.

■ Die funktionale Programmierung bietet uns eine Möglichkeit, unseren Code deklarativ zu entwickeln.

■ In rein funktionalen Programmiersprachen bestehen Funktionen nur aus Verknüpfungen und Aufrufen von Funktionen. Das ganze Programm ist eine Funktion.

■ Der Lambda-Kalkül ist die mathematisch-logische Grundlage funktionaler Programmiersprachen. Funktionale Programmiersprachen sind daher Turing-vollständig und leisten das Gleiche wie imperative Sprachen.

■ In der funktionalen Programmierung hängt das Ergebnis einer Berechnung nicht vom Zeitpunkt der Berechnung ab. Aufgrund dieser referentiellen Transparenz können funktionale Programme leicht parallelisiert werden.

■ In der funktionalen Programmierung gibt es keine Variablen; Schleifen werden durch Rekursion ersetzt.

Kapitel 2

Ein Hauch von Babylon

Wir werden jetzt am Beispiel der drei Programmiersprachen Lisp, ML und Haskell erfahren, wie die funktionalen Konzepte aus Kapitel 1 in der Praxis umgesetzt werden. Die Sprachen erlernen wir hier natürlich nicht in vollem Umfang; wir erarbeiten uns einen ersten Eindruck. Wenn man bei dieser Übersicht nicht gleich alles versteht, ist das nicht dramatisch: Da alle wichtigen Themen noch in eigenen Kapiteln ausführlich erläutert werden, kann man dieses Übersichtskapitel bei der ersten Lektüre des Buches auslassen.

2.1 Lisp – Die Mutter aller funktionalen Sprachen

Die Geschichte der höheren Programmiersprachen fing zwar in den 1950er-Jahren mit der *imperativen* Sprache Fortran an, doch bereits kurze Zeit später entwickelte John McCarthy die Programmiersprache Lisp (*List Processing*). Die Syntax von Lisp hat Ähnlichkeit mit dem Lambda-Kalkül und besticht durch den Charme ihrer Schlichtheit sowie die Vielfalt ihrer Möglichkeiten. Um Lisp zu beschreiben, brauchen wir nur die beiden Begriffe **Atom** und **S-Ausdruck**:

Ein Atom ist ein Symbol oder ein Literal etwa in Form einer ganzen Zahl, einer Fließkommazahl oder eines Textes. Beispiele für Atome sind Zahlen wie `47.11` und `23` oder der Text `"Hello Lisp"`. Je nach Lisp-Dialekt[1] können weitere Arten von Literalen, wie etwa Brüche, hinzukommen. Lisp verfügt über einen Satz vordefinierter Symbole wie `+`, `list` oder `defun`, die etwa die gleiche Bedeutung wie Schlüsselworte in anderen Programmiersprachen haben. In Lisp können Entwickler aber auch eigene Symbole vereinbaren.

Das zweite wichtige Konzept, der S-Ausdruck, ist, wie so vieles in der funktionalen Programmierung, rekursiv definiert. Ein S-Ausdruck ist entweder

▪ ein Atom oder

▪ ein Paar `(U . V)`, wobei `U` und `V` ebenfalls S-Ausdrücke sind.

---

[1] Es gibt so viele Dialekte, dass Lisp oft als Sprachfamilie und nicht als Sprache bezeichnet wird.

Auch wenn wir Ausdrücke der Form (U . V) als S-Ausdrücke bezeichnen, sind sie in dieser Form keine *syntaktisch* korrekten Ausdrücke. In *Lisp* notieren wir S-Ausdrücke wie folgt:[2]

```
(cons 47 11)
```

Dieser Lisp-Ausdruck konstruiert (daher der Name *cons* für das Symbol) den S-Ausdruck

```
(47 . 11)
```

2.1.1 Listen – Der Stoff, aus dem Lisp gemacht ist

Am Beispiel von Listen machen wir uns jetzt klar, dass wir S-Ausdrücke wie russische Matroschka-Puppen verschachteln und so komplexe Datenstrukturen definieren können. Da wir mit cons zwei S-Ausdrücke zu einem neuen S-Ausdruck zusammenfassen, konstruieren wir Listen, indem wir den Operator cons wiederholt anwenden:

```
(cons 23 (cons 47 11))
```

Der entsprechende S-Ausdruck

```
(23 . (47 . 11))
```

ist eine rekursive Beschreibung der Liste

```
(23  47  11)
```

Vor diesem Hintergrund können wir S-Ausdrücke auch anders charakterisieren. Ein S-Ausdruck ist

■ ein Atom oder

■ eine Liste.

Listen spielen eine zentrale Rolle in Lisp; wir müssen sie daher bequem vereinbaren und verarbeiten können.

Das Symbol nil bezeichnet die leere Liste, wir verwenden es auch als Markierung für das Ende einer Liste. Wenn wir eine Liste von links nach rechts durchlaufen, erkennen wir an der Markierung, wann wir das Listenende erreicht haben. Die Liste (23 47 11) definieren wir also so:

```
(cons 23
  (cons 47
    (cons 11
      nil )))
```

Auch wenn wir Zeilenumbrüche zur Strukturierung einsetzen, bleibt das für eine so kleine Liste viel zu viel Schreibarbeit. Wenn wir unsere Listen immer so aufschreiben müssten, würden wir vielleicht die Meinung einiger Leute über Lisp teilen, die behaupten, Lisp sei „the

---

[2] Die Beispiele wurden mit dem Werkzeug LispWorks entwickelt, das es in einer kostenlosen Personal-Edition gibt. Der verwendete Lisp-Dialekt ist Common Lisp.

most intelligent way to misuse a computer".[3] Einer der vielen Standardoperatoren erleichtert uns das Leben. Anstatt viele `cons`-Operationen zu verschachteln, können wir viel bequemer

```
(list 23 47 11)
```

schreiben. Wie können wir jetzt auf die Daten zugreifen, die in Listen stehen?

Da bis auf die leere Liste jede Liste ein S-Ausdruck von der Form `(U . V)` ist, bestehen nichtleere Listen aus dem Listenanfang `U` und dem Listenende `V`. In einer einfachen Liste, wie in der aus unserem Beispiel, ist `U` ein Atom in Form einer Zahl. Es ist aber auch möglich, dass `U` selbst eine Liste ist. So können wir auch mit Datenstrukturen wie Matrizen arbeiten:

```
(list
   (list 11 12)
   (list 21 22)
)
```

Egal, wie der S-Ausdruck aussieht, der zu der Liste gehört, mit Hilfe der Operatoren `car` und `cdr` kommen wir an seine Anfangs- und an seine Restkomponente. Wir probieren das einmal an unserem Beispiel aus. Die Ausdrücke

```
(car (list 23 47 11))
```

und

```
(cdr (list 23 47 11))
```

liefern die Werte `23` und `(47 11)`. Der Wert des Ausdrucks

```
(car (cdr (list 23 47 11)))
```

ist `47`.

2.1.2 Operatoren in Lisp

Einige der vordefinierten Operatoren[4], die es in Lisp gibt, haben wir bereits kennengelernt. Hier zwei weitere Beispiele, die wir gleich benötigen:

- ▰ `(+ 47 11)` liefert `58`, also die Summe aus `47` und `11`.

- ▰ `(eq 47 11)` prüft, ob die beiden Zahlen übereinstimmen und liefert `nil`, da sie verschieden sind. Dagegen liefert `(eq 23 23)` den Wert `T`.

Die aus Java bekannten Booleschen Werte `true` und `false` gibt es in Lisp nicht; ihnen entsprechen also `T` und `nil`. Alte Bekannte wie `if` finden wir in Lisp in Form eines Operators:

---

[3] Das Zitat ist etwas aus dem Zusammenhang gerissen. Es stammt von E. Dijkstra [Dij72] und hat in seinem ursprünglichen Kontext eine andere Bedeutung: „LISP has been jokingly described as „the most intelligent way to misuse a computer". I think that description a great compliment because it transmits the full flavor of liberation: it has assisted a number of our most gifted fellow humans in thinking previously impossible thoughts."

[4] Genau genommen unterscheidet man in Lisp zwischen Makros und Funktionen. Für unsere kurze Einführung in Lisp fassen wir beide Begriffe zu dem Begriff „Operator" zusammen.

- (if "something" "true" "false") liefert den Text "true"

- (if nil "true" "false") liefert den Text "false"

Der if-Operator ist das erste Element einer Liste mit vier Elementen. Wenn das zweite Element dieser Liste den Wert nil hat, so ist das Ergebnis des Ausdrucks gleich dem Wert des vierten, sonst gleich dem Wert des dritten Parameters. Wenn wir den if-Operator anwenden, erhalten wir also ein *Ergebnis*. Daher entspricht dieser Operator in Java weniger der if-Anweisung als vielmehr dem Bedingungsoperator, der – in Java – wie folgt angewendet wird:

```
String s= (array.length==0 ? "no" : "some")+" arguments"
```

Selbstverständlich können wir auch eigene Funktionen implementieren:

```
(defun sum(v)
  (if (<= v 0)
      0
      (+ v (sum (- v 1)))))
```

Die rekursive Funktion sum hat den Parameter v und berechnet die Summe der ganzen Zahlen von 0 bis v. Wenn v einen Wert kleiner oder gleich 0 hat, ist diese Summe gleich 0, ansonsten ist das Ergebnis gleich der Summe aus v und dem Wert von sum(v-1). Da wir schon alte Lisp-Hasen sind, können wir unsere neue Funktion auch gleich verwenden und sehen, dass etwa (sum 3) den Wert 6 hat.

In der folgenden Funktion addieren wir alle Elemente einer Liste:

```
(defun sum(xs)
  (if (eq (cdr xs) nil)
    (car xs)
    (+ (car xs) (sum (cdr xs)))))
```

Das ist zwar ein opulentes Klammergebirge, mit etwas Übung sieht man aber schnell, was hier passiert: Wenn das Ende der Liste (cdr xs) den Wert nil hat, haben wir es mit einer einelementigen Liste zu tun. Wir können dann nil ignorieren und das Ergebnis (car xs) direkt angeben.

Wenn unsere Liste mehr als ein Element enthält, besteht das Ergebnis aus der Summe

- des ersten Listenelements und

- der Summe der restlichen Listenelemente.

Das Ergebnis von (sum (List 23 47 11)) ist beispielsweise 81.

2.1.3 Lambda-Ausdrücke

Mit einer einzigen Änderung können wir aus sum eine Funktion machen, die die Zahlen einer Liste miteinander *multipliziert*. Ganz allgemein könnten wir die Addition + durch andere Funktionen ersetzen und so das Verhalten von sum ändern:

Wie wäre es, wenn wir Operatoren wie + oder *, die wir auf allen Elementen der Liste ausführen wollen, einfach als Argument übergeben könnten?

Der Operator würde die Listenelemente zu einem atomaren Wert akkumulieren; die Summenbildung ist dann nur ein Spezialfall.

Besonders elegant wäre es, wenn wir Operatoren wie alle andere Werte behandeln könnten. Derzeit vereinbaren wir Funktionen in Lisp so ähnlich wie in anderen Sprachen: Unsere Funktionen haben einen Namen, Parameter und einen Rumpf. Ein wesentlicher Unterschied etwa zu ganzzahligen Ausdrücken besteht in der Benennung von Funktionen: Zahlen haben keine Namen. In Lisp können wir Funktionen *anonym* definieren, also ohne ihnen explizit einen Namen zu geben:

```
(lambda(a b) (+ a b))
```

An der Namensgebung dieses Operators sehen wir, dass Lisp sich ganz bewusst am Lambda-Kalkül (siehe Kasten „Der Lambda Kalkül" auf Seite 10) orientiert. Lambda-Funktionen führen wir mit dem Operator funcall aus:

```
(funcall (lambda(a b) (+ a b)) 47 11 )
```

Auch wenn das richtige Ergebnis 58 rauskommt, erscheint es uns zunächst sinnlos (anonyme) Lambda-Funktionen auszuführen: Genauso gut hätten wir

```
(+ 47 11)
```

schreiben können. Wozu also der ganze Aufwand? Der Witz ist, dass wir Lambda-Ausdrücke

- anderen Funktionen *als Parameter übergeben* und sie dann auch

- in anderen Funktionen ausführen können.

Das ist aber genau das, was wir brauchen, um unsere Funktion sum zu verallgemeinern. Der allgemeinen Funktion accu übergeben wir neben der Liste xs eine Funktion als ersten Parameter:

```
(defun accu(fn xs)
  (if (eq (cdr xs) nil)
    (car xs)
    (funcall fn (car xs) (accu fn (cdr xs)))))
```

Die einzige Zeile im Funktionsrumpf, die wir im Vergleich zur Funktion sum geändert haben, enthält den Aufruf der Funktion fn, die wir ja als Argument übergeben haben und auch bei den rekursiven Aufrufen weiterreichen. Mit Hilfe unserer neuen Funktion accu ermitteln wir das Produkt über die Elemente einer Liste, indem wir außer der Liste noch die Lambda-Funktion (* a b) übergeben:

```
(accu (lambda(a b) (* a b)) (List 23 47 11))
```

2.1.4 Mythos Lisp

Mit seinen vielen Klammern und Listen und seiner minimalen Syntax erscheint uns Lisp sehr fremd. Für viele verdiente Informatiker hat Lisp aber einen hohen Stellenwert. Für Alan Kay, einen der Träger des Turing Awards, ist Lisp „The greatest single programming language ever designed" [Ste03].

Wir haben hier nur die Spitze des Eisberges Lisp gesehen und betrachten diese Spitze aus zwei weiteren Perspektiven:

1. Nicht nur Funktionen, auch ganze Programme haben eine listenförmige Struktur. Da wir Listen ändern können,[5] können wir auch unsere Programme zur Laufzeit ändern. Die Grenze zwischen Daten und Programmcode verschwimmt. Wir bekommen auf diese Weise Möglichkeiten, die weit über das hinausgehen, was uns imperative Programmiersprachen bieten.

2. Lisp kommt mit einem Minimum an Syntax aus: Es gibt keine Schlüsselworte, alles wird über Operatoren definiert. Da unsere eigenen Operatoren (wie accu) „first-class-citizens" in der Operatorwelt sind und sich nicht von den vorgegebenen Operatoren unterscheiden, können wir Lisp beliebig erweitern.

Wenn wir Lisp mit Java vergleichen, vermissen wir vielleicht Datentypen. In den Definitionen unserer Funktionen haben wir für keinen Parameter den Typ angegeben. Das befreit uns zwar von einiger Tipparbeit, kann sich aber böse rächen: Da während der Übersetzung nicht feststeht, welchen Typ ein Parameter (oder generell irgendein Wert) hat, können wir Funktionen beliebige Werte als Argumente übergeben. Da der Compiler nichts merkt, kommt das böse Erwachen während der Ausführung des Programms. Der Compiler hindert uns beispielsweise nicht daran, die Funktion accu in der Form (accu 47 11) aufzurufen. Da 11 aber keine Liste ist, kommt es während der Ausführung zu einem Fehler, wenn der Operator cdr auf 11 angewendet werden soll.

In dynamischen Typsystemen muss der Compiler den Typ eines Ausdrucks nicht kennen (siehe Kasten „Typsysteme" auf Seite 21). Software, die in einer Sprache mit einem dynamischen Typsystem (und dazu gehören viele Skriptsprachen, aber auch Common Lisp) entwickelt wurde, kann also Fehler enthalten, die erst im laufenden Betrieb auftreten. Natürlich kann jede Software diese Art Fehler enthalten. Es handelt sich hier aber um vermeidbare Fehler, die Compiler in Sprachen mit statischem Typsystem bemerken würden. Java hat ein statisches Typsystem: Bei Zuweisungen prüft bereits der Compiler, ob die Typen zusammenpassen. So sind Pannen, die durch den Einsatz eines falschen Typs entstehen, in Sprachen mit einem statischen Typsystem wesentlich seltener. Dynamische Typsysteme mögen zwar mehr Flexibilität bieten, Sicherheit bieten sie nicht. Die „Meta Language" (ML) geht einen interessanten Mittelweg zwischen den beiden Polen „Flexibilität" und „Sicherheit".

---

[5] Lisp ist keine rein funktionale Sprache und erlaubt veränderbare Zustände.

Typsysteme

Typsysteme von Programmiersprachen werden teilweise mit sich gegenseitig ausschließenden Begriffspaaren wie „dynamisch" und „statisch", „explizit" und „implizit" oder „sicher" und „unsicher" charakterisiert:

- In einer **statisch** typisierten Sprache hat jede Variable einen Typ, den sie lebenslänglich behält. Java ist eine solche Sprache, da wir bei der Definition einer Variablen bereits ihren Typ spezifizieren, der sich dann auch nicht mehr ändert.

- Wenn das Typsystem einer Sprache nicht statisch ist, dann ist es **dynamisch**. In Python oder anderen Skriptsprachen ist der Typ einer Variablen nicht festgelegt und kann sich ändern. Da der Compiler nicht prüfen kann, ob die Argumente, mit denen eine Funktion aufgerufen wird, zu den Parametern der Funktion passen, kann es während Laufzeit zu Problemen kommen, die statisch typisierte Sprachen vermeiden.

- Wenn in Java eine Variable definiert wird, *muss immer* ihr Typ angegeben werden. Das Typsystem solcher Sprachen wird als **explizit** bezeichnet.

- In Sprachen wie Haskell oder ML *kann* dagegen der Typ angegeben werden. Solche Typsysteme heißen **implizit**. Den Typen ermittelt der Compiler aus dem Kontext.

- In Sprachen mit **sicherem** Typsystem, wie Java, wird spätestens zur Laufzeit bemerkt, wenn bei Zuweisungen zwei Typen nicht zusammenpassen.

- In **unsicheren** Sprachen kann es passieren, dass einer Variablen ein Wert zugewiesen wird, dessen Typ gar nicht zum Typ der Variablen passt. Die unsichere Sprache C ist etwa für ihre Typakrobatik bekannt.

2.2 ML – Der Pionier

Die Sprache ML hat ein statisches, implizites und sicheres Typsystem, denn der Compiler kann den Typ eines Ausdrucks in praktisch allen Fällen **ableiten**. Entwicklungsumgebungen für ML bieten Dialogwerkzeuge, in die wir Ausdrücke eingeben und vom Compiler eine Rückmeldung bekommen:[6]

```
- val v = 23;
val v = 23 : int
```

Mit dem Schlüsselwort `val` vereinbaren wir in der ersten Zeile eine Konstante. Der Compiler erkennt am Literal `23`, dass es sich um eine ganze Zahl handelt, und berücksichtigt das in seiner Rückmeldung, die wir in der zweiten Zeile sehen. Da sich der Wert einer Konstanten nicht ändern kann, ist das folgende Ergebnis nur folgerichtig:

```
- v = 4711;
val it = false : bool
```

Der Konstanten `v` kann kein neuer Wert zugewiesen werden, also muss der Ausdruck `v=4711` ein *Vergleich* von `v` mit dem Literal `4711` sein. Damit wir das Ergebnis des Aus-

---

[6] Die Beispiele zu ML wurden mit der freien Entwicklungsumgebung „Standard ML of New Jersey" entwickelt. SMLNJ, so die Abkürzung, kann von www.smlnj.org heruntergeladen werden.

drucks weiterverwenden können, wird es vom Dialogwerkzeug implizit der Konstanten `it` zugewiesen.

2.2.1 Typableitung – Der Compiler erkennt den Typ

Die Ableitung des Datentypen eines Ausdrucks aus seinem Kontext ist unter dem Namen *type inference* bekannt. Der Typ muss nicht explizit angegeben werden, er ergibt sich implizit aus dem Kontext. Wir sprechen daher von einem impliziten Typsystem (siehe Kasten „Typsysteme" auf Seite 21). Ein implizites Typsystem darf nicht mit einem dynamischen Typsystem verwechselt werden: Auch wenn der Typ *nicht explizit* bei der Definition benannt wird, ist er dem Compiler sehr wohl bekannt. Auch Funktionen haben einen Typ:

```
- fun inc n = n+1;
val inc = fn : int -> int
```

Die Funktion `inc` erhöht den Wert ihres einzigen Parameters `n` um 1. In ML darf zu einer ganzen Zahl keine Fließkommazahl, sondern nur eine andere ganze Zahl addiert werden. Der Compiler kann daher ableiten, dass der Parameter `n` eine ganze Zahl sein muss. Genau das bedeutet auch der Ausdruck `int -> int`: Die Funktion `inc` bildet eine ganze Zahl auf eine andere ganze Zahl ab.

Wenn wir Funktionen anwenden, können die Klammern um die Parameterliste übrigens in den meisten Fällen weggelassen werden:

```
- inc 4711;
val it = 4712 : int
```

Funktionen können, wie in Lisp, auch anonym definiert werden:

```
- fn n=>n+1;
val it = fn : int -> int
```

2.2.2 Muster und Ausdrücke

Mustererkennung (dt. für *pattern matching*) bezeichnet die Möglichkeit, Muster in Werten aufzufinden. Wir kennen das vielleicht von den regulären Ausdrücken für Texte; in ML ist die Mustererkennung fester Bestandteil der Sprache:

```
- fun sum 0 = 0 | sum n = n+sum(n-1);
val sum = fn : int -> int
```

Es geht wieder um die Funktion `sum`, die die Zahlen $1, \ldots, n$ addieren soll[7]: Die Alternativen trennen wir mit Hilfe des `|`-Zeichens voneinander. Wenn der Parameter von `sum` den Wert 0 hat, ist das Ergebnis ebenfalls 0, sonst `n+sum(n-1)`. Wir sparen uns die `if`-Anweisung, denn der Compiler weiß, dass die Parameter *Muster* sind. Die Klammern beim rekursiven Aufruf `n+sum(n-1)` sind diesmal nötig, da der Ausdruck sonst auch als `n+sum(n)-1` interpretiert werden könnte. Die Muster, mit denen wir hier verglichen haben,

---

[7] Es geht hier vor allem darum, das Konzept der Mustererkennung kennenzulernen. Vor diesem Hintergrund wurde in Kauf genommen, dass `sum` für negative Argumente nicht terminiert!

sind 0 und n. Es wird der Funktionsteil ausgeführt, bei dem das Argument zum Muster des Parameters passt. Wir müssen auch beachten, dass das erste passende Muster benutzt wird und die Reihenfolge der Muster daher eine Rolle spielt. Hätten wir die Funktion so notiert

```
fun sum n = n+sum(n-1) | sum 0=0 ;
```

würde die Rekursion niemals beendet werden, weil das erste Muster n für alle ganzzahligen Werte passt und so immer n+sum(n-1) zum Ergebnis hätte.

In ML können wir komfortabler mit Listen arbeiten als in Lisp. Die Listenelemente werden in eckige Klammern gesetzt; für die leere Liste wird [] benutzt:

```
- val xs = [47, 11];
val xs = [47,11] : int list
```

Der Rückmeldung entnehmen wir, dass der Compiler eine Liste mit ganzen Zahlen erkannt hat. Mit Hilfe des Operators :: definieren wir jetzt eine neue Liste, die den Wert 23 als Listenanfang und xs als Listenende enthält.

```
23 :: xs
val it = [23,47,11] : int list
```

Die Mustererkennung ist ein mächtiges Werkzeug, mit dem wir uns noch in einem eigenen Kapitel (siehe Kapitel 16) beschäftigen werden. Hier bekommen wir einen weiteren Eindruck von den Möglichkeiten, die uns der Abgleich mit Mustern bietet:

```
fun sum(x::[])= x | sum(x::xs) = x+sum xs;
```

Wir vergleichen die Liste, die wir als Parameter übergeben, mit zwei Mustern:

- Eine Liste entspricht genau dann dem Muster x::[], wenn sie aus einem beliebigen Wert x besteht, dem die leere Liste folgt. Das ist genau dann der Fall, wenn die Liste aus dem einen Element x besteht. Der Wert der Funktion sum ist in diesem Fall gleich x.

- Eine Liste entspricht genau dann dem Muster x::xs, wenn sie aus einem Element besteht, dem eine Liste folgt. Im Funktionsrumpf kann auf den Wert des Listenkopfes mit dem Namen x und auf das Listenende mit dem Namen xs zugegriffen werden.

Wie schon bei den Beispielen zu Lisp wollen wir auch hier die Funktion sum zu einer Funktion accu verallgemeinern und die Operation f, mit der die Listenelemente verknüpft werden, als Parameter übergeben:

```
fun accu f (x::[]) = x | accu f (x::xs) = f( x, accu f xs);
```

Der Fall, dass die Liste aus nur einem Element besteht, ist der gleiche wie in der Funktion sum. Wenn xs aus mehr als einem Element besteht, wird accu für das Listenende ermittelt. Dieses Zwischenergebnis verknüpft die Funktion f dann mit dem Listenkopf.

Die Elemente einer Liste multiplizieren wir so miteinander:

```
accu (fn (a,b)=>(a*b)) [23,47,11];
```

und erhalten das Ergebnis 11891.

Wir können auch die Funktion `sum` als Spezialfall von `accu` implementieren:

```
- fun sum xs = accu( fn (a,b)=>a+b) xs;
```

Die Liste `xs` ist nach wie vor ein Parameter; nur bei der Funktion haben wir uns auf die Addition festgelegt. In dieser Form können wir `sum` als Funktion mit einer *Liste* als Argument verwenden.

Hier sehen wir zum ersten Mal, dass eine Funktion nicht nur Parameter, sondern wie `sum` auch das *Ergebnis* einer anderen Funktion sein kann. Dies ist eine wichtige Eigenschaft von Funktionen in der funktionalen Programmierung: Funktionen werden behandelt wie alle anderen Daten auch.

Funktionen wie `accu`, die Funktionen als Parameter oder als Ergebnis haben, werden übrigens auch als Funktionale oder **Funktionen höherer Ordnung** (dt. für *higher-order functions*) bezeichnet.

2.2.3   Generische Funktionen und Datentypen

Bei Funktionen wie

```
fun identity v = v;
```

mag die Typableitung sich so gar nicht auf *einen* konkreten Typ festlegen. Der Compiler sieht die Sache so:

```
val identity = fn : 'a -> 'a
```

Der Parameter und das Ergebnis der Funktion `identity` haben also beide den Typen `'a`.

Es wird kein konkreter Datentyp verwendet, sondern der **Typparameter** `'a`. Um welchen Typ es bei `'a` genau geht, hängt vom Argument ab, das wir der Funktion übergeben. Fest steht für den Compiler nur, dass Argument und Rückgabewert den gleichen Typ haben.

Heutzutage ist das für uns nichts wirklich Neues: Seit Java 5 gibt es Generics, mit denen wir generische Klassen und generische Methoden definieren können. In dieser Terminologie ist unsere Funktion `identity` eine generische Methode, die in Java so aussehen kann:

```
<E> E identity (E v){
  return v;
}
```

Dank der Typableitung müssen wir – anders als in Java – bei ML den Platzhalter für den Datentypen nicht explizit in spitzen Klammern angeben, wenn wir die Funktion `identity` vereinbaren oder anwenden. Generische Datentypen sind für uns selbstverständlich, da dieses Konzept in Hochsprachen wie C++, C# oder Java integriert ist. ML ist nicht nur die erste bekanntere Sprache, in der ein statisches und implizites Typsystem mit Hilfe der Typableitung realisiert wurde, sondern auch Pionier bei der generischen Verwendung von Datentypen.

Wenn es um generische Datentypen und generische Funktionen geht, spricht man in der *funktionalen* Programmierung auch gerne von **Polymorphie** (Vielgestaltigkeit). In der Tat passt dieser Begriff: Wir müssen unsere Funktionen und Typen einmal generisch definieren und können sie dann für verschiedene Datentypen einsetzen. Der Begriff Polymorphie ist aus

der objektorientierten Programmierung so stark vorbelegt, dass es immer wieder zu Missverständnissen kommen kann, wenn wir ihn auch für generische Typen und Funktionen verwenden. Wir werden daher im Folgenden nicht von polymorphen Typen und Funktionen
sprechen, sondern wie aus Java gewohnt von generischen Typen und Funktionen.

ML ist übrigens, ebenso wie Lisp, nicht rein funktional: Wir können etwa mit Arrays arbeiten,
oder, was noch gemeiner ist, den Wert einer Konstanten über ihre Referenz ändern.

ML hat aber andere funktionale Sprachen maßgeblich beeinflusst: So gibt es den Dialekt
Caml, aus dem Mitte der 1990er-Jahre Objective Caml (OCaml) hervorging. OCaml kann
wiederum als Pionier unter den modernen **Multiparadigmensprachen** angesehen werden,
in denen

- funktionale,

- objektorientierte und

- imperative

Programmierung auch in Kombination möglich ist. Aus OCaml ist dann zum Beispiel F#
hervorgegangen, eine funktionale Sprache, die zunächst ein Forschungsprojekt bei Microsoft
war, jetzt von der Entwicklungsumgebung Visual Studio 2010 unterstützt wird und somit auf
Augenhöhe mit Sprachen wie C# oder Visual Basic .Net ist. Auch Scala, die Multiparadigmensprache, die wir in diesem Buch erlernen werden, ist von OCaml und damit von ML
beeinflusst worden.

2.3   Haskell – Funktionale Programmierung in Reinform

Die Sprachen, die wir bisher unter die Lupe genommen haben, verwenden in der einen oder
anderen Form imperative Sprachelemente. Die funktionale Programmierung wird also unterstützt, aber nicht erzwungen. Das ist bei so genannten rein funktionalen Sprachen anders:
Mit rein funktionalen Sprachen können wir *ausschließlich* funktional programmieren. Der
prominenteste Vertreter unter den rein funktionalen Sprachen ist Haskell. Die Sprache wurde nach dem amerikanischen Logiker Haskell Curry (1900–1982) benannt, dem wir einige
Einsichten in den Lambda-Kalkül zu verdanken haben. In der funktionalen Programmierung
hat der Name Curry seinen festen Platz durch eine Notation von Funktionen, die allgemein
als *Currying* bezeichnet wird (siehe auch Abschnitt 12.4). Als die Sprache Haskell um 1990
erschien, war sie weder die erste noch die einzige rein funktionale Sprache, hat sich seitdem
aber zur bekanntesten entwickelt.

Den Einfluss von ML sehen wir, wenn wir Konstanten in Form von Skalaren oder Listen
definieren:[8] [9]

```
v=47
xs=[23, 47, 11]
```

---

[8] Alle Beispiele zu Haskell wurden mit dem Glasgow Haskell Compiler (http://www.haskell.org/ghc/) entwickelt,
einem freien Werkzeug, das auch die dialogorientierte Entwicklung ermöglicht.

[9] Definitionen wird bei der Arbeit mit dem interaktiven Entwicklungswerkzeug `ghci` das Schlüsselwort `let` vorangestellt. Bei Quellcode, der in einer Datei steht, ist das nicht erforderlich.

Wie in ML haben wir es mit einem impliziten, statischen Typsystem mit Typableitung zu tun.

In Haskell ist der Unterschied zwischen Konstanten und Funktionen fließend, beide werden praktisch gleich definiert (siehe die Fußnote auf Seite 22):

```
sum n | n==0 = 0 | n>0 = n + sum (n-1)
```

In dieser Definition wird wieder die Mustererkennung eingesetzt: Wenn der Parameter von sum den Wert 0 hat, ist 0 auch das Ergebnis. Wenn der Parameter größer als 0 ist, wird sum rekursiv aufgerufen. In ML wird dies ähnlich gehandhabt, doch bietet Haskell uns eine noch suggestivere Variante:

```
sum 0 = 0
sum n = n + sum (n-1)
```

Wir können die Funktionen in zwei Teile zerlegen und sie so übersichtlich aufschreiben. Zu jedem Parametermuster berechnen wir den passenden Funktionswert in einem eigenen Funktionsrumpf. Analog verwenden wir diese Syntax, wenn wir eine Funktion definieren, die die Elemente einer Liste addiert:

```
sum (x:[]) = x
sum (x:xs) = x + sum xs
```

Die Mustererkennung funktioniert offensichtlich genauso wie in ML, auch Lambda-Ausdrücke werden ähnlich wie in ML, nur noch etwas kompakter, formuliert:

```
\a b ->a+b
```

Der Backslash am Anfang der Anweisung soll dabei an den griechischen Buchstaben λ erinnern. Eine solche Lambda-Funktion können wir auch einfach anwenden. Der Ausdruck

```
(\a b ->a+b) 47 11
```

liefert den Wert 58.

Jetzt haben wir das notwendige Handwerkszeug für die Funktion accu:

```
accu  f (x:[]) = x
accu  f (x:xs) = f x (accu f xs)
```

Das ist die bisher kompakteste Definition der Funktion accu. Das *Produkt* über die Elemente einer Liste erhalten wir also einfach mit

```
accu (\a b->a*b) [23,47,11]
```

2.3.1 Haskell – Ein fauler Hund

Wenn wir die Codebeispiele zu Haskell sehen, können wir auf die Idee kommen, Haskell sei nur ein Dialekt von ML mit einer kompakteren und suggestiveren Schreibweise. Tatsächlich hat Haskell aber viel mehr funktionale Features als ML. Exemplarisch schauen wir uns **Laziness** (Faulheit) an, eine Spracheigenschaft, mit der wir uns in Kapitel 19 noch intensiver beschäftigen werden. Im folgenden Code vereinbaren wir eine Liste, die aus lauter Einsen besteht:

```
ones=1:ones
```

Die Definition ist rekursiv: An die 1 wird die Liste `ones` selbst wieder angehängt, die ja aus einer 1 besteht, an die wir die Liste `ones` angehängt haben. Da sich die Liste `ones` immer wiederholt, gibt es kein Abbruchkriterium und somit kein letztes Element.

Der Haskell-Compiler lässt die Definition zu. Wenn wir so etwas bei Haskells Vorfahren ML versuchen

```
val ones=1::ones;
```

beschwert sich der Compiler darüber, dass `ones`, wie es auf der rechten Seite des Gleichheitszeichens verwendet wird, noch nicht vereinbart ist.

Wenn die Liste kein Ende hat, enthält sie unendlich viele Elemente. Wenn wir nur endlich viel Speicherplatz zur Verfügung haben, wird es mit unendlich vielen Elementen ziemlich eng. Tatsächlich hört die Ausgabe der Liste `ones`, wie wir sie uns im Dialog mit dem Haskell-Compiler, etwa mit der Anweisung `show ones`, erzeugen können, gar nicht auf.

Ganz problemlos können wir dagegen mit einzelnen Ausschnitten aus der Liste arbeiten:

```
take 10 ones
```

Die ersten zehn Listenelemente werden angezeigt, der Befehl wird in endlicher Zeit ausgeführt.

Programmiersprachen wie wir sie kennen, werten Ausdrücke meistens so früh wie möglich aus, Haskell dagegen lässt sich mit der Auswertung Zeit. Die Strategie, die Haskell verwendet, wird auch als *lazy evaluation* bezeichnet. Laziness tritt in verschiedenen Formen auch in anderen Programmiersprachen auf, dort hat sie aber nur selten den Stellenwert wie in Haskell.[10] Die Elemente unserer Liste `ones` werden erst ermittelt, wenn es unvermeidbar ist. Solange wir es dann nur mit einem endlichen Ausschnitt der Liste zu tun haben, ist die Berechnung auch in endlicher Zeit fertig.

Wenn wir uns in Kapitel 19 mit der Laziness beschäftigen, sehen wir noch einige interessante Einsatzgebiete, die mit zum Schönsten gehören, was uns die funktionale Programmierung zu bieten hat.

Haskell ist eine rein funktionale Sprache, imperative Programmierung ist in Haskell nicht möglich. Die Entwicklung der Sprache wird von einem Komitee getrieben, das sich ursprünglich auf einer Konferenz zum Austausch von Forschungsergebnissen über funktionale Programmierung konstituiert hat. Daher fließen in Haskell auch immer wieder aktuelle Forschungsergebnisse zum Thema funktionale Programmierung ein.

---

[10]Auch in imperativen Sprachen gibt es Programmiertechniken wie die lazy *initialization*, die eine verzögerte Ausführung bewirkt. Mehr dazu in Kapitel.19.

2.4   Wann ist eine Sprache funktional?

Neben den drei Sprachen Lisp, ML und Haskell gibt es natürlich noch jede Menge weiterer funktionaler Sprachen, seien sie nun rein oder weniger rein. Da immer mehr Sprachen funktionale Merkmale in unterschiedlichem Umfang aufweisen, wird es immer schwieriger, Regeln dafür anzugeben, wann wir eine Programmiersprache als funktional bezeichnen können. Die Schmerzgrenze ist aber sicher überschritten, wenn eines der beiden folgenden Kriterien nicht erfüllt ist:

- In funktionalen Sprachen können wir Funktionen *anonym* definieren. Es ist dabei egal, ob das syntaktische Konstrukt, wie in Lisp, Lambda-Ausdruck heißt: Wichtig ist, dass wir Funktionen vereinbaren können, ohne ihnen einen Namen geben zu müssen.

- Funktionen werden wie alle andere Daten behandelt. Das hat zur Folge, dass es in einer Sprache mit statischem Typsystem zu jeder Funktion einen passenden Datentyp geben muss. Insbesondere können Funktionen auch Argumente oder Ergebnisse von anderen Funktionen sein.

Das erste Kriterium ergibt sich eigentlich aus dem zweiten: Für jeden „normalen" Datentyp können Werte anonym definiert werden, also ohne dass der Wert einen Namen hat: Literale wie `47` oder `"Lambda"` haben keinen Namen. Wenn Funktionen wie alle anderen Daten behandelt werden, müssen wir Möglichkeiten haben, um sie ebenfalls anonym zu definieren. Das ist aber gerade die Aussage des ersten Kriteriums.

Es ist bemerkenswert, dass es nicht etablierte und hochentwickelte Programmiersprachen wie Java sind, die diesen Kriterien genügen. Dagegen glänzen Skriptsprachen, die Underdogs der Sprachwelt, mit funktionalen Eigenschaften: Python oder JavaScript genügen beiden Kriterien seit Langem.

2.5   Und die Performance?

Mit der Erfindung von Lisp stehen seit dem Ende der 1950er-Jahre Sprachen zur Verfügung, mit denen wir zwar deklarativ programmieren können, die sich aber auch wegen ihres Hungers auf Ressourcen nicht in der kommerziellen Softwareentwicklung durchsetzten.[11] Wir müssen uns vor Augen halten, dass Rechenzeit und Speicher bis weit in die 1980er-Jahre Mangelware waren. Imperative Sprachen, die ja „nahe am Blech" sind, ermöglichen es dem Programmierer, diese knappen Ressourcen selbst zu verwalten. In deklarativen Sprachen, die den Computer für den Programmierer abstrahieren, gibt es diese Möglichkeit nur sehr begrenzt. Der Entwickler überlässt dem Compiler große Teile der Optimierung.

Funktionale Sprachen werden nicht zuletzt deshalb immer beliebter, weil moderne Compiler und Laufzeitumgebungen in den letzten Jahren die Entwicklung von *performanter* funktionaler Software ermöglichen. Diese Situation erinnert uns vielleicht auch an die Mitte der 1990er-Jahre, als eine neue Programmiersprache namens Java aufkam, der man gerade in Sachen Performance und Speicherplatz zunächst nicht über den Weg traute.

---

[11]Einen Überblick über die Gründe, aus denen die funktionale Programmierung noch nicht in der Praxis angekommen ist, findet man in [Wad98].

2.6   Welche Sprache darf's denn sein?

In unserem Schnelldurchlauf durch die Welt der funktionalen Sprachen konnten wir natürlich nur oberflächlich bleiben. Wenn wir uns näher mit funktionaler Programmierung beschäftigen wollen, müssen wir dazu eine funktionale Sprache richtig erlernen. Am besten geht das, wenn wir mit einer Sprache arbeiten, die wir schon kennen.

2.6.1   Java

Wie wäre es mit Java? Ist Java eine funktionale Sprache? In der derzeitigen Version 6 gibt es in Java *keine* anonymen Funktionen. In Java werden Methoden grundsätzlich anders behandelt als andere Daten. Wenn wir etwa die Zahl 23 häufiger verwenden, können wir sie in einer Klasse als Konstante definieren:

```
static public final int TWENTYTHREE=23;
```

und die Zahl immer wieder unter diesem Namen abrufen. Alternativ können wir aber auch direkt mit dem Literal 23 arbeiten. Für *Methoden* haben wir diese Wahl in Java nicht. Die Methode

```
static int add(int v, int w){
        return v+w
}
```

können wir nur aufrufen, wenn wir ihren Namen kennen. Das Analogon zum Literal bei Konstanten ist die anonyme Definition von Funktionen. Das ist in Java nicht möglich.

In Java können wir einer Konstanten auch keine Funktion zuweisen und somit auch nicht mit Funktionen höherer Ordnung (wie accu) arbeiten.

In Kapitel 5 packen wir Methoden in Interfaces ein und haben dann etwas Ähnliches wie anonyme Funkionen, aber eben nur *Ähnliches*. Dementsprechend unterscheiden sich Methoden in Java deutlich von anderen Daten. Der Ritterschlag der Methoden, der sie fast zu „first class citizens" macht, ist für Java 7 vorgesehen.[12]

Anders sieht es bei der Java-Konkurrentin C# aus: Spätestens seit der Version 3 kann man C# als funktionale Sprache im Sinne der beiden Kriterien bezeichnen: Funktionen können als Lambda-Ausdrücke definiert werden. Jeder Lambda-Ausdruck hat in C# einen eigenen Datentyp und kann wie jeder andere Wert in C# verwendet werden.

Auch wenn Java sicher keine funktionale Programmiersprache ist, lernen wir im folgenden Buchteil einige funktionale Konzepte am Beispiel dieser vertrauten Sprache kennen. Nachdem wir die Grundlagen verstanden haben, werden wir sehen, dass wir mit Java gar nicht oder nur schwer weiterkommen, und wechseln deshalb zu einer funktionalen Sprache.

Eigentlich ist Haskell wegen seines beeindruckenden Sprachumfanges ein hervorragendes Studienobjekt für die funktionale Programmierung. Wem es vor allem darum geht, die funktionale Programmierung zu erlernen, trifft mit Haskell möglicherweise die beste Wahl. In diesem Buch wurde aber ein anderer Weg beschritten: Neue Dinge lernt man oft besser, wenn

---

[12]Derzeit (April 2010) soll dieses Feature nach einigem Hin und Her doch in Java 7 aufgenommen werden. Eine tolle Übersicht über die verschiedenen Vorschläge findet man unter [Kre08].

man vertraute Wege nicht ganz verlassen muss. Da Java derzeit sehr verbreitet ist, wechseln wir in Teil 3 auf Scala, eine mit Java verwandte Sprache.

2.6.2 Scala

Ebenso wie F# wird auch Scala als Multiparadigmensprache bezeichnet: Neben der funktionalen Programmierung sind die imperative und die objektorientierte Programmierung möglich. Neuer Scala-Code kann bequem in bestehende Java-Projekte integriert werden, da der Scala-Compiler Java-Bytecode erzeugt. Umgekehrt können wir bestehende Java-Klassen in unseren Scala-Projekten nutzen. Wir können also nahtlos von Java zu einer funktionalen Sprache wechseln oder auch Java und Scala nebeneinander benutzen.

Scala wird seit 2001 an der École Polytechnique Fédérale de Lausanne (EPFL) von einem Team entwickelt, das Martin Odersky[13] leitet. In Scala sind neben eigenen Forschungsergebnissen auch viele Ideen aus anderen Programmiersprachen mit eingeflossen. Der Sprachumfang von Scala geht eher in die Richtung des minimalistischen Lisp als in die Richtung von Haskell. Scala kommt mit deutlich weniger Schlüsselworten als Java aus, kann aber mit weniger Code deutlich mehr ausdrücken.

Ihren Namen hat Scala (*scalable language*) von ihrer Eigenschaft, skalierbar zu sein: Wir können Scala genauso gut für einfache Skripts wie auch für große Enterprise-Anwendungen verwenden. In einer solchen Enterprise-Anwendung hat sich Scala bereits bewährt: Für die Vereidigung von Präsident Obama am 20. Januar 2009 wurden für die Micro-Blogging-Plattform Twitter 5000 Einträge pro Minute erwartet.[14] Bis zu diesem Zeitpunkt wurde Ruby für das Backend von Twitter verwendet. Da man nicht glaubte, mit der Technologie von Ruby diese Spitzen bändigen zu können, entschloss man sich, Scala einzusetzen.

In diesem Buch wird Scala Version 2.8 verwendet. Bis zur Version 1.4 wurde auch die .Net-Plattform von Microsoft unterstützt. Alle neueren Scala-Versionen unterstützen, zumindest bisher, ausschließlich die Java-Plattform[15].

Scala bietet uns aber auch Features, die es in dieser Form weder in Java noch in der funktionalen Programmierung gibt. Im letzten Kapitel diskutieren wir einige ausgewählte Eigenschaften. Exemplarisch seien Aktoren genannt, mit denen wir sehr komfortabel und sicher parallel programmieren können. Aktoren gibt es schon viel länger als Scala, und Scala war auch nicht die erste Sprache, die das Aktorenkonzept umsetzte: Erlang[16] [17] ist eine prominente Vertreterin funktionaler Programmiersprachen und war Vorbild für die Umsetzung von Aktoren in Scala [Ode08]. Auch wenn Aktoren nicht zur funktionalen Programmierung gehören, wäre es schade, wenn wir sie nur deshalb nicht in diesem Buch berücksichtigen würden.

Scala ist zwar *keine rein* funktionale Sprache, wir lernen aber alles Wichtige und können berechtigt hoffen, Scala auch in der Praxis zu nutzen.

---

[13]Neben Scala haben wir Martin Odersky wesentliche Impulse bei der Einführung generischer Datentypen in Java zu verdanken [Ode09b] Eine Übersicht über die Entwicklung von Scala und die eindrucksvollen Leistungen am EPFL findet man in [EPF10].

[14]http://www.scala-lang.org/node/1008

[15]Auf den Scala Days 2010 (April 2010) kündigte Martin Odersky an, dass die .Net-Plattform sehr bald wieder in aktuellen Scala-Versionen unterstützt wird.

[16]www.erlang.org

[17]Auch wenn die Sprache Erlang teilweise als Ericsson Langugage bezeichnet wird, weil sie vom schwedischen Unternehmen Ericsson entwickelt wurde, ist sie nach dem dänischen Mathematiker Agner Krarup Erlang benannt.

Alles klar?

- ■ In funktionalen Sprachen werden Funktionen genauso wie alle andere Daten behandelt. Insbesondere können wir Funktionen als Argumente an Funktionen übergeben oder als Ergebnisse von Funktionen erhalten.

- ■ Das Prädikat „rein funktional" tragen nur wenige Sprachen wie Haskell. Die meisten funktionalen Sprachen sind Multiparadigmensprachen.

- ■ Moderne funktionale Sprachen wie ML, Haskell oder Scala haben ein statisches, implizites und sicheres Typsystem. Wenn das Typsystem statisch ist, hat jede Funktion einen eigenen Datentyp.

- ■ Moderne funktionale Sprachen haben viele Eigenschaften wie Mustererkennung, Typableitung und generische Typen, die es gemeinsam zum ersten Mal in ML gab.

- ■ Einige Sprachen, wie Haskell, verwenden die Lazy Evaluation zur Auswertung von Ausdrücken.

- ■ In diesem Buch arbeiten wir mit Java und der funktionalen Sprache Scala.

2.7   Aufgaben

1. Schreiben Sie in mindestens einer der Sprachen Lisp, ML oder Haskell eine Funktion `attach` mit den Parametern `xs` und `v`, die an das *Ende* der Liste `xs` ein weiteres Element `v` hängt.

Teil II

Die funktionale Seite von Java

Kapitel 3

Rekursion

All that we see or seem
Is but a dream within a dream.
Edgar A. Poe

Schleifen gehören zu den ganz grundlegenden Konstruktionen, die jeder Programmierer frühzeitig kennenlernt. In der funktionalen Programmierung werden Schleifen durch rekursive Funktionen abgelöst. Wir werden gleich die Unterschiede zwischen Schleifen und der Rekursion herausarbeiten. Da die Rekursion für viele Leute noch ein Mysterium ist, um das sich zahlreiche Missverständnisse ranken, wollen wir uns hier mehr Klarheit über dieses wichtige Werkzeug verschaffen.

3.1 Eine Schleife – was ist das eigentlich?

In Java werden Schleifen mit den Schlüsselworten `for` und `while` definiert. Diese Schleifen enthalten einen Schleifenrumpf, der so lange ausgeführt wird, bis eine Abbruchbedingung eintritt. Die Abbruchbedingung ermittelt aus dem Zustand des Programms, in aller Regel aus einer oder aus mehreren Variablen, einen Booleschen Wert, der anzeigt, ob der Schleifenrumpf weiter ausgeführt werden soll. Es kann natürlich passieren, dass die Schleife niemals beendet wird, weil die Abbruchbedingung niemals den Wert `true` hat. Code, der Schleifen verwendet, wird auch iterativ genannt, jede einzelne Wiederholung des Rumpfes ist eine Iteration.

Im folgenden, sehr einfachen Beispiel wird wie in Abschnitt 2.2.2 die Summe über die ersten n natürlichen Zahlen berechnet. Die Variable i durchläuft verschiedene ganzzahlige Werte. Die Abbruchbedingung ist erreicht, sobald i einen Wert hat, der größer als n ist.

Listing 3.1: Iterative Summenberechnung

```
public  int sum(int n){
  int result=0;
  for(int i=1; i<=n; i++)
```

```
    result+=i;
  return result;
}
```

Da ein veränderbarer Zustand die Grundlage für endliche Schleifen ist, gibt es in der funktionalen Programmierung – zumindest in ihrer Reinform – keine Schleifen. Wir können aber nicht auf die Wiederholung von Anweisungen verzichten, da wir sonst die Mächtigkeit unserer Sprache zu stark einschränken würden. Schließlich wollen wir mit funktionalen Sprachen genauso viel ausdrücken wie mit imperativen Sprachen.

3.2   Die Rekursion – das unbekannte Wesen

In funktionalen Programmiersprachen ist die Rekursion ein vollwertiger Ersatz für Schleifen. Das folgende Beispiel berechnet die Summe der ersten n natürlichen Zahlen rekursiv:

Listing 3.2: Rekursive Summenberechnung

```
int sum(int n){
 return n<=0 ? 0 : n +sum(n-1);
}
```

Zur Formulierung der Rekursion verwenden wir den Bedingungsoperator, dessen Operanden mit den Zeichen ? und : voneinander getrennt werden. Grundsätzlich enthält die Rekursion zwei Komponenten:

■ **Abbruchkriterium:** Wenn sich aus den Werten der Funktionsparameter der Funktionswert einfach ermitteln lässt, wird er als Ergebnis zurückgegeben.

■ **Selbstaufruf:** Wenn das Abbruchkriterium nicht erfüllt ist, ruft sich die Funktion mit anderen Argumenten selbst auf und ermittelt ihr Ergebnis aus dem Ergebnis des Selbstaufrufs. Der Selbstaufruf ist das Kernstück der rekursiven Funktion und wird oft auch als Rekursion bezeichnet.

Die Funktion ruft sich so lange selbst auf, bis das Abbruchkriterium erfüllt ist. In unserem Beispiel können wir, falls das Abbruchkriterium n<=0 erreicht ist, das Ergebnis 0 direkt angeben. In allen anderen Fällen berechnen wir den Wert von sum(n-1) und addieren ihn zu n.

Natürlich kann es auch bei rekursiven Funktionen passieren, dass die Parameterwerte niemals dem Abbruchkriterium genügen. Die Rekursion wird dann, ganz ähnlich wie eine Endlosschleife, immer wieder durchgeführt. Zu den beiden Komponenten der Rekursion gibt es natürlich noch verschiedene Varianten:

■ So kann die Funktion auch eine andere Funktion aufrufen, die dann wiederum ihre aufrufende Funktion aufruft. Dieser Ringelreihen aus zwei Funktionen kann auf beliebig viele Funktionen ausgedehnt werden.

■ Die Berechnung des Funktionswertes ist, falls das Abbruchkriterium erreicht wird, *meistens* einfach. Sie kann aber grundsätzlich beliebig kompliziert sein. Entscheidend ist, dass die Funktion sich irgendwann nicht mehr selbst aufrufen muss.

Wir werden in diesem Kapitel einige Varianten der Rekursion kennenlernen.

3.3 Ist Rekursion praxistauglich?

Wer noch nicht viel Erfahrung mit der Entwicklung von Software sammeln konnte, steht rekursiven Funktionen oft sehr skeptisch gegenüber. Das liegt zum Teil daran, dass die Denkweise bei der Rekursion anders ist als bei der (gewohnten) Iteration. Die Rekursion bietet uns aber die gleichen Möglichkeiten wie die Iteration. *Jedes* Problem, das wir iterativ lösen können, können wir auch rekursiv lösen und umgekehrt.

Eine `while`-Schleife kann etwa direkt rekursiv formuliert werden: Das Abbruchkriterium der `while`-Schleife entspricht dem Abbruchkriterium der Rekursion, der Schleifenrumpf wird auf denjenigen Code abgebildet, der ausgeführt wird, wenn wir das Ergebnis des Selbstaufrufs verarbeiten. Diese Vorgehensweise kann in Aufgabe 1 auf Seite 46 geübt werden.

Rekursive Funktionen sind oft besser lesbar: In Lehrbüchern wird die Rekursion an ganz einfachen Beispielen – wie hier an `sum` – demonstriert. Der Unterschied zwischen der rekursiven und der iterativen Version ist nicht so groß: beide sind etwa gleich gut lesbar. In Aufgabe 2 sehen wir aber, dass sich das sehr schnell ändern kann. Der iterative Stil orientiert sich an der Hardware, die Rekursion ist aufgrund ihrer Nähe zur menschlichen Denkweise meistens besser verständlich.

Iterative Funktionen können ressourcenschonender sein: Wir werden gleich verstehen, wie die Rekursion auf der internen Ebene umgesetzt wird und dass der Overhead an Rechenzeit und Speicherplatz dabei erheblich sein *kann*. Mit einem geeigneten Compiler und einer geschickten Formulierung der Rekursion lässt sich dieser Overhead aber teilweise dramatisch reduzieren. Rechenzeit und Speicherplatz sind die beiden Ressourcen, deren Bedarf wir kennen müssen, wenn wir iterative mit rekursiven Funktionen vergleichen. Da die iterative Funktion aus Listing 3.1 im Wesentlichen aus einer Schleife besteht, ist die Komplexität (siehe Kasten „Komplexität" auf Seite 38) ihrer Laufzeit linear. Speicherplatz wird nur für drei ganzzahlige Variablen (die beiden lokalen Variablen `result` und `i` sowie den Parameter `n`) benötigt. Die Komplexität des Speicherbedarfs ist somit konstant.

Wir sehen auch, dass die Laufzeit der rekursiven Funktion in Listing 3.2 linear ist. Um den Bedarf an Speicherplatz abschätzen zu können, müssen wir noch einige Interna verstehen.

> ### *Komplexität*
>
> Zu einer Funktion f mit einem ganzzahligen Parameter n bezeichnet $t_f(n)$ die Rechenzeit, die benötigt wird, um den Wert $f(n)$ zu berechnen. Diese Laufzeit einer gegebenen Funktion f kann wohl nie exakt bestimmt werden. Dazu gibt es einfach zu viele Einflussfaktoren, wie die Hardware, das Betriebssystem oder den Compiler. Allerdings ändern diese äußeren Einflüsse das Laufzeitverhalten einer Funktion typischerweise linear: Beispielsweise halbiert sich die Geschwindigkeit unserer Funktion f, sobald wir einen doppelt so schnellen Prozessor verwenden.
>
> Da wir Laufzeiten nicht exakt ermitteln können, schätzen wir sie ab; und da die meisten Einflussfaktoren die Laufzeit um eine Konstante ändern, sollten Konstanten bei der Abschätzung keine Rolle spielen. Wir sagen, dass $t_f(n)$ zur Komplexitätsklasse $O(g(n))$ gehört, wenn es eine Konstante c gibt, für die
>
> $$t_f(n) \leq cg(n)$$
>
> gilt. Verkürzt schreiben wir dafür auch $t_f(n) = O(g(n))$. Die O-Notation ist also eine Abschätzung, die uns von Details unabhängig macht. Die Komplexität einer Funktion ermittelt man durch zum Teil aufwändige mathematische Analysen. Es gibt ein paar Faustregeln: So leisten `for`-Schleifen, die von 1 bis n laufen, einen Beitrag von $O(n)$, einfache Rechenoperationen, wie Additionen oder Multiplikationen, einen Beitrag von $O(1)$ zur Komplexität. Funktionen aus der Klasse $O(1)$ bezeichnet man auch als **konstant**, die aus $O(n)$ als **linear** und die aus $O(e^n)$ als **exponentiell**.
>
> Die O-Notation lässt sich nicht nur einsetzen, um die Laufzeit, sondern auch, um den Speicherplatzbedarf einer Funktion abzuschätzen.

3.4   Wie werden rekursive Funktionen verarbeitet?

Wir schauen uns jetzt an, wie die Java Virtual Machine Bytecode ausführt, der rekursive Aufrufe enthält. Die VM ist nur ein Spezialfall, doch machen Betriebssysteme wie Unix oder Windows XP das ganz ähnlich. Die Vorgehensweise der VM ist ausführlich in [Lin99] beschrieben.

Ein Programm, das von der VM ausgeführt wird, kann mehrere Threads enthalten. Threads werden eingesetzt, um Programmteile parallel auszuführen. Da wir hier die Rekursion und nicht die Parallelität verstehen wollen, können wir vereinfachend davon ausgehen, dass unser Programm in einem einzigen Thread ausgeführt wird.

Jeder Thread hat einen eigenen Stack. Wir wissen, dass ein Stack eine Datenstruktur ist, der wir mit der Operation `push` Daten zuführen und mit der Operation `pop` Daten entnehmen können. Stacks (engl. für *Stapel*) heißen so, weil sie zur Verwaltung der Daten eine LIFO-Strategie (last in first out) verwenden: Die Daten, die zuletzt mit `push` auf den Stapel gelegt wurden, sind die ersten, die wieder mit `pop` entfernt werden.

Jedes Mal, wenn innerhalb eines Threads eine Methode, nennen wir sie m0, eine andere Methode, sagen wir m1, aufruft, erzeugt die VM einen neuen Frame. Dieser Frame enthält den Kontext der Methode m0, also alles, was die VM über m0 weiß: die Werte der Parameter, die lokalen Variablen und den Befehlszähler, also die Stelle im Code von m0, an der m1 aufgerufen wurde.

Den Frame der Methode m0 legt die VM mit der Operation push auf dem Stack ab, sobald m1 aufgerufen wird. Der ausführende Thread bekommt dann für den Kontext von m1 einen frischen Frame. Wenn die Methode m1 beendet ist, wird der Frames von m0 mit der Operation pop vom Stapel abgeholt. Mit den Daten dieses Frames kann die VM den Zustand von m0 vor dem Aufruf von m1 wiederherstellen und die Ausführung von m0 fortsetzen.

Wenn wir, wie in Listing 3.2, rekursiv arbeiten und die Funktion sich selbst aufruft, ist m0 gleich m1. Mit jedem Rekursionsschritt wird also ein neuer Frame auf den Stack gelegt. Sobald das Abbruchkriterium erfüllt ist, werden die Frames nach und nach wieder vom Stack abgeräumt.

Die Java-API bietet seit der Version 5.0 die Klasse java.util.Stack, mit der wir die Arbeitsweise der VM bei der Verarbeitung der rekursiven Methode sum nachbilden können:

Listing 3.3: Iterative Summenberechnung mit Stack

```
public int sum(int n){
  Stack<Integer> stack = new Stack<Integer>();
  while(n!=0)
    stack.push(n--);
  int result=0;
  while(!stack.empty())
    result+=stack.pop();
  return result;
}
```

Immer wenn die Funktion sich selbst aufruft, wird der Wert des Parameters n in einen Frame – der hier vereinfacht nur aus einer ganzen Zahl besteht – gepackt und auf dem Stack abgelegt. Mit den Selbstaufrufen und dem Vollpacken des Stapels ist Schluss, sobald der Parameter n den Wert 0 hat. Auch wenn für uns der Code aus Listing 3.3 wie die dümmstmögliche Lösung aussieht, um eine Summe zu bilden, die VM macht das genauso!

Jetzt wundert es uns auch nicht mehr, dass die Laufzeiten für die Funktionen aus den Listings 3.1 und 3.2 deutlich zugunsten der iterativen Variante ausfallen: Immer wieder müssen bei der Rekursion Daten in Frames kopiert, auf dem Stack abgelegt und dann wieder abgeholt werden. Insbesondere hat die rekursive Funktion aus Listing 3.2 im Gegensatz zur iterativen Variante aus Listing 3.1 einen linearen Speicherplatzbedarf.

Es kommt aber noch dicker: Der Platz auf dem Stack ist sehr begrenzt. Die Standardgröße des Stacks ist vom Hersteller und der Version der VM abhängig, aber 2MB ist eine gängige Größe. Auch wenn wir die Größe des Stacks mit der Java-Option -Xss ändern können, der Platz auf dem Stack bleibt begrenzt. Wir können uns von diesen Grenzen leicht selbst überzeugen, indem wir die rekursive Funktion aus Listing 3.2 mit sehr großen Argumenten aufrufen: Sobald mehr Frames abgelegt werden sollen, als Platz vorhanden ist, steigt die VM mit einem StackOverflowError aus.

Also ist der iterative Stil doch besser als der rekursive, oder?

Die Funktion sum ist hier sicher nicht repräsentativ. Stacks werden nicht nur in rekursiven Funktionen genutzt; wir verwenden sie auch in iterativen Lösungen. So werden wir die Aufgabe 2 auf Seite 46 nicht erfolgreich bearbeiten können, wenn wir nicht einen zusätzlichen

Stack etwa in Form eines Objekts vom Typ `java.util.Stack` verwenden. Dort sehen wir dann auch, dass die rekursive Variante nicht grundsätzlich langsamer ist als die iterative. Das Beispiel der Ackermann-Funktion mag sehr speziell wirken, tatsächlich sind die Laufzeiten von iterativen Implementierungen des Quicksort-Verfahrens (siehe Kasten „Wie funktioniert Quicksort?" auf Seite 89) – über dessen Praxisrelevanz wohl kein Zweifel besteht – auch nicht schneller als die der rekursiven.

Gerade an Beispielen wie Quicksort und der Ackermann-Funktion zeigen sich aber auch ganz klar die Unterschiede in der Lesbarkeit iterativer und rekursiver Formulierungen. Die rekursiven Varianten sind meistens kürzer, praktisch immer klarer, damit besser wartbar und daher auch sicherer.

3.5 Endrekursion, die schnelle Rekursion

Wir gehen dem Wesen der Rekursion noch weiter auf den Grund und erkennen dabei, dass wir rekursive Funktionen in vielen Fällen so umschreiben können, dass sie sich *iterativ* ausgeführen lassen können.

Java-Quellcode wird bekanntlich mit dem Befehl `javac` in Bytecode übersetzt. Dieser Code wird zwar im Binärformat abgelegt, wir können ihn aber mit dem Befehl `javap -c <classname>` disassemblieren und die so genannten Op-Codes der einzelnen Befehle einsehen. Das versuchen wir jetzt exemplarisch für den Code aus Listing 3.2:

Listing 3.4: Bytecode für die rekursive Summenberechnung

```
int sum(int);
  Code:
   0:   iload_1
   1:   ifgt     8
   4:   iconst_0
   5:   goto     17
   8:   iload_1
   9:   aload_0
  10:   iload_1
  11:   iconst_1
  12:   isub
  13:   invokevirtual   #2; //Method sum:(I)I
  16:   iadd
  17:   ireturn
```

Man muss nicht alle Anweisungen verstehen, um zu erkennen, dass die Methode sich in Anweisung 13 selbst aufruft. Nach der Rückkehr führt sie die Addition in Anweisung 16 aus. Die VM muss die Methode also, wie erwartet, nach dem Selbstaufruf fortsetzen, um noch das Ergebnis dieses Aufrufs zu verarbeiten. Die VM hat also Gott weiß wie viele Frames auf dem Stack abgelegt, nur um mit den Daten aus den Frames die winzig kleine Anweisung `iadd` auszuführen. Wir ändern unsere Funktion `sum` jetzt so, dass der Bytecode, den der Compiler erzeugt, *nach* den Selbstaufrufen nichts mehr zu tun hat.

Listing 3.5: Endrekursive Summenberechnung

```
private int sum(int n, int accu){
  if (n==0) return  accu ;
  else return sum(n-1, n+accu);
}
public int sum(int n){
  return sum(n,0);
}
```

Die öffentliche Methode ist nicht rekursiv, die Rekursion findet in der privaten Methode statt. Diese Aufteilung in eine öffentliche und eine private rekursive Methode, die dann mehrere Parameter enthält und die nur von der öffentlichen Methode aufgerufen wird, findet man oft. Die Logik steckt in der privaten Methode, die öffentliche ist nur die Schnittstelle zur privaten.

In der privaten Methode wird das Zwischenergebnis `accu` der Berechnung als zweiter Parameter mitgeführt. Vielleicht erkennen wir jetzt schon, dass nach der Rekursion keine Addition mehr ausgeführt werden muss. Diese Art der Rekursion wird auch als **Endrekursion** (dt. für *tail recursion*) bezeichnet: Die Rekursion ist die *letzte* Anweisung in der Methode. Noch klarer sehen wir das, wenn wir einen Blick auf den Bytecode der Methode `sum` aus Listing 3.5 werfen:

Listing 3.6: Bytecode zur endrekursiven Summenberechnung

```
public int sum(int, int);
  Code:
   0:   iload_1
   1:   ifne     6
   4:   iconst_0
   5:   ireturn
   6:   aload_0
   7:   iload_1
   8:   iconst_1
   9:   isub
   10:  iload_1
   11:  iload_2
   12:  iadd
   13:  invokevirtual    #18; //Method sum:(II)I
   16:  ireturn
```

Der Selbstaufruf in Anweisung 13 ist – bis auf das abschließende `ireturn` – das Ende der Funktion. Er kann durch einen Sprung zurück zu Anweisung 0 und damit durch eine Iteration ersetzt werden. Auch auf Java-Ebene können wir den endrekursiven Code aus Listing 3.5 fast mechanisch durch eine iterative Variante ersetzen:

Listing 3.7: Transformierte Summenberechnung

```
public int sum(int n, int accu){
  while (n!=0){
    accu=n+accu;
    n=n-1;
  }
  return accu;
}
public int sum(int n){
  return sum(n,0);
}
```

Wir müssen uns nicht den Kopf zerbrechen, wenn wir eine endrekursive Funktion durch eine iterative ersetzen wollen. Dieser Vorgang ist so einfach, dass auch *Compiler* dazu in der Lage sind. Unser Java-Compiler *könnte* also die Endrekursion in Listing 3.5 erkennen und die Rekursion eliminieren. Diesen Gefallen tut uns der Compiler aber nicht: Wir haben bereits in Listing 3.6 gesehen, dass der Compiler nach wie vor rekursiven Code generiert; die Funktion ruft sich mit invokevirtual immer noch selbst auf.

Java-Compiler sind dafür bekannt, dass sie wenig optimieren.[1] Im speziellen Fall der Endrekursion gibt es auch gute Gründe, weshalb der Compiler die Funktion rekursiv belässt [All01]. Auf der Java-Plattform führt der Just-in-time-Compiler der virtuellen Maschine die eigentliche Optimierung durch: er übersetzt den Bytecode unmittelbar vor seiner Ausführung in den Maschinencode der Zielplattform. Da bei *dieser* Übersetzung intensiv optimiert wird, ist es möglich, dass die Endrekursion erkannt und durch eine Iteration ersetzt wird.

Wir geben den rekursiven Funktionen in Java also noch eine Chance und testen sie mit verschiedenen virtuellen Maschinen. Für große n enden diese Tests bei den VMs von Apple[2] und Sun[3] wieder mit einem StackOverflowError. Anders sieht es bei der VM von IBM[4] aus: Hier können wir n so groß wählen, wie wir wollen, ohne dass der Stack überläuft. Der Just-in-time-Compiler erkennt und eliminiert offensichtlich die Endrekursion. Aber auch auf diese VM ist kein Verlass: Der ganze Zauber ist vorbei, wenn wir die Funktion etwas eleganter schreiben und in Listing 3.5 die if-Anweisung durch den Bedingungsoperator ersetzen:

```
return n==0 ?  0 : sum(n-1, n+result);
```

Obwohl die Funktion endrekursiv ist, verabschiedet sich auch die VM von IBM für große Werte von n wieder mit einem StackOverflowError.

Auch wenn der Just-in-time-Compiler von IBM die Endrekursion *nicht zuverlässig* entdeckt, führt er sie, wenn er sie findet, wieselflink aus. Wenn wir die Laufzeit der endrekursiven Variante aus Listing 3.5 mit der Laufzeit der iterativen Variante aus Listing 3.1 vergleichen,

---

[1] Ganz anders sieht es bei C-Compilern aus, die man ja zu vielen Formen von Optimierung anhalten kann. Der GNU-C Compiler (gcc) erkennt und eliminiert beispielsweise die Endrekursion.

[2] Version 1.6.0_15 unter Mac OS 10.6.1

[3] Version 1.6.0_16 unter Linux 2.6.18-6-686

[4] Version 1.6.0 unter Linux 2.6.18-6-686

lesen wir aus der Tabelle 3.1[5] ab, dass hier die endrekursive Variante sogar schneller ist als die iterative.

Tabelle 3.1: Vergleich der Laufzeiten von iterativen und endrekursiven Funktionen

n	Endrekursion	Iteration
1000	3	1
10000	64	10
100000	1	206
1000000	4	57
10000000	55	153
100000000	530	1613
1000000000	5336	6267

So viel also zum Thema „Rekursion ist langsam". Die Endrekursion ist offensichtlich ein echter Performance-Booster für funktional geschriebene Software. Darum enthalten die Spezifikationen von funktionalen Programmiersprachen wie dem Lisp-Dialekt Scheme die Anforderung, dass der Compiler Endrekursion erkennen und eliminieren *muss*. Da die Rekursion in der funktionalen Programmierung aber eine so bedeutende Rolle spielt, ist für Java Hopfen und Malz verloren: Ohne einen Compiler, der Endrekursion erkennt, ist Java kaum zur funktionalen Programmierung für das wirkliche Leben geeignet.

Deutlich höhere Laufzeiten und mehr Speicherbedarf ergeben sich natürlich, wenn wir die einfache rekursive Implementierung aus Listing 3.2 verwenden, die ja den Stack intensiv nutzt. Aber auch ganz naiv geschriebene rekursive Funktionen können sich gutartig verhalten: Unsere Beispielfunktion `sum` ist nicht wirklich repräsentativ, da in jedem Rekursionsschritt sehr wenig Code ausgeführt wird. Die Sache sieht ganz anders aus, wenn die Verweildauer im einzelnen Schritt länger wird. Dann ist der *Anteil* der Stack-Operationen `push` und `pop` an der gesamten Laufzeit und somit der Unterschied zur iterativen Implementierung vergleichsweise klein.

3.6 Eine einfache Formel und ihre schwerwiegenden Folgen

Abschließend diskutieren wir ein Beispiel, in dem der naive Einsatz der Rekursion verheerende Folgen hat.

Die Fibonacci-Zahl f_n hat für $n > 1$ den Wert $f_{n-1} + f_{n-2}$ und für $n = 0$ und $n = 1$ die Werte 0 und 1. Diese Definition können wir sofort umsetzen:

Listing 3.8: Kaskadierende Rekursion

```java
public   int fib(int n){
```

---

[5] Verglichen wurden die Implementierungen der Funktionen `sum` aus den Listings 3.7 und 3.5. Es wurde die Laufzeit von jeweils 100 Funktionsaufrufen in Millisekunden gemessen.

```
    return n<=1 ? n : fib(n-1)+fib(n-2);
}
```

Die Lösung ist besonders elegant, weil sie genau die formale Definition abbildet. Was wir angerichtet haben, sehen wir erst, wenn wir `fib(n)` für Werte wie `n=20` berechnen lassen: Die Ausführungszeiten wachsen dramatisch, eine gleichwertige iterative Funktion berechnet die Werte hingegen flott. Woran liegt das? Die Antwort finden wir mit Hilfe einer Formel, die der französische Mathematiker de Moivre vor gut 300 Jahren entdeckt hat:

$$f_n = \frac{1}{\sqrt{5}} \left(\left(\frac{1 + \sqrt{5}}{2} \right)^n - \left(\frac{1 - \sqrt{5}}{2} \right)^n \right)$$

Auch wenn man es gar nicht glauben kann: Die Formel stimmt! Obwohl die Differenz aus zwei irrationalen Zahlen gebildet wird, liefert sie doch für jedes n eine *ganze* Zahl.

Indem wir die Größe des Minuenden und des Subtrahenden der Differenz abschätzen, leiten wir aus der Formel die Größenordnung von f_n ab:

■ Der Minuend wächst exponentiell.

■ Der Subtrahend ist die n-te Potenz einer Zahl, deren Betrag kleiner als 1 ist und somit eine Zahl, deren Betrag kleiner als 1 ist.

Der Minuend trägt also sehr viel, der Subtrahend sehr wenig zum Gesamtergebnis bei. Die Division durch die Konstante $\sqrt{5}$ ändert nichts daran, dass die Fibonacci-Zahlen exponentiell wachsen. Es gilt also $f_n = O(e^n)$.

Aus Listing 3.8 ergibt sich, dass zur die Berechnung der n-ten Fibonacci-Zahl mindestens soviel Zeit benötigt wird wie zur Berechnung der $(n-1)$-ten und der $(n-2)$-ten Fibonacci-Zahl zusammen.

Wenn $t_{fib}(n)$ die Zeit bezeichnet, die benötigt wird, um die Funktion `fib(n)` auszuführen, so ergibt sich aus der Definition der Fibonacci-Zahlen (siehe Kasten „Komplexität" auf Seite 38):

$$
\begin{aligned}
t_{fib}(n)) &= O(1) + O(f(n-1)) + O(f(n-2)) \\
&= O(1) + O(e^{n-1}) + O(e^{n-2}) \\
&= O(e^n) + O(e^n) \\
&= O(e^n).
\end{aligned}
$$

Dieses exponentielle Wachstum erklärt natürlich, warum die rekursive Implementierung von `fib(n)` so langsam ist. Ganz ähnlich finden wir übrigens heraus, dass auch der Stack exponentiell wächst und daher schnell „am Anschlag" ist.

Rekursion ist also doch nix, oder?

In den rekursiven Methoden, die wir bislang kennengelernt haben, gab es zu jedem Rekursionsschritt maximal einen Nachfolger; sie werden daher auch **lineare Rekursion** genannt. Diese Art der Rekursion hat eine listenförmige Struktur. In Funktionen wie `fib(n)` gibt es dagegen zu jedem Rekursionsschritt mehrere Nachfolger, wodurch die Rekursion eine baumförmige Struktur erhält. So etwas nennt man **kaskadierende Rekursion**.

Mit einem einfachen Trick können wir hier dem exponentiellen Wachstum der kaskadierenden Rekursion beikommen. Wir beobachten, dass es keine Kaskade gibt, wenn wir die Fibonacci-Zahlen so aufschreiben, dass aufeinanderfolgende Zahlen zu Paaren zusammengefasst werden:

$$(0,1), (1,1), (1,2), \ldots, (f_n, f_{n+1}), (f_{n+1}, f_n + f_{n+1})$$

Bis auf das Paar $(0,1)$ ergeben sich alle Paare aus ihrem Vorgänger. Das setzen wir gleich in Code um:

Listing 3.9: Lineare Rekursion

```
private  int[] fibWorker(int n){
  if(n==0) return new int[]{0,1};
  else{
    int[] result=fibWorker(n-1);
    return new int[]{result[1], result[1]+result[0]};
  }
}
public  int fib(int n){
  return fibWorker(n)[0];
}
```

Ein weiteres Mal verteilen wir die Funktionalität auf zwei Methoden. Da die Signaturen übereinstimmen, geben wir der privaten einen anderen Namen als der öffentlichen Methode. Anders als viele funktionale Programmiersprachen hat Java keine spezielle Datenstruktur für Paare. Daher verwalten wir unsere Zahlenpaare etwas unbeholfen mit zweielementigen Arrays. Die Methode ist als lineare Rekursion realisiert. Das ist ja schon mal ein Erfolg: Laufzeit und Speicherbedarf haben jetzt anstatt der exponentiellen eine lineare Komplexität. Dieses gute Ergebnis können wir mit Hilfe der Endrekursion weiter verbessern:

Listing 3.10: Endrekursive Berechnung der Fibonacci-Zahlen

```
private  int fib(int n, int i, int f1, int f2 ){
  if(0==n) return 0;
  if(i==n) return f2;
  return fib(n, i+1, f2, f1+f2);
}
public  int fib(int n){
  return fib(n,1,0,1);
}
```

Diese Methode hat – einen geeigneten Compiler vorausgesetzt – lineare Zeitkomplexität und konstante Speicherkomplexität und somit die gleichen Leistungsmerkmale wie die iterative Variante.

Auf der Java-Plattform müssen wir uns aber keinen Illusionen hingeben: Keine der verwendeten JVMs (Apple, Sun oder IBM) war bei den Tests in der Lage, die Rekursion in Listing 3.10 zu eliminieren.

In Abschnitt 11.8 werden wir sehen, dass der Compiler der Sprache Scala die Endrekursion erkennen und iterativen Bytecode erzeugen kann.

So hilfreich die Endrekursion auch sein mag: Wir müssen für unsere Funktionen *selbst* nach endrekursiven Varianten suchen, damit der Compiler dann Code erzeugen kann, der iterativ ausgeführt wird. Insbesondere sollten wir also in *Java* von der Rekursion Abstand nehmen: da es jederzeit zum Überlauf des Stacks kommen kann, birgt die Rekursion Risiken in Form potenzieller unvorhergesehener Abstürze unserer Software. Die funktionale Programmierung befreit uns zwar vom maschinennahen Denken, aber an einigen Stellen müssen wir selbst Hand anlegen und den Code optimieren. Die Abstraktion ist in funktionalen Programmiersprachen (noch) nicht so hoch wie etwa in SQL. In SQL können wir zwar Abfragen „tunen", moderne Optimierer sind aber so intelligent, dass eine manuelle Nachbearbeitung nur selten nötig ist.

Da die Rekursion oft nach gleichen Mustern abläuft, ist sie bei der Arbeit mit funktionalen Sprachen nicht wirklich problematisch: Die Muster sind bereits in Funktionen höherer Ordnung wie der so genannten „Faltung" gekapselt, die uns die Sprache oder ihre Standardbibliothek zur Verfügung stellt. Da diese Funktionen hochgradig optimiert sind, müssen wir nicht mehr selbst nach geeigneten rekursiven Implementierungen für unsere Funktionen suchen, sondern nur erkennen, wie wir die Faltung richtig einsetzen können. Eine Einführung in die Faltung gibt es bereits in Abschnitt 6.5.

Alles klar?

■ Rekursive Funktionen können langsam und hungrig auf Speicherplatz sein, da bei ihrer Ausführung teilweise viele Daten auf dem Stack abgelegt werden.

■ Rekursive Funktionen kann man teilweise endrekursiv schreiben. Einige Compiler erkennen und eliminieren die Endrekursion und erzeugen Code, der iterativ ausgeführt wird.

■ Auch die iterativen Varianten von rekursiven Funktionen benötigen oft einen Stack und haben ähnliche Laufzeiten wie ihre rekursiven Varianten.

■ Rekursiv formulierte Funktionen sind meistens besser lesbar als iterative.

3.7 Aufgaben

1. Das Ergebnis der folgenden Methode `toUpper` ist ein Text, in dem alle Buchstaben aus s durch Großbuchstaben ersetzt sind:

```
static public String toUpper(String s){
  String result="";
  for(int i=0; i<s.length(); i++)
    result+=Character.toUpperCase(s.charAt(i));
  return result;
}
```

Geben Sie zu `toUpper` eine rekursive und eine endrekursive Variante an.

2. Die Ackermann-Funktion ermittelt zu zwei nichtnegativen, ganzen Zahlen eine ganze Zahl. Sie ist so definiert:

$$
\begin{aligned}
A(0, q) &= q + 1 \\
A(p + 1, 0) &= A(p, 1) \\
A(p + 1, q + 1) &= A(p, A(p + 1, q))
\end{aligned}
$$

Schreiben Sie eine rekursive Implementierung der Ackermann-Funktion in Java. Denken Sie bei Tests daran, dass die Funktion sehr schnell wächst.

3. Schreiben Sie eine iterative Implementierung der Ackermann-Funktion und vergleichen Sie die Laufzeit mit der Laufzeit Ihrer Lösung aus Aufgabe 2.

Kapitel 4

Alles bleibt, wie es ist

Rasend schnell verarbeiten Computer unsere Programme. Es wird addiert, multipliziert, verglichen, Speicherzellen werden geändert – und das alles ein paar Millionen- oder Milliarden Mal pro Sekunde, und oft gleichzeitig von mehreren Prozessorkernen. Für uns ist das so selbstverständlich, dass uns oft gar nicht mehr bewusst ist, dass selbst in kleinen Codefragmenten wie dem folgenden eine ganze Menge passiert:

```
int sum=0;
for(int i=1; i<100000; i++)
   sum=sum+i;
```

Die Variable `sum` wird mit 0 initialisiert und anschließend in einer Schleife immer wieder *geändert*. Die Schleife selbst wird durch die Variable `i` kontrolliert, die 100.000 Mal ihren Wert *ändert* und dann dafür sorgt, dass die Schleife beendet wird. Nach dem Ende der Schleife enthält `sum` die Summe aller natürlichen Zahlen von 0 bis 100.000.

Außer Additionen und Vergleichen werden also viele Änderungen von Variablen durchgeführt. Rein funktionale Sprachen kennen keine Variable, dort gibt es nur Konstante: alles behält den Wert, mit dem es einmal initialisiert wurde (siehe Abschnitt 1.6).

Da folglich auch die Attribute von Objekten konstant sind, können wir Objekte nicht mehr ändern. Alle Objekte sind unveränderbar. Tatsächlich gibt es – unabhängig von der funktionalen Programmierung – gute Gründe, auf veränderbare Objekte zu verzichten.

4.1   Konsistenz

Der Zustand eines Objekts wird durch seine Attribute definiert. In der folgenden Klasse `Dog` ist der Zustand der Objekte vom Typ `Dog` durch den Zustand von `name` und den Wert von `size` definiert. Wir brauchen nur diese beiden Informationen, um das Objekt vollständig zu beschreiben:

```
class Dog{
   String name;
```

```
    int size;
}
```

Objekte können zulässige und unzulässige Zustände annehmen. Was „zulässig" im Einzelfall bedeutet, müssen *wir selbst* definieren: Unser Java-Programm kann nicht wissen, welche Werte für das Attribut `size` zulässig sind. Für die Klasse `Dog` fordern wir, dass das Attribut

- `name` niemals den Wert `null` annehmen darf und

- `size` nur Werte enthalten darf, die größer als 0 sind.

Ein Objekt, das einen zulässigen Zustand hat, nennen wir **konsistent**. Warum sind frisch erzeugte Objekte vom Typ `Dog` bereits inkonsistent?

Nach dem Aufruf von

```
Dog bello =new Dog();
```

passiert genau das, was nicht passieren darf: Das Attribut `name` erhält den Standardwert `null` und `size` bekommt die Zahl 0 zugewiesen.

Um konsistente Objekte zu erzeugen, haben wir Konstruktoren. Die Werte der Attribute ergeben sich aus den Parametern des Konstruktors, die der Konstruktor auf Zulässigkeit überprüfen kann:

```
Dog(String name, int size){
  if(name==null || size<0)
    throw new IllegalArgumentException();
  this.name=name;
  this.size=size;
}
```

4.2 Nichts ist beständiger als der Wandel

Alle Objekte vom Typ `Dog`, die wir jetzt erzeugen, sind garantiert konsistent:

```
Dog bello =new Dog("Bello", 42);
```

Diese Garantie erlischt aber, wenn wir Objekte ändern. Ruckzuck haben wir schon wieder ein inkonsistentes Objekt:

```
bello.size=-4711;
```

Es gibt Programmiersprachen wie D,[1] die syntaktische Möglichkeiten zur Definition von Konsistenzregeln bieten. Bei Änderungen wird dann automatisch geprüft, ob diese Regeln eingehalten werden. Da Java nicht zu diesen Sprachen gehört, müssen wir uns selbst darum kümmern, dass niemand gegen unsere Spielregeln verstößt.

---

[1] http://www.digitalmars.com/d/

4.3 Versteckte Daten sind gute Daten

Wenn wir die Sichtbarkeit unserer Attribute so stark wie möglich einschränken, haben wir schon einen wichtigen Beitrag zu mehr Konsistenz geleistet:

```
class Dog{
  private String name;
  private int size;
}
```

Da beide Attribute als `private` markiert sind, kann kein Anwender[2] das Attribut `size` von Objekten wie `bello` direkt ändern. Änderungen sind jetzt nur innerhalb von Methoden des Objekts möglich.

Warum sind die Objekte der Klasse `Dog` eigentlich nutzlos, obwohl sie immer konsistent sind?

Die Kapselung schützt unsere Attribute vor unkontrollierten Änderungen. Wir haben aber keine Möglichkeit mehr, etwas über den Zustand von `bello` zu erfahren: Die Markierung `private` schützt unsere Attribute nicht vor schreibenden, sondern auch vor *lesenden* Zugriffen. Lesende Zugriffe auf Attribute ermöglichen wir mit zwei Methoden:

```
String getName() {
  return name;
}
int getSize() {
  return size;
}
```

Für Änderungen geben wir unseren Anwendern noch die korrespondierenden Methoden `setName` und `getName`. Methoden wie `setName`, deren Aufgabe in der Änderung eines Attributs besteht, werden auch als **Mutatoren** bezeichnet. Methoden wie `getName`, die uns den Wert eines Attribute liefern, heißen **Inspektoren**.[3] Da wir die Konsistenz gewährleisten müssen, ist es hier nicht mit einer einfachen Zuweisung getan:

```
void setName(String name) {
  if (name == null)
    throw new IllegalArgumentException();
  this.name = name;
}
void setSize(int size) {
  if (size < 0)
    throw new IllegalArgumentException();
  this.size = size;
}
```

---

[2] Als Anwender einer *Klasse* und ihrer Objekte bezeichnen wir Entwickler, die die Klasse in ihrer Software verwenden.

[3] In Anlehnung an den JavaBeans-Standard, werden Inspektoren und Mutatoren auch gerne als Getter und Setter bezeichnet.

Der wahre Jakob ist diese Lösung auch nicht: Eines Tages kommen wir vielleicht auf die Idee zu fordern, dass alle Hundenamen mit einem Großbuchstaben anfangen müssen. Auf den ersten Blick ist das kein Problem: Wir ändern einfach die Methode `setName`. In der Eile haben wir aber ganz vergessen, auch den Konstruktor und möglicherweise eine Menge weiterer Methoden, die sich im Laufe der Zeit angesammelt haben, anzupassen. Die Inkonsistenz lauert überall.

Um solche Redundanzen[4] zu vermeiden, definieren wir den Code zur Konsistenzprüfung an genau einer Stelle. Das kann etwa eine zentrale Methode zur Prüfung sein. Noch sicherer wird unsere Klasse, wenn wir Attribute *ausschließlich* in ihren zugehörigen Mutatoren ändern. In der Klasse `Dog` verzichten alle anderen Methoden und der Konstruktor auf ihr Recht, private Attribute zu ändern, und verwenden für Änderungen ab jetzt ausschließlich Mutatoren.

Durch den Einsatz der Kapselung erschweren wir Verletzungen der Konsistenz: Da Anwender unsere Objekte nur über Methoden ändern können, werden Objekte von einem konsistenten Zustand in einen anderen konsistenten Zustand überführt.

4.4   Invarianten – darauf ist Verlass

Ab jetzt können wir uns darauf verlassen, dass das Attribut `name` nicht den Wert `null` hat. Wir sehen jetzt, dass das nicht nur sinnvoll, sondern auch nützlich ist:

Immer wenn wir ein Objekt mit der Methode `println` ausgeben, wird implizit die Methode

```
public String toString()
```

aufgerufen, die von der Klasse `Object` geerbt wird. Wir überschreiben diese Methode in der Klasse `Dog`:

```
@Override
public String toString(){
    return "My name is "+name.toUpperCase()+", my size is "+size;
}
```

Wir testen die Methode:

```
Dog bello =new Dog("Bello", 42);
System.out.println(bello);
```

Die Ausgabe ist

```
My name is BELLO, my size is 42
```

In der Methode `toString` haben wir die Methode `toUpperCase` auf das Attribut `name` angewendet. Da wir wissen, dass `name` nicht `null` sein kann, müssen wir uns um diesen Fall gar nicht kümmern. Eine `NullPointerException` kann nicht auftreten.

Die Bedingungen, denen die Attribute unserer Klassen immer genügen müssen, nennen wir **Invarianten** der Klasse. Da Konsistenzbedingungen auch immer erfüllt sein müssen, sind sie

---

[4] Redundanzen im Programmcode sind eine potenzielle Fehlerquelle. Es gibt dazu die Richtline DRY (Don't Repeat Yourself), die etwa in [Hun03] eindrucksvoll erklärt wird.

spezielle Invarianten. Im nächsten Beispiel sehen wir, dass es außer Konsistenzbedingungen noch andere Invarianten gibt.

Bei der Ausgabe des Objekts `bello` haben wir gesehen, dass die Größe des Hundes ohne Einheit ausgegeben wird. Eigentlich wussten wir auch bei der Erzeugung von Bello nicht, welche Einheit gemeint war. Das ändern wir, indem wir einen eigenen Typ für Größeneinheiten definieren:

```
enum Unit{
    CM, INCH
}
```

Damit die Einheit berücksichtigt werden kann, passen wir die `setSize`-Methode an. Dabei überlegen wir uns vorher, ob

- neben der Größe auch die Einheit als Attribut der Klasse `Dog` definiert werden soll oder ob

- die Größe grundsätzlich in Zentimeter umgerechnet und dem Attribut `size` zugewiesen wird.

Keine der beiden Möglichkeiten ist falsch. Die zweite würde uns aber eine weitere Invariante liefern: Es ist gewährleistet, dass das Attribut `size` die Größe in Zentimetern enthält. Wenn wir beispielsweise zwei Hunde vergleichen wollen, müssen wir dazu niemals Umrechnungen durchführen. Unsere Lösung sieht also so aus:

```
void setSize(int size, Unit unit) {
    if (size < 0 || unit == null)
        throw new IllegalArgumentException();
    this.size = size;
    if(unit==Unit.INCH) size *= 2.54;
}
```

Durch den zweiten Parameter haben wir uns ein weiteres Sicherheitsrisiko eingefangen: da `unit` auch den Wert `null` annehmen kann, müssen wir eine weitere Invariante einführen. Wir lernen hier übrigens eine weitere Eigenschaft von Invarianten kennen: Die Invariante ist *innerhalb* der Methode `setSize` verletzt. Wir weisen den Parameter `size` direkt und zunächst ohne Umrechnung dem Attribut `size` zu. Wenn die Größe in Zoll (dt. für *inch*) angegeben wurde, ist die Invariante für einen kurzen Augenblick verletzt. Bereits in der nächsten Anweisung machen wir aber wieder „klar Schiff“.[5] Invarianten gelten also immer *nach Abschluss* einer Methode, innerhalb einer Methode können sie auch verletzt sein. Das gilt übrigens auch für Konsistenzbedingungen, die ja nur eine spezielle Form von Invarianten sind. Eine Methode darf unter keinen Umständen eine verletzte Invariante zurücklassen!

---

[5] In diesem speziellen Beispiel hätte die Verletzung auch vermieden werden können. Es gibt aber Situationen, in denen das nicht oder nur schwer möglich ist.

4.5   Ein Beispiel

Wir haben unsere Klasse Dog nach und nach entwickelt. Zusammenfassend finden wir hier
die vollständige Definition:

Listing 4.1: Die Klasse Dog

```java
class Dog {
  private String name;
  private int size;

  Dog(String name, int size, Unit unit) {
    setName(name);
    setSize(size, unit);
  }
  String getName() {
    return name;
  }
  int getSize() {
    return size;
  }
  void setName(String name) {
    if (name == null)
      throw new IllegalArgumentException();
    this.name = name;
  }
  void setSize(int size, Unit unit) {
    if (size<0 || unit==null)
      throw new IllegalArgumentException();
    this.size = unit==Unit.INCH ? size*=2.54 : size;
  }
  @Override
  public String toString(){
    return "My name is "+name.toUpperCase()+", my size is "+size+"cm";
  }
  @Override
  public boolean equals(Object other){
    if(other==null || getClass() != other.getClass())
      return false;
    Dog dog=(Dog) other;
    return name.equals(dog.name) && size==dog.size;
  }
}
```

Es waren nur wenige Änderungen an den Definitionen im Fließtext nötig: Der Konstruktor ändert nicht mehr die Attribute, sondern delegiert diese Arbeit an die Mutatoren. In der Methode toString können wir jetzt ruhigen Gewissens cm als Einheit angeben.

4.6 Die Methode `equals`

Zusätzlich haben wir auch noch die von der Klasse Object geerbte Methode

```
public boolean equals(Object other)
```

überschrieben.[6] Genau dann, wenn zwei Objekte gleich sind, wird true zurückgegeben. Die Gleichheit zweier Objekte vom Typ Dog prüfen wir dabei attributweise und können uns auf unsere Invarianten verlassen:

■ Es kann nicht zu einer NullPointerException kommen, da das Attribut name niemals null ist.

■ Das Attribut size muss vor dem Vergleich nicht umgerechnet werden.

4.7 Sichere Ergebnisse mit defensiven Kopien

Eigentlich haben wir alles getan, damit die Invarianten unserer Objekte nicht verletzt werden können. Wir sehen aber jetzt, dass unsere Bemühungen immer noch nicht umfassend sind: Da Hunde sich möglicherweise zu Paaren zusammenschließen, definieren wir eine Klasse, in der Paare von Hunden verwaltet werden können:

Listing 4.2: Eine Klasse für Paare von Hunden

```
class DogPair{
  private final Dog small , big;

  DogPair(Dog dog1, Dog dog2) {
     if(dog1.getSize()<dog2.getSize()){
       this.small = dog1;
       this.big = dog2;
     }
     else{
       this.small = dog2;
       this.big = dog1;
     }
  }
  public Dog getSmallDog(){
     return small;
```

---

[6] Auch wenn es hier nicht so aussieht: Wir müssen viele Regeln einhalten, wenn wir equals überschreiben wollen. Detaillierte Informationen gibt es dazu in [Blo08] und [Kre02]. Eine sehr empfehlenswerte Lektüre!

```
    }
    @Override
    public String toString(){
      return "Small Dog: "+small+"\n"+
      "Big Dog: "+big;
    }
}
```

Dieses Mal haben wir es mit unseren Invarianten ganz genau genommen:

■ Es gibt keine Mutatoren.

■ Die beiden Attribute `small` und `big` sind als `final` markiert. Es gibt also auch *innerhalb* der Klasse keine Möglichkeit, irgendetwas zu ändern.

Der Konstruktor wacht über die Gültigkeit der einzigen Invariante: Der von `small` referenzierte Hund soll kleiner sein als der andere.

Durch diese Invariante können wir auch `toString` ohne viel Aufwand überschreiben: Zuerst erteilen wir dem kleinen, dann dem großen Hund das Wort. Obwohl alles narrensicher aussieht, können wir die Invariante ganz einfach verletzen:

Listing 4.3: `DogPair` mit verletzter Invariante

```
Dog snoopy = new Dog("Snoopy", 42, Unit.CM);
Dog bella = new Dog("Bella", 23, Unit.CM);

DogPair pair=new DogPair(snoopy, bella);
System.out.println(pair);
Dog killer =pair.getSmallDog();
killer.setSize(4711, Unit.CM);
System.out.println(pair);
```

Wir erzeugen also die Hunde Snoopy und Bella und vereinen sie zu einem Paar. Da Snoopy größer ist als Bella, muss der Konstruktor die Reihenfolge ändern, und die erste Ausgabe ist folglich:

```
Small Dog: My name is BELLA, my size is 23cm
Big Dog: My name is SNOOPY, my size is 42cm
```

Dann passiert aber etwas, womit wir beim Entwurf der Klasse nicht gerechnet haben: Dem Objekt `helper` wird der kleinere der beiden Hunde zugewiesen, der ja – oh Schreck! – veränderbar ist. So wird aus dem kleinen ein großer Hund, und ehe wir uns versehen, ist die einzige Invariante der Klasse `DogPair` verletzt. Die Ausgabe behauptet jetzt:

```
Small Dog: My name is BELLA, my size is 4711cm
Big Dog: My name is SNOOPY, my size is 42cm
```

Eine gemeine Lüge, Bella ist nicht mehr die Kleine!

Das Problem besteht in der Methode `getSmallDog`, die eine *Referenz* auf den kleineren der beiden Hunde liefert. Dem Attribut `small` können wir, da es als `final` vereinbart wurde, kein neues Objekt zuweisen. Das Objekt, das `small` referenziert, können wir aber *ändern*.

Wir sehen, dass die Veränderbarkeit eines Objekts nicht nur zu lokalen Inkonsistenzen – also Inkonsistenzen für das veränderbare Objekt – führen kann, sondern möglicherweise auch Auswirkungen auf alle Klassen hat, die veränderbare Objekte als Attribute verwenden.

Daher modifizieren wir die Methode `getSmallDog` dahingehend, dass sie nur noch eine *Kopie* von `small` zurückgibt; mit der Kopie kann der Anwender dann machen, was er will:

```
public Dog getSmallDog(){
    return new Dog(small.getName(), small.getSize(), Unit.CM);
}
```

Das ist nur eine Lösungsmöglichkeit. Die Klasse `Dog` könnte beispielsweise auch einen Copy-Konstruktor zur Verfügung stellen; wer die harte Tour mag, kann auch die Methode `Object.clone`[7] überschreiben, die extra zum Anfertigen von Kopien entwickelt wurde. Die Programmiertechnik, Kopien anstatt Referenzen von veränderbaren Objekten zurückzugeben, ist unter dem Namen **defensives Kopieren** bekannt.

4.8 Konkurrierende Zugriffe

Auch wenn wir Zugriffe auf Attribute nur noch über Inspektoren und Mutatoren erlauben und immer, wenn es nötig ist, mit defensiven Kopien arbeiten, ist unsere Klasse angreifbar. Bisher haben wir nämlich nur den Fall diskutiert, dass genau *ein* Thread auf unsere Objekte vom Typ `Dog` zugreift. Unsere Forderung, dass alle Invarianten nach dem Abschluss einer Methode der Klasse `Dog` erfüllt sein müssen, reicht hier voll und ganz.

Wir erinnern uns aber daran, dass Invarianten *während* der Ausführung einer Methode durchaus verletzt sein können. Das wird besonders dann tückisch, wenn wir nicht mit einem, sondern mit mehreren Threads das gleiche Objekt bearbeiten. Jeder Thread kann irgendwann vom Scheduler unterbrochen werden. Es reichen schon zwei Threads, um für chaotische Zustände zu sorgen:

In unserem Beispiel ist es möglich, dass ein Thread `t1` in der Methode `setSize` vor der Umrechnung der Größe unterbrochen wird. Die Invariante ist möglicherweise verletzt. Wenn der Scheduler genau jetzt einen anderen Thread `t2` aktiviert, der dieses Objekt mit Hilfe der Methode `toString` ausgibt, sehen wir also ein falsches Ergebnis.

Wenn mehrere Threads gleichzeitig das gleiche Objekt vom Typ `Dog` bearbeiten und auch nur einer der Threads das Objekt ändert, müssen die Threads synchronisiert werden. Das erreichen wir sicher, indem wir jede Methode – nicht nur diejenigen, die Zustände ändern – der Klasse `Dog` als `synchronized` markieren. Solange es auch nur einen Thread gibt, der in einer als `synchronized` definierten Methode ist, können keine anderen als `synchronized` markierten Abschnitte des Objekts von anderen Threads ausgeführt werden. Wenn aber alle Methoden als `synchronized` markiert sind, kann von Parallelität oder

---

[7] Beim Überschreiben von `clone` müssen wir noch mehr Regeln als bei `equals` einhalten. Details dazu findet man in [Blo08].

Nebenläufigkeit keine Rede mehr sein: Pro Objekt führt dann immer nur höchstens ein Thread eine Methode aus der Klasse `Dog` aus.

Java bietet Alternativen zu dieser Holzhammermethode: Nur sind diese aufwändiger, und bei der Implementierung können weitere Fehler auftreten, die man erst spät bemerkt. Eine gute Einführung in die parallele Programmierung bietet etwa [Oec07]. Wir kommen auf das Thema in Kapitel 27 zurück.

Hash-Tabellen

Arrays sind eine bequeme Möglichkeit, Daten zu speichern, die alle den gleichen Typ haben. Wenn wir aber einen Wert suchen, kann es sein, dass wir dazu das Array vom ersten bis zum letzten Element abgrasen müssen. Zum Glück gibt es Datenstrukturen, die einen schnellen Zugriff auf Daten ermöglichen:

Eine Hash-Tabelle besteht aus einem n-elementigen Array, dessen Einträge verkettete Listen sind. Diese Listen heißen Hash-Buckets.

Bevor wir ein Objekt in einer Hash-Tabelle ablegen, ordnen wir ihm eine als Hash-Code bezeichnete ganze Zahl zu, die uns die Methode `Object.hashCode()` liefert. Zu dieser Zahl ermitteln wir den (positiven) Rest h, der sich bei Division durch n ergibt. Da h eine natürliche Zahl zwischen 0 und n-1 ist, können wir unser Objekt in den h-ten Hash-Bucket legen.

Wenn wir andererseits wissen wollen, ob ein Objekt in einer Hash-Tabelle enthalten ist, berechnen wir seinen Hash-Code und ermitteln den Rest h bei Division durch n. Wenn die Hash-Tabelle das Objekt enthält, muss sich das Objekt im h-ten Hash-Bucket befinden. Mit Hilfe der Methode `equals` durchsuchen wir den Hash-Bucket nach dem gesuchten Objekt.

Die Java-API bietet uns Klassen wie `java.util.HashSet`; wir müssen Hash-Tabellen also nicht selbst implementieren. Mit der Methode `add` fügen wir Objekte ein, mit der Booleschen Methode `contains` erfahren wir, ob ein Objekt in der `HashSet` enthalten ist.

Hash-Tabellen und ihre Eigenschaften in Java sind ein intensiv untersuchtes Gebiet. Viel Wissenswertes, insbesondere Hinweise für das Überschreiben von `Object.equals` und `Object.hashCode` stehen in [Blo08] und [Kre02].

4.9   Geänderte Hash-Codes

Es bedarf nicht einmal mehrerer Threads, um falsche Ergebnisse zu erzielen. Wir sehen jetzt, wie Fehler auftreten können, selbst wenn keine Invariante verletzt ist.

Wir legen ein Objekt vom Typ `Dog` in einer Collection vom Typ `HashSet` ab. Die Methoden von `HashSet` ermitteln den Hash-Code eines Objekts mit Hilfe der Methode `hashCode` aus der Klasse `Object`. Diese Standardimplementierung ist sicher nicht geeignet,[8] so dass wir sie in der Klasse `Dog` überschreiben:

---

[8] In aller Regel ermittelt die Methode `hashCode` in ihrer werksseitigen Einstellung die virtuelle Speicheradresse. Für die Klasse `Dog` widerspricht das dem Vertrag von `hashCode`, da zwei im Sinne von `equals` gleiche `Dog`-Objekte so nicht notwendigerweise den gleichen Hash-Code haben.

Listing 4.4: Die Hash-Funktion der Klasse `Dog`

```
@Override
public int hashCode() {
   return 31*name.hashCode()+size;
}
```

In Listing 4.5 erzeugen wir eine Menge vom Typ `HashSet`, die nur das Objekt `bello` enthält. Bello wird anschließend geändert und erneut gesucht:

Listing 4.5: Ein überraschendes Ergebnis

```
Dog bello = new Dog("Bello", 42, Unit.INCH);
Set<Dog> dogs=new HashSet<Dog>();
dogs.add(bello);
System.out.println( dogs.contains(bello));
bello.setName("Snoopy");
System.out.println( dogs.contains(bello));
```

Das Ergebnis ist erstaunlich:

```
true
false
```

Dass Bello auch gefunden wird, nachdem wir ihn eingefügt haben, ist klar. Aber warum wird er nicht mehr gefunden, nachdem wir ihn geändert haben?

Der Grund ist ein wenig subtil: In der Methode `add` wird mit Hilfe der Methode `hashCode` der zu `bello` gehörende Hash-Bucket ermittelt. Das Objekt wird in diesem Bucket abgelegt. Da der Name des Objekts `bello` zwischenzeitlich auf `"Snoopy"` geändert wurde, liefert `hashCode` einen anderen Wert. Das hat zur Folge, dass die Methode `contains`, die ebenfalls die Methode `hashCode` verwendet, im falschen Hash-Bucket sucht. Das Objekt `bello`, das jetzt den Namen `"Snoopy"` hat, wird nicht mehr gefunden, und `contains` liefert `false`.

4.10   Unveränderbare Klassen

Wir vermeiden alle Probleme, die wir bisher in diesem Abschnitt kennengelernt haben, wenn wir dafür sorgen, dass Objekte vom Typ `Dog` immer unveränderbar sind. In der folgenden Definition haben wir:

▪ Alle Attribute als `final` markiert.

▪ Den Konstruktor geändert. Er prüft die Integritätsbedingungen und führt, falls nötig, die Umrechnung der Größe durch.

▪ Die Mutatoren entfernt.

▪ Als Ersatz die Methoden `rename` und `resize` definiert, die ein neues Objekt mit anderem Namen bzw. mit anderer Größe als Ergebnis liefern.

Listing 4.6: Eine Implementierung von `Dog` als unveränderbare Klasse

```
class Dog {
  private final String name;
  private final int size;

  Dog(String name, int size, Unit unit) {
    if (name == null || size < 0)
      throw new IllegalArgumentException();
    this.name = name;
    this.size = size;
    if (unit -- Unit.INCII)
      size *= 2.54;
  }

  Dog rename(String name) {
    return new Dog(name, size, Unit.CM);
  }
  Dog resize(String name,  Unit unit) {
    return new Dog(name, size, unit);
  }
  ...
}
```

Objekte vom Typ `Dog` werden im Konstruktor initialisiert, erhalten dort einen konsistenten Zustand und können anschließend nicht mehr geändert werden. Da beide Attribute als `final` definiert sind, kann `size` nicht mehr geändert werden. Nachdem wir in der Dokumentation zum Typ `String` den Hinweis[9] *String objects are immutable* gefunden haben, machen wir uns über das Attribut `name` auch keine Sorgen mehr. Nichts und niemand kann mehr den Zustand eines Objekts vom Typ `Dog` ändern, für die Einhaltung unserer Invarianten ist für alle Zeiten gesorgt.

In der Klasse `DogPair` aus Listing 4.2 müssen wir in der Methode `getsmallDog` auch keine Kopien mehr anfertigen: Da Objekte vom Typ `Dog` unveränderbar sind, können wir ruhigen Gewissens eine Referenz auf das Attribut `small` zurückgeben.

4.11   Performance

In Einzelfällen kann die Performance durch den Einsatz von unveränderbaren Klassen gesteigert werden: Wegen der Unveränderbarkeit sind die Resultate von Methoden wie `toString` oder `hashCode`, deren Werte sich unmittelbar aus den (unveränderbaren) Attributen ergeben, immer die gleichen. Sie können bereits im Konstruktor ermittelt und in Attributen gespeichert werden. So müssen sie nicht jedes Mal aufs Neue berechnet werden.

Meistens wirkt sich Unveränderbarkeit allerdings negativ auf die Performance aus.

---

[9] Siehe http://java.sun.com/javase/6/docs/api/java/lang/String.html

Immer wenn wir den Wert eines Attributs ändern wollen, müssen wir wie in den Methoden `rename` und `resize` ein neues Objekt erzeugen. Das ist der Preis der Unveränderbarkeit. Da auch die Garbage Collection häufiger aktiv wird, kommen noch die Kosten für die Beseitigung nicht mehr benötigter Objekte hinzu.

Die Kosten für die Objekterzeugung sind von Klasse zu Klasse und zum Teil von Objekt zu Objekt verschieden:

- Die Erzeugung eines Objekts vom Typ `Dog` erfordert für die beiden Attribute zweimal vier Byte und ist damit im Vergleich zur Erzeugung eines Strings mit 10 Zeichen günstig.

- Ein String mit 10 Zeichen kann schneller erzeugt werden als ein String mit 5000 Zeichen.

Da die Klasse `String` sehr beliebt ist, macht sich ihre Unveränderbarkeit oft unangenehm bemerkbar: Wenn zwei Strings hintereinandergehängt werden, ergibt sich ein neues Objekt vom Typ `String`:

```
String h = "Hello ", b = "Bello";
String s = h + b;
```

Die Verkettung der beiden Strings ist äquivalent zum Aufruf von `h.concat(b)`. Das Ergebnis der Verkettung ist der neue String `Hello Bello`. Da dieser String so groß ist wie h und s zusammen, können wir uns leicht vorstellen, wie aufwändig die Verkettung ist, wenn sie oft hintereinander ausgeführt wird.

4.12 Unveränderbare Klassen in der Java-API

Das JDK bietet zusätzlich zur Klasse `String` die Klasse `StringBuffer`. Ein `StringBuffer` leistet eigentlich das Gleiche wie ein Objekt vom Typ `String`. Der wesentliche Unterschied besteht darin, dass Objekte vom Typ `StringBuffer` veränderbar sind. Führt man für die Klassen `String` und `StringBuffer` vergleichende Messungen durch, kann man zum Teil erhebliche Unterschiede in der Performance beobachten.

Auch wenn wir es nicht immer bemerkten, so haben wir sicher schon oft mit unveränderbaren Klassen wie `Integer`, `Float` oder `BigDecimal` gearbeitet. Typisch für unveränderbare Klassen ist die funktionale Schreibweise bei Verkettungen von Operationen. So ist `(23+42)*4711` das Ergebnis des folgenden Codefragments:

```
BigInteger v1 = new BigInteger("23");
BigInteger v2 = new BigInteger("42");
BigInteger v3 = new BigInteger("4711");
BigInteger v = v1.add(v2).multiply(v3);
System.out.println(v);
```

In der rein funktionalen Programmierung sind alle Klassen unveränderbar, in der imperativen Programmierung sind wichtige Klassen wie `java.util.ArrayList` ohne einen veränderbaren Zustand kaum möglich. In diesem Abschnitt haben wir ein Gespür für die Konsequenzen der Veränderbarkeit bekommen. In Zukunft überlegen wir uns sehr genau, ob wir Änderungen an Objekten noch zulassen sollen. In vielen Fällen können wir unveränderbare Klassen verwenden, ohne wie bei Strings die extremen Nachteile in der Laufzeit in Kauf nehmen zu müssen. In Zweifelsfällen sollte man daher der Sicherheit den Vorzug geben, die einem die Unveränderbarkeit bietet.

Alles klar?

Vieles spricht dafür, dass wir unsere Klasse unveränderbar entwerfen:

- ◼ Wir müssen nur bei der Erzeugung der Objekte für einen konsistenten Zustand sorgen.

- ◼ Wir müssen uns keine Gedanken über defensive Kopien machen.

- ◼ Konsistente Objekte bleiben auch bei parallelen Zugriffen konsistent.

- ◼ Unveränderbare Objekte sind immer im richtigen Hash-Bucket.

Es kann zu Leistungseinbußen kommen, da die Unveränderbarkeit oft eine vermehrte Objekterzeugung nach sich zieht.

4.13   Aufgaben

1. Schreiben Sie ein Java-Programm, in dem eine Zeichenkette in einer Schleife durch String-Verkettung immer wieder verlängert wird. Führen Sie etwa mit Hilfe der Methode `System.currentTimeMillis` Messungen durch. Als Typ für die Zeichenketten verwenden Sie einmal `String` und einmal `StringBuffer`. Vergleichen Sie die Ergebnisse. Sie werden überrascht sein.

2. Im Installationsverzeichnis Ihres JDK gibt es die Datei `src.zip`. Packen Sie dieses Archiv aus. Es enthält den Quellcode der Java-Klassenbibliothek. Öffnen Sie die Datei `Collections.java` im Unterverzeichnis `util`. Dort gibt es die Klasse `UnmodifiableList`. Machen Sie sich mit dieser Klasse vertraut.

3. Unveränderbare Klassen, die mit defensiven Kopien arbeiten, beeinträchtigen oft die Geschwindigkeit unserer Software. Dieses Problem bekommen wir in den Griff, indem wir nach dem Vorbild von `UnmodifiableList` zu veränderbaren Klassen auch unveränderbare Wrapperklassen definieren. Implementieren Sie eine unveränderbare Wrapperklasse für den (veränderbaren) Typ `Dog` aus Listing 4.1. Implementieren Sie mit Hilfe dieses Typs die Methode `getsmallDog` aus Listing 4.2 neu. Welcher Vorteil ergibt sich aus dieser Vorgehensweise?

Kapitel 5

Funktionen höherer Ordnung

Funktionen werden in der funktionalen Programmierung behandelt wie alle anderen Daten auch (siehe etwa Abschnitt 2.4). Funktionen, die andere Funktionen als Parameter oder als Ergebnis haben, heißen **Funktionen höherer Ordnung**. Wenn wir einer Funktion eine andere Funktion als Argument übergeben, kann die übergebene Funktion im Rumpf der anderen Funktion aufgerufen werden. Indem wir einzelne Funktionsteile auf diese Weise parametrisieren, können wir unsere Funktion erheblich flexibler gestalten. In Kapitel 2 haben wir die Funktion accu als Beispiel solch einer Funktion höherer Ordnung kennengelernt. Bei der Implementierung des Beispiels in funktionalen Sprachen wie Lisp, ML und Haskell haben wir dabei von der Möglichkeit Gebrauch gemacht, Funktionen auch anonym zu definieren.

Wir können Funktionen in Java[1] *nicht* anonym definieren, so dass es in Java auch keine Funktionen höherer Ordnung gibt. Da man auf die praktischen und interessanten Anwendungen, die einem Funktionen höherer Ordnung bieten, kaum verzichten kann, muss es in Java ein vergleichbares Instrument geben. In diesem Abschnitt lernen wir das Strategiemuster kennen und besprechen, wie wir das Muster in Java als Ersatz für Funktionen höherer Ordnung einsetzen und auf diese Weise einige typisch funktionale Anwendungen realisieren können. Dieser Umweg über Java vermittelt uns einen Zugang zu den Funktionen höherer Ordnung.

5.1 Arrays sortieren leicht gemacht

Wer bereits intensiver mit Java Bekanntschaft gemacht hat, kennt sicher einige der kleinen Helfer aus der Klasse java.util.Arrays. Um beispielsweise den Inhalt eines Arrays, sagen wir mit Namen a, auszugeben, reicht eine einzige Codezeile:

```
System.out.println(Arrays.toString(a))
```

---

[1] In objektorientierten Sprachen haben wir es, streng genommen, mit Methoden und nicht mit Funktionen zu tun. Da zumindest in Java nicht die Gefahr von Verwechslungen besteht, verwenden wir in diesem Kapitel beide Begriffe synonym.

Die Methode, mit der wir uns in diesem Abschnitt beschäftigen, heißt `sort` und leistet genau das, was ihr Name verspricht. Wir probieren sie einmal aus und versuchen, ein Array voller Hunde[2] zu sortieren:

```
Dog[] dogs ={
  new Dog("Snoopy", 42, Unit.CM),
  new Dog("Bello", 23, Unit.CM),
  new Dog("Lassie", 23, Unit.CM)
};
Arrays.sort(dogs);
```

Dieses kurze Programm sortiert nicht, sondern wirft eine `ClassCastException`. Dem Kleingedruckten im Stacktrace entnehmen wir, dass der Versuch, ein Objekt vom Typ `Dog` in eines vom Typ `java.lang.Comparable` umzuwandeln, fehlgeschlagen ist. Eigentlich sollte uns das auch nicht wundern: Wenn wir Hunde sortieren wollen, müssen wir wissen, wie wir zwei Hunde miteinander *vergleichen*: Ist Snoopy größer als Lassie, oder umgekehrt? Die Methode `equals`, die wir in Kapitel 4 implementiert haben, informiert uns darüber, ob zwei Hunde gleich sind, mehr aber auch nicht.

Wenn wir mehr wissen wollen, muss die Klasse `Dog` das Interface `Comparable<Dog>` implementieren. Das ist eigentlich nicht weiter schwer, da dieser Typ nur die Methode

```
int compareTo(Dog dog)
```

enthält. Da die VM nicht wissen kann, wann ein Hund größer ist als ein anderer, bestimmen wir die Spielregeln, nach denen verglichen wird, weitgehend selbst.[3] Am Rückgabewert von `dog1.compareTo(dog2)` kann man dann die Größenverhältnisse ablesen. Er ist genau dann

- 0, wenn `dog1` gleich `dog2` ist,

- negativ, wenn `dog1` kleiner als `dog2` ist und

- positiv, wenn `dog1` größer als `dog2` ist.

Wie wir das ausgestalten, ist, wie gesagt, weitgehend unsere Sache. Für Objekte vom Typ `Dog` werden wir

- zuerst die Größe, die das Attribut `size` verwaltet, vergleichen und dann

- einen lexikographischen Vergleich der beiden Namen durchführen, wenn beide Größen übereinstimmen.

So ist Snoopy größer als Bello. Beim Vergleich von Bello und Lassie sieht das anders aus, da beide 23 cm groß sind. Hier kommt der Namensvergleich ins Spiel: Die lexikographische Ordnung ist klar: Bello fängt mit einem „B" und Lassie mit einem „L" an. Lassie ist also größer als Bello.

---

[2] Die Klasse `Dog` wurde in Listing 4.1 definiert.

[3] Die Anordnung der Objekte muss konsistent sein. Was „konsistent" in diesem Zusammenhang bedeutet, ist im Vertrag von `Comparable` geregelt. Was es zu beachten gilt, ist beispielsweise in [Blo08] beschrieben.

Listing 5.1: Eine Klasse für Hunde mit Größenvergleich

```
class Dog implements Comparable<Dog>{
  ...
  public int compareTo(Dog other) {
    if(size<other.size) return -1;
    else if(size>other.size) return 1;
    else return name.compareTo(other.name);
}
```

Wir vergleichen zunächst die `size`-Attribute; nur wenn sie übereinstimmen, werden auch die Namen verglichen. Da auch der Typ `String` das Interface `Comparable` implementiert, können wir also den Namensvergleich einfach der `compareTo`-Methode der Klasse `String` überlassen. Wenn wir das Array jetzt sortieren, läuft alles reibungslos: Ganz wie es sich gehört, kommen die Kleinen nach vorne, die Großen nach hinten.

Entwurfsmuster

Wenn man eine Programmiersprache gelernt hat, kennt man ihre Syntax und die mit der Sprache einhergehenden Paradigmen. Zusammen mit Kenntnissen in Java erwirbt man auch ein Grundverständnis in der objektorientierten Denkweise und kann Begriffe wie Vererbung, Kapselung und Polymorphie einordnen. Aus Mangel an Erfahrung braucht man mitunter einige Zeit, um Probleme zu lösen, die über die unmittelbare Anwendung der Syntax hinaus in die Bereiche Konzeption und Entwurf gehen. Und dann muss man noch mit der Unsicherheit leben, ob die eigene Lösung wirklich robust und tragfähig ist.

Zum Glück treten viele Probleme immer wieder in ähnlicher Form auf, und mit einiger Übung kann man sie dann auch nach bekannten Mustern lösen. Es bedarf allerdings einiger *Erfahrung*, bis man sich in Standardsituationen zu helfen weiß. An dieser Stelle setzen die **Entwurfsmuster** (dt. für *Design Patterns*) an: Typische Problemstellungen werden zusammen mit einer Standardlösung zu einem Muster zusammengefasst. Man muss sich die Erfahrung nicht mehr selbst hart erarbeiten: Kennt man die Muster, weiß man sich in vielen Situation zu helfen. Es gibt einen anerkannten Katalog von Mustern [Gam09], der nicht nur Lösungen für Problemstellungen anbietet, sondern auch eine *Terminologie* bietet, die erfahrene Programmierer kennen. So weiß jeder, der den Katalog kennt, was zu tun ist, wenn ihm ein Kollege sagt: „Mach aus der Klasse ein Singleton." Lösungen, die die Entwurfsmuster anbieten, sind dabei keine detaillierten Implementierungen, sondern zeigen den Lösungsweg unabhängig von der Programmiersprache auf.

In diesem Buch werden wir mit Mustern wie „Strategie" und „Singleton" einige der prominentesten Entwurfsmuster kennenlernen.

5.2 Eine flexiblere Lösung

Es ist schon toll, dass wir Arrays mit Objekten unserer eigenen Datentypen sortieren können, ohne irgendetwas über den Sortieralgorithmus zu wissen, der hinter der Methode `sort` steckt. Die Lösung ist allerdings sehr starr: Wenn wir Hunde miteinander vergleichen wollen, dann geht das nur auf die eine Art, die wir im Interface `Comparable` hinterlegt haben. Was machen wir, wenn wir etwa *zuerst die Namen* lexikografisch vergleichen möchten und nur bei gleichen Namen die Größe das Zünglein an der Waage sein soll?

Eine Lösung besteht darin, der Methode `sort` die Methode `compareTo` als Parameter zu übergeben. In Abschnitt 2.4 haben wir aber schon gesehen, dass Funktionen in Java nicht als Argumente für Methoden verwendet werden können. Die Flexibilität, die wir uns in dieser Situation wünschen, wird aber in ähnlicher Form sehr oft gebraucht. Über Probleme, die regelmäßig in der Programmierung auftreten, ist intensiv nachgedacht worden, und zu vielen Problemen gibt es Standardlösungen, die so genannten Entwurfsmuster. Zu diesen Entwurfsmustern (siehe Kasten „Entwurfsmuster" auf Seite 65) gibt es ein Standardwerk [Gam09], in dem wir das *Strategiemuster* finden, das wie für uns gemacht ist. Das Strategiemuster ist ganz einfach, auch wenn seine Beschreibung das nicht erahnen lässt:

> *„Definiere eine Familie von Algorithmen, kapsele jeden einzelnen und mache sie austauschbar. Das Strategiemuster ermöglicht es, den Algorithmus unabhängig von ihn nutzenden Klienten zu variieren."*

Die Algorithmen, die wir variieren wollen, entsprechen den verschiedenen Möglichkeiten, Hunde miteinander zu vergleichen. Wir kapseln sie, indem wir sie in ein Interface einpacken und sie dann einem Klienten, nämlich der Sortierfunktion, übergeben. Kurzum: Funktionen können wir nicht übergeben, wir kapseln sie in ein Interface, das wir dann in einer Funktion verwenden.

Die Klasse `Arrays` enthält eine passende `sort`-Methode. Sie hat die folgende Signatur:

```
sort(T[] a, Comparator<? super T> c)
```

In unserem Fall würden wir also

```
sort(Dog[] dogs, Comparator<? super Dog> c)
```

verwenden. Das Interface `Comparator<Dog>` enthält die Methode[4]

```
int compare(Dog dog1, Dog dog2).
```

Die Konventionen für die Rückgabewerte, mit denen `compare` das Ergebnis des Vergleichs der beiden Hunde anzeigt, sind die buchstäblich gleichen wie bei der Methode `compareTo` aus dem Interface `Comparable`. Eine beispielhafte Implementierung sehen wir in Listing 5.2. Zuerst wird versucht, eine Entscheidung über die lexikografische Anordnung der Namen herbeizuführen; nur wenn die Namen gleich sind, werden die Körpergrößen herangezogen.

Listing 5.2: Vergleich zweier Hunde

```
class DogComparator implements Comparator<Dog>{
  public int compare(Dog dog1, Dog dog2) {
    if(dog1.equals(dog2)) return 0;
    else{
      int result=dog1.getName().compareTo(dog2.getName());
```

---

[4] `Comparable` sieht zwar auch die Methode `equals` vor, in der Dokumentation wird aber darauf hingewiesen, dass diese Methode (die ja zur Klasse `Object` gehört) nicht überschrieben werden muss.

```
      if(result!=0) return result;
      else return dog1.getSize()<dog2.getSize() ? -1 : 1;
    }
  }
}
```

Das folgende Codefragment gibt die Hunde dann auch in der erwarteten Reihenfolge aus: Zuerst den kleinen Bello, dann den großen Bello und, der Reihenfolge der Namen entsprechend, zum Schluss Snoopy:

```
Dog[] dogs ={
  new Dog("Snoopy", 42, Unit.CM),
  new Dog("Bello", 4711, Unit.CM),
  new Dog("Bello", 23, Unit.CM)
};
Arrays.sort(dogs, new DogComparator());
System.out.println(Arrays.toString(dogs));
```

Wenn die Klasse `DogComparator`, wie hier, nur ein einziges Mal verwendet wird, müssen wir ihr nicht einmal einen Namen geben, sondern können sie anonym definieren: Größere Java-Programme enthalten eine Vielzahl von Typdefinitionen, sei es in Form von Klassen, Interfaces oder Enums. Je mehr Typnamen vorhanden sind, umso schwerer wird der Überblick. Anonyme Klassen sind eine Maßnahme gegen diese „namespace pollution".

Das Interface können wir, wie in Listing 5.3, „on the fly" als *anonyme Klasse* implementieren. Der Aufruf der Sortiermethode und die Implementierung von `Comparator` erfolgen dann in einer einzigen Anweisung. Die Implementierung des Interface `Comparator` ist dabei eine Einwegklasse: Da sie keinen Namen[5] hat, können wir sie kein zweites Mal verwenden.

Listing 5.3: Sortieren mit anonymen Klassen

```
Arrays.sort(dogs, new Comparator<Dog>(){
  public int compare(Dog dog1, Dog dog2) {
    if(dog1.equals(dog2)) return 0;
    else{
      int result=dog1.getName().compareTo(dog2.getName());
      if(result!=0) return result;
      else return dog1.getSize()<dogs.getSize() ? -1 : 1;
    }
  }
});
```

Viele Java-Entwickler kennen die Syntax `new Comparator<Dog>(){...}` nicht: Wir erzeugen damit ein Objekt vom Typ `Comparator`. Die Implementierung des Interface geben wir direkt bei der Objekterzeugung an.

---

[5] Der Compiler erzeugt zwar eine Klasse, deren Name mit einem $ endet; sie kann aber nicht *explizit* verwendet werden.

Da wir Methoden nicht als Argumente übergeben dürfen, wird ersatzweise gerne das Strategiemuster als Ersatz für Funktionen höherer Ordnung benutzt und etwa auch bei der Definition von Threads eingesetzt. In Listing 5.4 wird ein Thread gestartet, der fortwährend das Datum zusammen mit der aktuellen Uhrzeit auf die Konsole schreibt. An Stelle einer Vergleichsstrategie werden hier die Anweisungen übergeben, die der Thread ausführen soll. Dazu gibt es das Interface `Runnable` mit der Methode `run`. Wenn der Thread mit seiner Methode `start` gestartet wird, werden die Anweisungen in der Methode `run` ausgeführt. Der wesentliche Unterschied zum Sortierbeispiel besteht darin, dass das Objekt vom Typ `Runnable` bereits dem Konstruktor der Klasse `Thread` übergeben wird. Die Idee ist aber die gleiche.

Listing 5.4: Ein einfacher Thread

```
Thread t=new Thread(
  new Runnable(){
    public void run() {
      while(true) System.out.println(new Date());
    }
  }
);
t.start();
```

Wir bemerken auch, dass die Methode `run`, die wir in das Interface `Runnable` einpacken, keine echte Funktion ist: sie hat kein Ergebnis; wir verwenden sie nur zur Ausgabe, also wegen ihrer Nebenwirkungen.

Bisher haben wir nur Klassen *verwendet*, die das Strategiemuster einsetzen. Im Folgenden wollen wir eine solche Klasse selbst entwickeln.

5.3 Funktionen als Ergebnisse von Funktionen

Die wohl einfachste Möglichkeit, einen Text zu verschlüsseln, wird Julius Caesar zugeschrieben. Wir interpretieren die alphabetische Folge der Buchstaben von A bis Z zyklisch; dem Z folgt also das A. Wir verschlüsseln einen Text, indem wir jeden Buchstaben des Textes durch den in der zyklischen Reihenfolge jeweils nächsten Buchstaben ersetzen. So wird aus dem Text HELLO der Text IFMMP.

Dieses Verschlüsselungsverfahren können wir ganz einfach programmieren; die Lösung ist aber sehr starr: Wenn wir das Verfahren nur leicht variieren, müssen wir den Code komplett neu schreiben. *Eine* solche Variation besteht etwa darin, nicht den nächsten, sondern etwa den fünftnächsten Buchstaben für die Verschlüsselung zu nehmen. Besser noch wäre es, die 26 Buchstaben des Alphabets einfach in eine zufällige Reihenfolge zu bringen und beim Verschlüsseln das A durch den ersten Buchstaben dieser Zeichenfolge zu ersetzen. Was wir also brauchen, ist eine Methode

```
char code(char c)
```

In Java können Methoden aber nicht alleine leben: Es muss immer einen zugehörigen Typen geben. Hier definieren wir ein generisches Interface, aus dem sich unsere Kodierungsfunktion als Spezialfall ergibt.

Listing 5.5: Ein einfacher generischer Typ

```
interface Function<T> {
    T f(T v);
}
```

Die Funktion können wir nicht nur für Zeichen, sondern für jeden beliebigen Referenztypen benutzen. Im folgenden Beispiel wird sie aber wieder zur Verschlüsselung eingesetzt. Da Function ein generischer Typ ist, können wir nicht mit dem primitiven Typ char arbeiten, sondern setzen den Wrappertypen Character ein. *Innerhalb* der Methode f ermöglicht uns das Autoboxing eine bequeme Arbeit mit den Zeichen.

```
class Coder implements Function<Character>{
  private int offset;
  private final static int LETTERS=26;
  Coder(int offset){
    this.offset= offset%LETTERS;
    if(this.offset<0) this.offset+=LETTERS;
  }
  public Character f(Character letter) {
    if(letter>'Z' || letter<'A')
      throw new IllegalArgumentException();
    return (char)('A'+(letter-'A'+offset)% LETTERS);
  }
}
```

Dem Konstruktor übergeben wir eine Zahl, die wir für die Verschlüsselung verwenden:[6] Ist sie etwa 1, wird für jeden Buchstaben der in (zyklisch) alphabetischer Reihenfolge nächste Buchstabe gewählt. So können einzelne Buchstaben verschlüsselt werden. Einen auf diese Weise verschlüsselten Buchstaben können wir dann mit Hilfe der Funktion f eines mit new Coder(-1) erzeugten Objekts wieder entschlüsseln. In aller Regel wollen wir aber nicht nur einzelne Zeichen, sondern *ganze Texte* verschlüsseln. Die folgende Methode transformer[7] übernimmt die zeichenweise Verschlüsselung[8] eines Strings.

```
String transformer(Function<Character> coder, String text){
  String result="";
  for(int i=0; i<text.length(); i++)
```

---

[6] Java behandelt die Division mit Rest für negative Moduln korrekt und logisch, aber gewöhnungsbedürftig. Der Offset wird im Konstruktor in eine *positive* ganze Zahl umgewandelt, die kleiner als 26 ist. So ersparen wir uns die Behandlung von Sonderfällen.

[7] Der Code von transformer enthält eine for-Schleife und ist somit iterativ. Wir können sie aber genauso wie die Funktion in Aufgabe 1 auf Seite 71 rekursiv umformulieren.

[8] Die Methode verwendet den Typ String zum Aufbau des Ergebnisses. Für performante Anwendungen wäre hier ein StringBuffer besser geeignet.

```
      result+=coder.f(text.charAt(i));
   return result;
}
```

Dieser Funktion übergeben wir ein Objekt vom Typ `Function` und somit die Methode

```
Character f(Character letter)
```

die den Algorithmus für die zeichenweise Verschlüsselung enthält. Das Verschlüsseln und
Entschlüsseln von Texten ist dann ganz einfach. Wir verschlüsseln beispielsweise so:

```
transformer(new Coder(23), "HALLO")
```

und entschlüsseln den kodierten Text `"EBIIL"` so:

```
transformer(new Coder(-23), "EBIIL").
```

Wie gesagt, Funktionen werden in funktionalen Sprachen behandelt wie alle anderen Daten.
Das heißt aber auch, dass sie nicht nur Parameter, sondern auch Ergebnis von Funktionen
sein können. Sehr praktisch ist auch eine Funktion, der wir eine Methode zur *zeichenweisen*
Verschlüsselung übergeben und die uns eine Methode zur Verschlüsselung von Texten liefert.

Wir sehen jetzt, wie wir so etwas in Java realisieren können. Die überladene Methode
`transformer` aus Listing 5.6 hat als einzigen Parameter nur das Objekt, das die Ver- oder
Entschlüsselung eines Zeichens übernimmt. Das Ergebnis ist eine Funktion, die wir anonym
in ein Interface eingepackt haben.

Listing 5.6: Verschlüsselung eines Strings

```
Function<String> transformer(final Function<Character> coder){
   return new Function<String>(){
      public String f(String text) {
         return transformer(coder, text);
      }
   };
}
```

Das Ganze können wir dann so anwenden:

```
Function<String> encoder = transformer(new Coder(23));
Function<String> decoder = transformer(new Coder(-23));
System.out.println(decoder.f(encoder.f("HELLO")));
```

Die beiden Aufrufe verschlüsseln den Text `HELLO` und entschlüsseln ihn anschließend wieder. Weitere Möglichkeiten, um das Strategiemuster zu üben und so mit Funktionen höherer
Ordnung vertrauter zu werden, gibt es im Aufgabenteil.

In Sprachen wie C können Funktionen mit Hilfe von Funktionszeigern auch direkt anderen
Funktionen übergeben werden. Dennoch wird C nicht zu den funktionalen Sprachen gezählt,
da es – wie in Java – keine Möglichkeit gibt, Funktionen *anonym* zu definieren. Der Vorteil

der objektorientierten Lösung mit Java gegenüber der Lösung mit Funktionszeigern besteht in der Typsicherheit, den die Verwendung des Interface mit sich bringt.

Die hier vorgestellten Anwendungen, die anonyme Klassen einsetzen, wirken sperrig und unübersichtlich. Die Parameter solcher Funktionen höherer Ordnung lassen sich beispielsweise nur schwer von den Methoden des Interface unterscheiden. Im den beiden nächsten Kapiteln lernen wir weitere Anwendungen des Strategiemusters kennen, die uns zeigen, was für ein starkes Instrument Funktionen höherer Ordnung sind. Im dritten Teil des Buches sehen wir, welche syntaktischen Konstruktionen *funktionale* Programmiersprachen dafür bieten.

Alles klar?

Eine Funktion höherer Ordnung

- ▇ ist eine Funktion, der man Funktionen als Argument übergeben kann oder deren Ergebnis eine Funktion ist;

- ▇ erlaubt es, Funktionen zu verallgemeinern, da Teile ihrer Funktionalität parametrisiert werden können;

- ▇ kann in funktionalen Programmiersprachen, bequem definiert und benutzt werden.

- ▇ gibt es in Java nicht. In Java kann man ersatzweise mit dem Strategiemuster arbeiten.

5.4 Aufgaben

Der bekannte Astronom Johannes Kepler (1571–1630) hat zur Berechnung von Flächeninhalten die nach ihm benannte Fassregel entwickelt. Mit der Fassregel kann man eine Näherung für den Flächeninhalt A finden, den der Graph einer reellwertigen mathematischen Funktion f in den Grenzen a und b mit der x-Achse umschließt. Dabei gilt

$$A \sim \frac{b-a}{6} \left(f(a) + 4f\left(\frac{a+b}{2}\right) + f(b) \right)$$

1. Implementieren Sie eine ganz einfache Methode

```
double integrate(double a, double b)}
```

   die mit Hilfe der Keplerschen Fassregel den Inhalt der Fläche ermittelt, den die Funktion $f(x) = x^2$ in den Grenzen a und b mit der x-Achse einschließt.

2. Überladen Sie die Funktion `integrate` aus der ersten Aufgabe so, dass ihr nicht nur die Grenzen, sondern auch die Funktion, zu der der Flächeninhalt berechnet werden soll, als Argument übergeben werden.

3. In der letzten Aufgabe haben Sie `integrate` so angepasst, dass eine Funktion als Argument übergeben wird. Jetzt gestalten Sie Ihre Funktion höherer Ordnung `integrate` noch flexibler, indem Sie auch die Näherungsformel zur Berechnung des Flächeninhaltes als Parameter übergeben. Alternativ zur Keplerschen Fassregel gibt es beispielsweise die Sehnen-Trapezregel

$$A \sim (b-a)\frac{f(a) + f(b)}{2}$$

und eine Vielzahl weiterer so genannter Quadraturformeln, über die man etwa in [Bra77] mehr erfährt.

4. In den ersten Aufgaben haben Sie die Grenzen explizit angegben und damit das so genannte *bestimmte Integral* angenähert. Eine *Stammfunktion* einer Funktion f ist eine Funktion F, für die $F' = f$ gilt. Diese Stammfunktion ist bis auf eine additive Konstante eindeutig. Implementieren Sie `integrate` jetzt so, dass ihr eine reellwertige *Funktion* als Argument übergeben wird und das Ergebnis Näherungswerte für die Stammfunktion liefert.

Kapitel 6

Unveränderbare Listen

Selbst einfache Programmiersprachen erlauben es, Daten in Listen abzulegen. Listen haben die beiden folgenden charakterisierenden Eigenschaften:

- **homogen:** Alle Elemente einer Liste haben den gleichen Typ.

- **linear:** Außer dem letzten Listenelement hat jedes Element einen Nachfolger.

In einer Liste werden also Daten vom gleichen Typ in einer festgelegten Reihenfolge verwaltet.

6.1 Arrays raus!

Programmiersprachen und ihre Klassenbibliotheken bieten Listen in verschiedenen Ausprägungen, wobei Arrays die bekanntesten Vertreter sind. Arrays belegen einen zusammenhängenden Bereich des Hauptspeichers, sie sind „Fenster" in den Hauptspeicher und somit auch typische Datenstrukturen aus der maschinennahen Programmierung. In imperativen Programmiersprachen spielen Arrays eine bedeutende Rolle, in der reinen funktionalen Programmierung arbeiten wir ganz ohne Arrays. Arrays haben einfach Eigenschaften, die nicht zum funktionalen Programmierstil passen:

So müssen wir die Größe eines Arrays – zumindest in gängigen Programmiersprachen – bereits bei der Erzeugung angeben. Die Größe ist am Array aber auch schon das Einzige, was unveränderbar ist. Mit Operationen wie `a[42]=4711` oder `int v=a[42]` können wir einzelne Elemente relativ zum Anfang des Arrays *ändern* oder lesen. In Sprachen wie Java gibt es keine Möglichkeit, Arrays vor Änderungen zu schützen. Wir können ein Array zwar als `final` definieren, seine Inhalte sind deshalb aber nicht vor Änderungen geschützt. Der folgende Code wird problemlos übersetzt:

```
final int[] array={23, 47, 11};
array[1]=42;
```

Der Schutz durch das Schlüsselwort `final` bewirkt, dass `array` eine Konstante ist, der wir keinen neuen Wert zuweisen können. Da Arrays veränderbare Datenstrukturen sind, können wir sie in der funktionalen Programmierung nicht gebrauchen. Wir benötigen eine alternative Datenstruktur.

6.2 Verkettete Listen – Vom Nobody zum Star

Arrays sind, wie gesagt, in der imperativen Programmierung sehr wichtig, in der funktionalen Programmierung sind verkettete Listen noch viel wichtiger. Das erkennen wir bereits am Namen Lisp („List Processing") der ersten funktionalen Programmiersprache (siehe Abschnitt 2.1).

Jeder, der einmal einen Programmierkurs belegt hat, lernt verkettete Listen kennen. Jedes Listenelement enthält nicht nur Nutzdaten, sondern auch eine Referenz auf seinen Nachfolger. Anfänger haben oft Probleme mit verketteten Listen, weil die Referenzen sehr schnell ins Nirwana zeigen können und der Grund für die eine oder andere NullPointerException sind. In der imperativen Programmierung laufen uns die verketteten Listen selten über den Weg. Frameworks wie die Java-Collections bieten einen ganzen Bauchladen an Datenstrukturen, zu denen auch die verketteten Listen aus der Klasse java.util.LinkedList gehören. Diese verketteten Listen sind aber *veränderbar* und nutzen uns darum in der funktionalen Programmierung nichts.

Wir implementieren in diesem Abschnitt eine Klasse für einfache unveränderbare Listen, wie sie ganz ähnlich auch von funktionalen Sprachen genutzt werden. Viele Methoden aus dieser Klasse verallgemeinern wir zu Funktionen höherer Ordnung (siehe Kapitel 5).

Die sehr einfache Klasse List in Listing 6.1 bietet nur wenig Komfort, wir reichern sie aber rasch um einige Methoden an. Alles fängt – wie so oft – ganz einfach an und wird umso spannender, je mehr Einsichten wir gewinnen.

Listing 6.1: Eine einfache Listenklasse

```
public class List {
  private final int head;
  private final List tail ;
  public final static List EMPTY = new List(0,null);

  private List(int value, List tail){
    this.head = value;
    this.tail = tail;
  }
  public int head(){
    if(this == EMPTY) throw new NoSuchElementException();
    else return head;
  }
  public List tail(){
    if(this == EMPTY) throw new NoSuchElementException();
    else return tail;
  }
```

```
public List prepend(int value){
  return new List(value, this);
}
}
```

Die beiden unveränderbaren Attribute `head` und `tail` der Klasse `List` repräsentieren das erste Element und das **Endstück** der Liste, wobei das Endstück auch wieder eine Liste ist, die alle Listenelemente bis auf das erste enthält. So wird auch – ganz wie bei den S-Ausdrücken in Lisp (siehe Abschnitt 2.1) – die rekursive Natur einer Liste reflektiert: sie besteht aus dem **Listenkopf** (`head`) und einem möglicherweise leeren Endstück (`tail`).

Eine besondere Rolle spielt die leere Liste. Da es von ihr genau ein Exemplar gibt, vereinbaren wir das Attribut `EMPTY` statisch. Das Ende einer Liste wird durch diese leere Liste markiert. In anderen beispielhaften Implementierungen zu verketteten Liste bildet `null` das Listenende. Für unsere Zwecke ist das ungeeignet: In praktisch allen Methoden, die wir kennenlernen werden, ist die Bedingung `this==EMPTY` das Abbruchkriterium einer Rekursion. Das setzt aber voraus, dass die Methode auch für das Objekt `EMPTY` aufgerufen werden kann. Wenn `null` das Listenende repräsentiert, müssen wir vor jedem Rekursionsschritt `tail()==null` prüfen, um eine `NullPointerException` zu vermeiden; so verliert der Code einiges an Eleganz.

Auf die Inhalte der beiden *privaten* Attribute können wir mit den Methoden `head()` und `tail()` zugreifen.[1] Da die leere Liste weder Kopf noch ein Endstück hat, werfen beide Methoden eine Exception, wenn wir sie für die leere Liste aufrufen.

Die Methode `prepend` konstruiert eine Liste, die – in dieser Reihenfolge – aus einer neuen Zahl und derjenigen Liste zusammengesetzt ist, für die die Methode `prepend` aufgerufen wurde. Eine einfache Liste mit den ersten vier Primzahlen definieren wir so:

Listing 6.2: Eine Liste mit Hilfe von `prepend` erzeugen

```
final List numbers =
  List.EMPTY.prepend(7).prepend(5).prepend(3).prepend(2);
```

Da wir immer am Listenkopf einfügen, fängt die Liste `numbers` mit der 2 an, und der letzten Zahl 7 folgt die leere Liste. Wir erkennen in der Definition der Liste auch den funktionalen Stil: Auf das Ergebnis einer Methode wird wieder eine Methode angewendet.

Zunächst sind die Konstante `EMPTY` und die drei einfachen Methoden `head`, `tail` und `prepend` alles, was wir haben. Die Klasse verfügt noch nicht einmal über einen öffentlichen Konstruktor.

Damit wir unsere Methoden testen können, ohne umständlich Listen wie `numbers` zu definieren, schreiben wir eine kleine Methode, die uns eine Liste mit einem beliebigen endlichen Ausschnitt der ganzen Zahlen erzeugt:

---

[1] Hier sind wir von der Notation mit dem Präfix `get` abgewichen. Dies ist zum einen kürzer, zum anderen typisch für funktionale Sprachen.

Listing 6.3: Eine Liste mit natürlichen Zahlen erzeugen

```
public static List range(int lo, int hi){
  return lo == hi ?
    EMPTY.prepend(hi) :
    range(lo+1, hi).prepend(lo);
}
```

Die Klasse `List` arbeitet ganz ähnlich wie ein Stack mit seinen Operationen `push`, `pop` und `peek`. Die Operation `peek` ist nicht so geläufig wie `push` und `pop`: sie ermittelt das oberste Stack-Element, ohne es dem Stack zu entnehmen.

■ `head` liefert, ähnlich wie die Operation `peek`, das erste Element.

■ `tail` liefert analog zu `pop` eine Datenstruktur, der das erste Element entnommen wurde.

■ `prepend` liefert – wie `push` – eine Datenstruktur mit einem neuen ersten Element.

Den Zusammenhang zwischen Stacks und der Rekursion haben wir in Kapitel 3 kennengelernt. In diesem Kapitel werden wir entdecken, wie einfach wir Methoden für Listen mit Hilfe der Rekursion ausdrücken können.

6.3   Nützliche Methoden für die Arbeit mit Listen

In unserem ersten Beispiel ermitteln wir die *Länge* einer Liste, also die Anzahl ihrer Elemente:

```
public int len(){
  return this == EMPTY ? 0 : 1+tail().len();
}
```

Die Anweisung

```
System.out.println(numbers.len())
```

gibt, wie erwartet, für unsere Liste `numbers` aus Listing 6.2 den Wert 4 aus; dabei besteht die Liste `numbers`, wie gehabt, aus den ersten vier Primzahlen. Diese Funktion `len` ist auch ein Beispiel für die Eleganz der funktionalen Programmierung. Wir haben die folgende Definition der Länge einer Liste direkt umgesetzt:

■ Die leere Liste enthält kein Element und hat die Länge 0.

■ Jede andere Liste ist so lang wie die um 1 erhöhte Länge ihres Endstücks.

Ganz analog können wir die *Summe* über die Listenelemente berechnen:

```
public int sum(){
  return this == EMPTY ? 0 : head() + tail().sum();
}
```

Die Zeile

```
System.out.println(numbers.sum());
```

gibt also 17 aus.

- Die Summe über die Elemente der leeren Liste ist 0.

- Für alle anderen Listen ist das Ergebnis gleich der Summe aus dem ersten Element und der Summe über das Endstück.

Als wir die Länge einer Liste ermittelten, gingen wir ganz ähnlich vor.

Wenn wir mit Listen arbeiten, wollen wir ihren Inhalt gelegentlich lesbar machen. Dazu bietet die Klasse `Object` die Methode `toString`, die ein Objekt in einen Text transformiert. Da sie uns in ihrer werksseitigen Implementierung wenig nützt,[2] überschreiben wir sie:

```
public String toString(){
    return this == EMPTY ? "" : head() + " " + tail().toString();
}
```

Die Methode `toString` wird auch immer dann *implizit* aufgerufen, wenn ein Objekt etwa mit `println` ausgegeben wird. Die Zeile

```
System.out.println(numbers)
```

gibt also den Text `"2 3 5 7 "` aus.

Wir erkennen das vertraute Schema:

- Die leere Liste wird in den leeren Text transformiert.

- Für alle anderen Listen erhalten wir das Ergebnis von `toString`, indem wir an die Textdarstellung des ersten Elements den Text des Endstücks der Liste anhängen.

Wir könnten auf diese Weise viele weitere Methoden für Listen definieren. In Aufgabe 1 auf Seite 83 sollen zwei Methoden ganz ähnlich wie `len`, `sum` oder `toString` implementiert werden.

6.4 Das schwer erreichbare Listenende

Die Methode `prepend` aus der Klasse `List` wirkt nicht natürlich: Normalerweise fügen wir Elemente an ein Listen*ende* an, anstatt sie an den Listenanfang zu stellen.

Die Liste `(2, 3, 5, 7)` können wir mit einer Methode `append`, die Elemente an das Listenende anfügt, viel intuitiver aufbauen:

Listing 6.4: Eine Liste mit `append` definieren

```
final List numbers =
    List.EMPTY.append(2).append(3).append(5).append(7);
```

Warum verwenden wir die Methode `prepend` dann überhaupt?

---

[2] Die Standardimplementierung transformiert unsere Objekte in die wenig menschenfreundliche Form `<classname>@<hashcode>`, wobei `<classname>` und `<hashcode>` Platzhalter für den Klassennamen und den Hash-Code des Objekts sind.

Die Antwort ergibt sich rasch, wenn wir die Methode `append` implementieren:

Listing 6.5: Eine Zahl an das Listenende anhängen

```
public List append(int v){
  if(this==EMPTY) return EMPTY.prepend(v);
  else return tail().append(v).prepend(head());
}
```

Wir sehen, dass die Methode `append` die ganze Liste rekursiv durchläuft und damit lineare Laufzeiten und linearen Speicherbedarf hat; was deutlich schlechter ist als die konstante Laufzeit der Methode `prepend`. Natürlichkeit hin, Natürlichkeit her, `prepend` schont unsere Ressourcen.[3]

Der Ressourcenhunger von `append` ist eine Konsequenz aus der *Unveränderbarkeit* unserer Listen: Wir können an ein existierendes Listenelement, das etwa die Zahl v enthält, nicht einfach ein neues Listenelement *anhängen*, sondern müssen das bestehende Element durch ein neues ersetzen, das v als Wert und die neuen Daten als Nachfolger enthält. Da wir so ein weiteres *neues* Element erzeugt haben, das seinerseits auch an eine bestehende Liste angefügt werden muss, zieht sich dieser Prozess vom letzten bis zum ersten Element der Liste durch. Wir müssen also die ganze Liste neu aufbauen, nur um ein einziges neues Element an die Liste anzuhängen.

Da wir Listen immer wieder neu organisieren, tritt oft der Fall ein, dass wir alte Endstücke gar nicht mehr benötigen. Damit wir uns nicht selbst um die Beseitigung dieser Reste kümmern müssen, ist eine Garbage Collection, wie sie uns die Java-Plattform bietet, in funktionalen Sprachen wünschenswert.

Die notwendige Reorganisation der Liste erklärt auch, warum wir die Methode `prepend` der Methode `append` vorziehen. In Aufgabe 2 auf Seite 83 werden wir nach dem gleichen Schema eine weitere Methode implementieren.

6.5 Die Faltung – eine universelle Funktion

Die Regel DRY – don't repeat yourself – kennen wir bereits aus Kapitel 4: Wir vermeiden Redundanzen, und mindern so die Gefahr von Inkonsistenzen. In der funktionalen Programmierung sind Funktionen höherer Ordnung (siehe Kapitel 5) ein Instrument, das uns hilft, Code zu modularisieren und Wiederholungen zu vermeiden.

Hinter den bisher definierten Methoden `len`, `sum` und `toString` verbirgt sich das folgende Schema: Es gibt

- ein explizites Ergebnis für die leere Liste und

- für alle anderen Listen eine Operation, in die der Listenkopf und das Ergebnis für das Endstück der Liste eingehen.

---

[3] Man kann die Klasse `List` bei gleicher Funktionalität auch anders implementieren, als wir es gemacht haben, und so für `prepend` und `append` bessere Laufzeiten bekommen (siehe etwa [Pep06] ab Seite 239).

Wenn wir das Ergebnis für die leere Liste mit `init`, das Ergebnis des Endstücks mit `resTail`, den Listenkopf mit `head` und die Operation mit `apply` bezeichnen, dann gelten

- für `len`: `init=0` und
  `apply(int head, int resTail){return 1+resTail;}`
- für `sum`: `init=0` und
  `apply(int head, int resTail){return head+resTail;}`
- für `toString`: `init=""` und
  `apply(int head, String resTail){return head+" "+resTail;}`

Wir wenden jetzt das Strategiemuster (siehe Abschnitt 5.2) an und definieren für die Operation `apply` in der gewohnten Art und Weise ein passendes Interface:

Listing 6.6: Interface für die Operation

```
interface Operation<T> {
        T apply(int v, T w);
}
```

Mit Hilfe des Strategiemusters ergänzen wir unsere Klasse `List` (siehe Listing 6.1) um eine generische[4] Methode höherer Ordnung, die Objekte vom Typ `Operation` verarbeitet und unter dem Namen **Faltung** (siehe Listing 6.7) bekannt ist:

Listing 6.7: Die Faltung

```
public <T> T fold(Operation<T> op, T init) {
  return this == EMPTY ?
     init :
     op.apply(head(), tail().fold(op, init));
}
```

Sobald wir das Ende der Liste erreicht haben, ist das Abbruchkriterium erfüllt, und wir geben explizit `init` als Ergebnis der Funktion an. In den anderen Fällen führen wir einen Rekursionsschritt durch: Die Operation wird auf den Listenkopf und auf das Ergebnis der Faltung für das Listenende angewendet.

Mit Hilfe anonymer Klassen (siehe Abschnitt 5.2) verwenden wir die Faltung für eine alternative Definition der Methode `toString`:

```
public String toString() {
  return fold(new Operation<String>() {
    public String apply(int v, String w) {
      return v + " " + w;
    }
  }, "");
}
```

---

[4] Die Methode `fold` gehört zur Klasse `List`. Da die Klasse nicht generisch ist, muss der Typparameter daher bei der Definition der Methode spezifiziert werden. Das ist ungewohnt, aber korrekt.

Diese Definition von `toString` ist in Java sicher nicht kürzer als die Definition ohne Faltung (siehe Listing 6.8). Das liegt aber daran, dass es in Java keine anonymen Funktionen gibt und wir den etwas umständlicheren Weg über das Strategiemuster gehen müssen. Funktionale Programmiersprachen bieten deutlich kompaktere Möglichkeiten, Funktionen höherer Ordnung zu definieren.

Tatsächlich ist die Faltung eines der mächtigsten Instrumente bei der Arbeit mit Listen: Wir können viele Funktionen mit Hilfe der Faltung definieren und müssen die Rekursion nicht mehr *explizit* verwenden.[5] Wenn wir jetzt noch eine *effiziente* Implementierung für `fold` haben, können davon alle Methoden profitieren, die die Faltung einsetzen. Wir kommen später (siehe Abschnitt 6.6) auf diesen Punkt zurück.

In den Methoden `len`, `sum` und `toString` wurde die Liste von rechts nach links bearbeitet: Die Rekursion schreitet zwar von links nach rechts bis zum letzten Element voran, die eigentliche Verarbeitung der Zahlen findet aber auf dem „Rückweg" statt. Einen Ablauf von *links nach rechts* sehen wir hier exemplarisch für `toString`:

Listing 6.8: Alternative Definition von `toString`

```
private String toString(String accu){
  return this==EMPTY ? accu : tail().toString(accu+" "+head());
}
public String toString() {
  return toString("");
}
```

Wie schon bei einigen rekursiven Methoden in Kapitel 3 arbeiten wir hier mit einer privaten Hilfsmethode. Das Zwischenergebnis `accu` wird in jedem Rekursionsschritt verarbeitet und als Parameter weitergegeben. Wenn das Abbruchkriterium erreicht ist, wird das Zwischenergebnis zum Endergebnis. Wir können die beiden Methoden `len` und `sum` genauso implementieren und finden wieder ein Muster, das der Faltung, wie wir sie eben kennengelernt haben, sehr ähnlich ist:

Listing 6.9: Die linke Faltung

```
public <T> T foldL(OperationL<T> op, T accu) {
  return this==EMPTY ?
    accu :
    tail().foldL(op, op.apply(accu, head()));
}
```

Wie bei `toString` führen wir `accu` als Zwischenergebnis mit und verknüpfen es in jedem Rekursionsschritt mit dem jeweiligen Listenkopf. Diese Funktion höherer Ordnung wird auch als **linke Faltung** bezeichnet. Um ihr eine Funktion zu übergeben, brauchen wir noch den Typen `OperationL`:

---

[5] Die Faltung hat viel mehr Aspekte, als hier berücksichtigt werden. Wer mehr wissen will, kann [Hut99] lesen und sich von den Möglichkeiten der Faltung beeindrucken lassen.

Listing 6.10: Die Operation für die linke Faltung

```
interface OperationL<T> {
        T apply(T w, int v);
}
```

Die Methode `apply` repräsentiert eine Verknüpfung eines Objekts vom Typ `T` mit einer ganzen Zahl. Wir brauchen sie, um unser Zwischenergebnis nach und nach aufzubauen.

Diese Definition wäre nicht unbedingt nötig gewesen, da die Methode `apply` aus Listing 6.10 fast die gleiche Signatur wie die Methode in Listing 6.6 hat: Nur die beiden Parameter sind vertauscht. Mit der geänderten Signatur wird die linke Faltung aber besser handhabbar, da sie nun eher der Verarbeitungslogik entspricht: Wir haben ein Zwischenergebnis vom Typ `T` und verknüpfen es mit dem nächsten Listenelement `v`.

Der Name der Methode von `foldL` entspricht der Reihenfolge, in der die Operationen ausgeführt werden: Das erste Element wird mit dem zweiten verknüpft und das Ergebnis mit dem dritten Element; auf diese Weise führen wir Verknüpfungen bis zum Listenende durch.

Die Methode `fold` aus Listing 6.7 bezeichnen wir hingegen zur besseren Unterscheidung mit `foldR` und nennen sie **rechte Faltung**.

6.6 Eine Leihgabe aus der imperativen Programmierung

Die linke Faltung hat gegenüber der rechten Faltung den Vorteil, dass sie *endrekursiv* (siehe Abschnitt 3.5) ist. In Java nutzt uns das aber wenig, da der Compiler ja aus endrekursiven Methoden keinen schnellen iterativen Bytecode erzeugt. Wir können die Funktion selbst aber iterativ so formulieren, dass sie nur konstanten anstatt linearen Speicherplatzbedarf hat:

Listing 6.11: Die iterative Implementierung der linken Faltung

```
public <T> T foldL(OperationL<T> op, T initial) {
  List list = this;
  T result = initial;
  while (list!=EMPTY) {
    result = op.apply(result, list.head());
    list = list.tail();
  }
  return result;
}
```

Diese Implementierung ist zwar effizient, hat aber mit funktionaler Programmierung nichts zu tun: In Listing 6.11 gibt es nicht nur Schleifen, sondern auch Variable, also Instrumente aus der imperativen Giftküche. Es spricht aber nichts dagegen, diese Implementierung für die Klasse `List` zu *verwenden*:

▪ Die Nebenwirkung ist auf lokale Variable der Methode begrenzt und fügt sich auch in funktionale Programme gut ein. Bei der Arbeit mit dieser iterativen Methode bemerkt man nicht, dass es sich um imperativen Code handelt.

■ Wir können viele Rekursionen sparen, indem wir die linke Faltung einsetzen, ohne gegen die Spielregeln der funktionalen Programmierung zu verstoßen. Wir müssen dazu allerdings mit der Faltung vertraut sein und erkennen, wo wir sie einsetzen können. Die effiziente Implementierung der Faltung kann dann unserem ganzen Projekt gut tun.

Eine vergleichbar effiziente Implementierung der *rechten* Faltung gibt es nicht, Laufzeit *und* Speicherplatzbedarf bleiben linear. Die rechte Faltung behält aber ihre Existenzberechtigung, weil es Funktionen gibt, die wir mit der linken Faltung gar nicht ausdrücken können. Das sind nicht nur Exoten, wie das Ackermann-Monster (siehe Aufgabe 2 auf Seite 46), sondern ganz alltägliche Funktionen wie append aus Listing 6.5. Um dies besser zu verstehen, machen wir uns mit der linksgefalteten Implementierung von toString vertraut:

Listing 6.12: Implementierung von toString mit der linken Faltung

```
public String toString() {
  return foldL(new OperationL<String>() {
    public String apply(String w, int v) {
      return w + " " + v;
    }
  }, "");
}
```

Der Unterschied zur Implementierung mit der rechten Faltung besteht in der Methode apply und ist kaum sichtbar: In Listing 6.7 hängt apply an eine ganze Zahl einen Text an, in Listing 6.12 wird eine Zahl an einen Text gehängt. Wenn wir die Definition mit Hilfe von foldR durch eine mit foldL ersetzen wollen, müssen wir nur apply geeignet anpassen:

```
public List append(int v) {
  return foldR(new Operation<List>() {
    public List apply(int v, List list) {
      return list.prepend(v);
    }
  }, EMPTY.prepend(v));
}
```

In der Methode append fügen wir am Anfang der Liste die Zahl v ein. Wir können – analog zu toString – die Implementierung mit foldL sofort hinschreiben, wenn wir eine Definition von apply finden, die eine Zahl an eine Liste hängt. Hier beißt sich aber die Katze in den Schwanz, weil das genau der Funktionalität von append entspricht.

Auch wenn die Leistung der rechten Faltung der der linken hinterherhinkt, brauchen wir sie also doch von Zeit zu Zeit.

Alles klar?

■ Unveränderbare Listen sind in der funktionalen Programmierung wichtige Datenstrukturen.

■ Als Bausteine für Listen benötigt man nur die leere Liste, Zugriffsmethoden für den Kopf und das Endstück der Liste sowie eine Methode, um ein neues Element vor den Listenkopf zu setzen.

■ Viele Methoden, die für die Arbeit mit Listen gebraucht werden, können elegant rekursiv definiert werden.

■ Viele dieser rekursiven Methoden können auch mit Hilfe der Faltung formuliert werden.

■ Für die linke Faltung gibt es eine effiziente Implementierung.

■ Nicht alle Methoden können mit Hilfe der linken Faltung definiert werden.

6.7 Aufgaben

1. Erweitern Sie die Klasse `List` um die beiden Methoden

   ```
   boolean contains(int v)
   ```

   und

   ```
   List remove(int v)
   ```

   Beide durchsuchen die Liste nach der Zahl v. Die Methode `contains` gibt dem Ergebnis der Suche entsprechend `true` oder `false` zurück. Die Methode `remove` entfernt alle gefundenen Elemente aus der Liste: Sie sind nicht in der Liste enthalten, die die Methode zurückgibt.

   Entwickeln Sie jeweils eine rekursive Lösung und eine Lösung, die die Faltung einsetzt.

2. Überladen Sie die Methode `prepend` aus der Klasse `List` mit der Methode

   ```
   List prepend(List top)
   ```

   die nicht eine einzelne Zahl, sondern eine ganze Liste an den Listenkopf setzt. Entwickeln Sie zunächst rekursive Lösungen. Versuchen Sie, diese dann auch mit Hilfe der rechten und der linken Faltung umzusetzen.

3. Die Methoden `foldR` und `foldL` haben zwei Parameter, obgleich bei ganzzahligen Ergebnissen in vielen Fällen einer reichen würde, da als Startwert das letzte (`foldR`) oder erste Listenelement (`foldL`) verwendet werden kann. Definieren Sie zwei entsprechende Methoden `reduceR(OperationR<Integer> op)` und `reduceL(OperationL<Integer> op)`, und testen Sie Ihre Lösungen, indem Sie die Methoden `sum` mit Hilfe von `reduceR` und `reduceL` definieren.

Kapitel 7

Anfragen an Listen

Google hält den Inhalt des Internets auf riesigen Serverfarmen[1] vor. Praktisch jede Webseite liegt irgendwo in der Infrastruktur von Google. Damit die Suchmaschine stets weiß, welche Worte auf welcher Webseite stehen, müssen die Inhalte der Seiten immer wieder geprüft und die Ergebnisse zusammengetragen werden.

Die Software, die diese so genannte Indizierung durchführt, trägt den Namen *MapReduce*. Der Begriff *Reduce* ist uns bereits als Variante der Faltung aus Aufgabe 3 aus dem vorigen Kapitel bekannt. In der Tat haben sich Jeffrey Dean and Sanjay Ghemawat, die Entwickler von MapReduce, von der Faltung inspirieren lassen:

> *„Our abstraction is inspired by the map and reduce primitives present in Lisp and many other functional languages.“ [Dea08]*

In diesem Kapitel werden wir `map`, eine weitere Funktion höherer Ordnung, kennenlernen, die ebenfalls Pate für den Namen von MapReduce stand. Zusammen mit weiteren Funktionen entwickeln wir Abfragemöglichkeiten für Listen, wie sie mit der SQL-Anweisung `select` möglich sind.

Mit einer einzigen SQL-Anweisung können wir ganz bequem aus einer Tabelle, die eine Spalte mit beliebigen ganzen Zahlen enthält, die Summe all dieser Zahlen ermitteln. Wenn die Tabelle `values` und die Spalte `v` heißt, dann lautet die Abfrage:

```
select sum(v) from values
```

Das geht auch mit der Methode `sum` aus Abschnitt 6.3 für eine Liste `values` ganz einfach:

```
values.sum()
```

In einer etwas komplexeren Abfrage an die Datenbank wollen wir die Quadrate aller geraden Zahlen der Tabelle herausfinden:

---

[1] Unter http://www.youtube.com/watch?v=zRwPSFpLX8I bekommt man einen Eindruck von der Größe dieser Datacenter.

```
select v*v
from values
where v mod 2 =0
```

Wir werden in diesem Kapitel unsere Klasse `List` aus Listing 6.1 um einige Methoden ergänzen und mit ihnen Abfragen an Listen formulieren, die solchen `select`-Anweisungen
entsprechen. Mit wenigen universellen Methoden werden wir in der Lage sein, so unterschiedliche Probleme wie die Sortierung von Zahlen oder die Erzeugung einer Liste von
Primzahlen zu lösen.

7.1 Auswahlen aus Listen

Im `where`-Teil einer SQL-Abfrage werden alle Datensätze aus einer Tabelle einer Prüfung
unterzogen. Nur Datensätze, die einer Bedingung, dem so genannten *Prädikat*, genügen, gehören zur Ergebnismenge. Wir vereinbaren jetzt das Interface `Predicate`, mit dem wir
Bedingungen an ganze Zahlen prüfen.

```
interface Predicate {
  boolean isTrue(int v);
}
```

Das folgende, ganz konkrete Prädikat prüft, ob eine Zahl gerade ist:

```
class Even implements Predicate{
  public boolean isTrue(int v) {
    return v%2==0;
  }
}
```

Der Ausdruck

```
new Even.isTrue(5);
```

hat beispielsweise den Wert `false`. Wir erweitern die Klasse `List` (siehe Listing 6.1) um
die Methode `filter`, die alle Zahlen der Liste auswählt, die einem gegebenen Prädikat
genügen:

```
public List filter(Predicate predicate) {
  if (this == EMPTY)
    return this;
  else {
    List filtered = tail().filter(predicate);
    if (!predicate.isTrue(head()))
      return filtered;
    else
      return filtered.prepend(head());
  }
}
```

Wir kennen das Schema, nach dem `filter` abläuft:

- Für die (nicht vorhandenen) Elemente der leeren Menge ist jede Aussage wahr. Das Ergebnis besteht also in diesem Fall aus der leeren Menge.

- In allen anderen Fällen überprüfen wir die Elemente des Endstücks der Liste.

- Den Listenkopf fügen wir zum Ergebnis hinzu, wenn die Bedingung `predicate` auf ihn zutrifft.

Der folgende Code ermittelt alle geraden ganzen Zahlen zwischen 1 und 10^2:

```
List.range(1, 10).filter(new Even());
```

7.2   Listenelemente abbilden

Im `select`-Teil einer SQL-Anweisung kann der Wert einzelner Spalten einer Tabelle *transformiert* werden. So liefert uns die Anweisung

```
select v*v
from values
where v mod 2 =0
```

die *quadrierten* Werte aller geraden Zahlen aus der Spalte `v`. Um Transformationen auch auf Listen auszuführen, definieren wir eine weitere Funktion höherer Ordnung. Da wir in Java wieder mit dem Strategiemuster arbeiten müssen, benötigen wir ein Interface, in das wir die Transformation einpacken:

```
interface Function {
   int apply(int v);
}
```

Da wir eine Liste mit ganzen Zahlen in eine andere Liste mit ganzen Zahlen umwandeln, ist der Ergebnistyp von `apply` wieder eine ganze Zahl. Die folgende Klasse ist ein einfaches Beispiel für die Verwendung von `Function`:

```
class Square implements Function {
   public int apply(int v) {
     return v * v;
   }
}
```

Die gewünschte Transformation aller Elemente einer Liste wird schließlich von der Methode `map` aus Listing 7.1 ausgeführt. Die Implementierung bedarf keiner weitere Erklärung, wir können sie – wie auch `filter` – alternativ mit der linken Faltung implementieren (siehe Aufgabe 1 auf Seite 93) und so möglicherweise beschleunigen.

---

[2] Die Methode `range` haben wir in Listing 6.3 definiert.

Listing 7.1: Alle Elemente einer Liste abbilden

```
public List map(Function f) {
  if (this == EMPTY)
    return this;
  else
    return tail().map(f).prepend(f.apply(head()));
}
```

Eine Liste aller *geraden Quadratzahlen* zwischen 1 und 10 ermitteln wir so:

```
List.range(1,10).filter(new Even()).map(new Square())
```

Wir sehen die Ähnlichkeit zur `select`-Anweisung in Listing 7.2. Die `where`-Komponente entspricht der Methode `filter`, die `select`-Komponente der Methode `map`. Auch wenn diese ersten Beispiele noch nicht sehr eindrucksvoll sind, sehen wir im Folgenden, wie sich aus weiteren Kombinationen von Funktionen höherer Ordnung interessante Anwendungen für Listen ergeben.

7.3 Quicksort

Es gibt viele Verfahren, um Listen zu sortieren. Wir können uns unseren eigenen Algorithmus überlegen und ihn mit Hilfe von Methoden wie `filter` oder `map` implementieren.[3] In diesem Abschnitt tun wir das für eines der bekanntesten Sortierverfahren: Beim Quicksort (siehe Kasten „Wie funktioniert Quicksort?" auf Seite 89) enthalten imperative Implementierungen oft schwer verständliche und fehleranfällige Programmteile.[4]

Wir diskutieren hier die folgende funktionale Implementierung, die intensiv die Methode `filter` nutzt:

```
public List sort() {
  if (this == EMPTY)
    return EMPTY;
  final Predicate less = new Predicate() {
    public boolean isTrue(int v) {
      return head() > v;
    }
  };
  final Predicate notLess = new Predicate() {
    public boolean isTrue(int v) {
      return !less.isTrue(v);
    }
  };
  return tail().filter(notLess).sort().prepend(head())
```

---

[3] Dieser Abschnitt wird sicher leichter zugänglich, wenn man zunächst Aufgabe 2 auf Seite 93 bearbeitet.

[4] Wer es nicht glaubt, kann ja mal versuchen, die Zerlegung in zwei Teillisten imperativ zu implementieren. Eine vollständige iterative Implementierung findet man etwa in [Sed03] auf Seite 347.

```
        .prepend(tail().filter(less).sort());
}
```

Die Methode `sort` gehört ebenso wie `prepend` oder `filter` zur Klasse `List`. Dabei gibt es die Methode `prepend` in zwei Geschmacksrichtungen: Einmal fügt sie eine Zahl und einmal eine ganze Liste an den Listenanfang. Die zweite Variante wurde in Aufgabe 2 auf Seite 83 implementiert. Auch wenn der letzte Teil der Methode `sort` etwas Respekt einflößt, können wir ihn mit ein paar Vorüberlegungen verstehen:

Es gibt zwei verschiedene Prädikate: eines (`less`) prüft, ob eine Zahl kleiner ist als der Listenkopf (den wir als Pivot verwenden), das andere Prädikat prüft, ob das Gegenteil wahr ist. Jedes Element der Liste genügt genau einem der beiden Prädikate.

Wenn wir also mit `tail().filter(less)` und `tail().filter(notLess)` für jedes Element der Liste prüfen, welchem Prädikat es genügt, zerlegen wir unsere Liste in zwei disjunkte Teillisten. Für die Liste (3, 5, 4, 2, 1,) ergeben sich so die Teillisten (2, 1) und (5, 4). Der Listenkopf 3 ist der Pivot und gehört keiner der beiden Teillisten an.

Nachdem beide Teillisten mit der Methode `sort` rekursiv sortiert worden sind, fügen wir den Pivot `head` zwischen diese beiden Abschnitte ein, indem wir ihn durch `prepend(head())` zum Listenkopf der rechten Teilliste machen. In unserem Beispiel ergibt sich so (3, 4, 5) als rechte Teilliste. Beide Teillisten müssen dann noch mit der Methode `prepend` zusammengefügt werden, die wir für die rechte Teilliste mit der linken Teilliste als Parameter aufrufen. In unserem Beispiel ist das Ergebnis (1, 2, 3, 4, 5).

Wie funktioniert Quicksort?

Quicksort ist ein sehr bekannter und – zumindest im durchschnittlichen Fall – sehr schneller Algorithmus zum Sortieren einer Liste.

Das Verfahren arbeitet rekursiv. Die leere Liste ist bereits sortiert. Eine Liste, die nicht leer ist, wird in eine linke und eine rechte Teilliste zerlegt.

Bei der Zerlegung wird das erste Element der Liste, der so genannte Pivot, mit allen anderen Elementen der Liste verglichen. Diejenigen Elemente, die kleiner sind als der Pivot, kommen in die linke, alle anderen Elemente in die rechte Teilliste. Jede der beiden Teillisten ist, da sie nicht den Pivot enthält, sicher kürzer als die Liste, mit der wir angefangen haben.

Beide Teillisten werden rekursiv nach dem gleichen Verfahren sortiert. Anschließend werden die linke und die rechte Liste zu einer einzigen Liste zusammengefügt. Zwischen beide Listen wird der Pivot eingesetzt.

Da im Laufe des Verfahrens jedes Element einmal Pivot gewesen ist und alle Elemente links vom Pivot kleiner und alle Elemente rechts vom Pivot größer oder gleich dem Pivot sind, ist die Liste sortiert.

Quicksort ist einer der am besten erforschten Algorithmen überhaupt. Es gibt verschiedene Varianten. Alle bekannten Varianten haben im durchschnittlichen Fall eine Laufzeit von $O(n \log n)$. Im schlechtesten Fall wird der Quicksort mit $O(n^2)$ jedoch zum Slowsort.

Von einiger Bedeutung ist auch die Wahl des Pivots: Es muss nicht das erste Listenelement genommen werden.

Eingehende Analysen und weitere Eigenschaften des Verfahrens findet man in Klassikern wie [Knu98] oder [Sed03].

Durch die geschickte Kombination der Listenfunktionen haben wir eine sehr kompakte Implementierung des Quicksort-Algorithmus gefunden. Die Komplexität der Laufzeit ist – wie auch bei Implementierungen für Arrays – $O(n \log n)$, der praktische Nutzen ist indes nur sehr begrenzt: Weil der Platz auf dem Stack einerseits sehr limitiert ist und andererseits bereits durch die Listenoperationen stark beansprucht wird, können wir nur Listen mit einigen Tausend Elementen sortieren.

7.4   Primzahlen

Wir implementieren eine Methode, die mit Hilfe eines sehr alten Verfahrens eine Liste mit Primzahlen erzeugt.

Was ist das Sieb des Eratosthenes?

Eine Primzahl ist eine natürliche Zahl, die nur durch 1 und sich selbst teilbar ist, alle Vielfachen einer Primzahl sind keine Primzahlen.

Auf dieser Beobachtung beruht das Sieb des Eratosthenes, ein Verfahren, mit dem man alle Primzahlen ermitteln kann, die kleiner oder gleich einer beliebigen natürlichen Zahl n sind. Dabei notiert man die Zahlen $2, 3, 4, \ldots, n$ und löscht aus dieser Liste alle geraden Zahlen bis auf die 2. Da gerade Zahlen Vielfache von 2 sind, sind sie sicher keine Primzahlen. Die nächste Zahl in der Liste ist die 3.

Auch die Vielfachen der 3 sind keine Primzahlen, daher werden auch sie aus der Liste entfernt. Da die 4 als Vielfache von 2 bereits gelöscht wurde, ist die nächste Zahl in der Liste die 5. Man verfährt mit der 5 und allen verbleibenden Zahlen der Liste nach und nach genauso wie mit der 2 und der 3.

Übrig bleibt die Liste der Primzahlen kleiner oder gleich n. Alle Vielfachen der Primzahlen sind „ausgesiebt" worden.

Die folgende Implementierung des Siebs enthält in der bewährten Manier eine öffentliche und eine private, rekursive Methode, die beide zur Klasse `List` gehören. Der öffentlichen Methode übergeben wir die Grenze, bis zu der alle Primzahlen gefunden werden sollen.

Listing 7.2: Die Liste der ersten Primzahlen ermitteln

```
private List primes() {
  if (this == EMPTY)
    return this;
  else
    return tail().filter(new Predicate() {
      public boolean isTrue(int v) {
        return v % head() != 0;
      }
    }).primes().prepend(head());
}
```

```
public static List primes(int hi) {
    return List.range(2, hi).primes();
}
```

Wir rufen die *private* Methode also für eine Liste auf, deren erstes Element eine Primzahl ist. Die Methode filtert aus dem Listenende alle echten Vielfachen des ersten Elements heraus.

Für das Endstück der Liste wird die Methode `primes` dann rekursiv aufgerufen; anschließend setzen wir das erste Listenelement wieder an den Listenkopf.

Da die öffentliche Methode die private mit allen ganzen Zahlen zwischen 2 und der Obergrenze `hi` aufruft, passiert hier das Gleiche wie beim Sieb des Eratosthenes, und wir erhalten die Liste aller Primzahlen zwischen 2 und `hi`.

7.5 Verknüpfungen von Listen

Wir erweitern unsere Möglichkeiten, Listen zu bearbeiten signifikant, sobald wir zwei oder mehr Listen miteinander verknüpfen können. In `select`-Anweisungen verbinden wir etwa zwei Tabellen, indem wir sie beide in die `from`-Komponente aufnehmen. In einem so genannten Join wird jeder Datensatz der einen Tabelle mit jedem Datensatz der anderen Tabelle kombiniert. Das Ergebnis ist eine neue Tabelle.

Diese Vorgehensweise könnten wir auch auf Listen übertragen; aus Effizienzgründen beschränken wir uns jedoch auf eine einfachere Variante,[5] indem wir *korrespondierende* Elemente aus zwei Listen miteinander verknüpfen. Wenn wir etwa die Summenbildung als Verknüpfung wählen, so erhalten wir aus den beiden Listen (23, 47, 11) und (1, 1, 1) das Ergebnis (24, 48, 12).

Sollte eine Liste einmal länger als die andere sein, ignorieren wir „überhängende" Elemente einfach. Das Ergebnis (24, 48, 12) würde sich also auch als Ergebnis der Summe von (23, 47, 11) und (1, 1, 1, 1, 1, 1) ergeben. Da wir, anders als beim Join, nicht Paare von *allen* Elementen bilden, sondern nur korrespondierende Paare miteinander verknüpfen, müssen wir die Verknüpfung einer Funktion höherer Ordnung übergeben. Die Funktion höherer Ordnung, die wir implementieren, heißt `zip`, weil sie an die Arbeitsweise eines Reißverschlusses erinnert. Da wir in Java auf das Strategiemuster angewiesen sind, müssen wir die Verknüpfung – wie gewohnt – in ein Interface einpacken:

```
interface Combination {
    int apply(int v, int w);
}
```

Eine einfache Verknüpfung ist die Differenz zweier natürlicher Zahlen:

```
class Difference implements Combination{
    public int apply(int v, int w) {
        return v-w;
```

---

[5] Wenn die beiden Listen p Elemente bzw. q Elemente enthalten und wir die Elemente so wie Datensätze bei den Joins von Tabellen kombinieren, dann enthält das Ergebnis pq Elemente. Der Optimierer des Datenbanksystems sorgt dafür, dass diese kombinatorische Explosion bei Joins nicht eintreten muss.

```
    }
  }
```

Der Ausdruck

```
new Difference().apply(47, 11)
```

hat also den Wert 58. Die Methode zip (siehe Listing 7.3) verallgemeinert die Verknüpfung zweier ganzer Zahlen auf zwei Listen. Ihre Parameter sind die Verknüpfung und die Liste, mit der wir die Verknüpfung durchführen. Die Implementierung bietet keine Überraschungen und kann alternativ auch wie map und filter mit der Faltung definiert werden.

Listing 7.3: Zwei Listen verknüpfen

```
public List zip(Combination c, List other) {
  if (this == EMPTY || other==EMPTY)
    return EMPTY;
  else
    return tail().zip(c, other.tail())
      .prepend(c.apply(head(), other.head()));
}
```

Der folgende Code erzeugt zwei Listen mit den Zahlen 1 bis 10 und zieht dann Zahl für Zahl wieder ab. Das Ergebnis ist eine Liste, die zehnmal die Zahl 0 enthält.

```
List.range(1,10).zip(new Difference(), List.range(1,10));
```

Wir schauen uns ein weiteres, einfaches Beispiel an: Mit Hilfe der Methoden map und zip können wir den Abstand zwischen zwei Punkten einfach berechnen. Für die Punkte (1,2) und (3,4) beträgt dieser Abstand $\sqrt{(1-3)(1-3)+(2-4)(2-4)}$.

Der Abstand wird für Punkte, die aus höheren Dimensionen kommen, analog berechnet:

Listing 7.4: Der Abstand zweier Punkte

```
public double distance(List point){
  int square=zip(new Difference(), point).map(new Square()).sum();
  return Math.sqrt(square);
}
```

Wenn wir die Koordinaten zweier Punkte in *Listen* speichern, berechnen wir den Abstand wie in Listing 7.4. Wir ermitteln zunächst die Liste, die sich mit Hilfe der Methode zip aus der Differenz zur Koordinatenliste point ergibt. Die Koordinaten des Ergebnisses werden dann mit map quadriert und anschließend mit der Methode sum aggregiert.[6] Die Quadratwurzel aus dieser Zahl entspricht dem Abstand.

---

[6] Die Methode sum wurde in Abschnitt 6.3 definiert.

Alles klar?

Mit Hilfe einiger Funktionen können Listen deklarativ verarbeitet werden. Insgesamt bieten die Funktionen einen SQL-ähnlichen Komfort.

- `filter`: Ein Prädikat wird als Parameter übergeben. Es wird eine Liste konstruiert, deren Elemente alle dem Prädikat genügen.

- `map`: Eine Abbildung wird als Parameter übergeben. Die Abbildung wird für alle Listenelemente durchgeführt.

- `zip`: Eine Verknüpfung und eine Liste werden als Parameter übergeben und die Verknüpfung für alle korrespondierenden Paare von Listenelementen durchgeführt.

7.6 Aufgaben

1. Implementieren Sie die Methoden `filter` und `map` mit Hilfe der Faltung.

2. Schreiben Sie eine eigene Implementierung der Methode `sort`. Der Sortieralgorithmus ist Ihnen dabei freigestellt.

3. Auf `for`-Schleifen, wie wir sie aus Java kennen, müssen wir in der funktionalen Programmierung verzichten. Tatsächlich können wir für unseren Listentyp etwas ganz Ähnliches machen: Ergänzen Sie die Klasse `List` um eine Methode `foreach`, die eine Aktivität – wie etwa die Ausgabe eines Listenelements – für jedes Listenelement durchführt. Die Aktivität übergeben Sie mit Hilfe des Strategiemusters als Argument.

Teil III

Scala – Funktionale Programmierung auf der Java Virtual Machine

Kapitel 8

Die Scala-Entwicklungsumgebung

Um mit Scala arbeiten zu können, benötigen wir Werkzeuge wie einen Compiler. Die Website www.scala-lang.org ist *das* Eingangstor zur Scala-Welt. Hier finden wir Dokumentation, Beispiele, Artikel, Diskussionen und eine kostenlose Entwicklungsumgebung für Scala, die von Entwicklern auf der ganzen Welt gepflegt wird.

8.1 Ohne Java geht nichts

Obwohl die Programmiersprache Scala *grundsätzlich* an kein spezielles Betriebssystem und keine Laufzeitumgebung gebunden ist, erzeugen die Scala-Compiler seit der Version 2 ausschließlich Java-Bytecode. Zuvor gab es auch Entwicklungsumgebungen für die .Net-Plattform. Mag sein, dass neue Releases künftig wieder .Net unterstützen; zur Zeit ist die Verzahnung mit der Java-Plattform aber sehr eng.

Da unsere übersetzten Scala-Programme also in Form von Java-Bytecode vorliegen, benötigen wir zur Ausführung eine Java-Umgebung. Im aktuellen Scala-Release 2.8 liegen auch die beiden Compiler `scalac` und `fsc` im Java-Bytecode vor, so dass wir Java benötigen, um überhaupt Scala-Programme übersetzen zu können. Dabei reicht eine Java-Runtime; die komplette Java-Entwicklungsumgebung in Form eines JDK brauchen wir nicht. Die Scala-Bibliotheken und Werkzeuge setzen die Version 5 von Java voraus; falls auf unserem System nur die Java-Version 1.4 verfügbar ist, muss eine spezielle Scala-Distribution heruntergeladen werden.

Auf der Scala Website finden wir nicht nur Entwicklungsumgebungen für Windows und Unix, sondern auch Plugins für Eclipse oder NetBeans. Die zunehmend beliebte Plattform OSGi, die eine komponentenorientierte Softwareentwicklung auf der Java-Plattform ermöglicht, wird ebenfalls unterstützt: Die Scala Bibliotheken sind als OSGi-Bundles verfügbar.

8.2 Installation und erste Schritte

Die Entwicklungsumgebung umfasst unter anderem ein Werkzeug zum Ausführen unserer Scala-Programme und zwei Scala-Compiler. Um die Werkzeuge bequem und ohne lange Pfadangaben handhaben zu können, empfiehlt es sich, das `bin`-Verzeichnis der Scala-Distribution in die Umgebungsvariable `PATH` des Betriebssystems einzufügen.

Nachdem wir die Installation erfolgreich durchgeführt haben, probieren wir die Werkzeuge gleich aus. Im `bin`-Verzeichnis der Scala-Installation finden wir für jedes Kommando eine Datei mit der Erweiterung `bat` für Microsoft-Plattformen und eines ohne Erweiterung für Unix-Plattformen.

Wenn wir das Shell-Skript `scala` (unter Unix) bzw. `scala.bat` (unter Windows) ausführen, befinden wir uns in der interaktiven *Scala-Shell*[1]. Es erscheint der Prompt

```
scala>
```

Wir beginnen mit ganz einfachen Anweisungen:

```
scala> println("Hello Scala")
Hello Scala
```

Die `println`-Anweisung gibt hier einfach den Text aus, den wir ihr als Parameter übergeben. Mit dem Befehl `exit` beenden wir die Shell.

8.3 Scala-Skripts

Scala-Befehle können wir nicht nur in der Scala-Shell ausführen, sondern mit einem Scala-Skript auch im Batchbetrieb. Die Befehle, die wir in der Scala-Shell interaktiv eingeben würden, schreiben wir jetzt einfach in eine Datei namens `Hello.scala`. In unserem Fall besteht das Skript aus nur zwei Zeilen:

```
println("Hello Scala")
println("Hello World")
```

Wir beobachten, dass kein Semikolon benötigt wird, um unsere Anweisungen zu trennen; die Aufteilung in zwei Zeilen ist bereits hinreichend. Möglich wäre auch der Einzeiler

```
println("Hello Scala"); println("Hello World")
```

Unser Skript speichern wir unter dem Namen `Hello.scala` ab und führen es mit

```
scala Hello.scala
```

aus. Das Ergebnis ist wie erwartet

```
Hello Scala
Hello World
```

---

[1] Die Scala-Shell wird gelegentlich auch als REPL (*read-eval-print loop*) bezeichnet.

Das Skript haben wir mit einem einzigen Befehl in Java-Bytecode übersetzt *und* ausgeführt.
Der Bytecode wird nach der Ausführung gelöscht. Das nächste Beispiel zeigt, dass wir einem
Scala-Skript auch Argumente übergeben können:

```
if(args.length==0)
  println("no arguments passed");
else
  println("first argument is: "+args(0))
```

Die Ausgabe des Programms wird in Abhängigkeit davon gestaltet, ob wir dem Kommando

```
scala Hello.scala
```

etwas mit auf den Weg geben: Wenn wir das Skript etwa mit

```
scala Hello.scala Hello Scala
```

starten, so wird

```
first argument is: Hello
```

ausgegeben.

8.4   Eigene Typen mit Scala-Klassen

Scala-Code kann, ähnlich wie Java-Code, auch ausgeführt werden, wenn man ihn in einen eigenen Typ einbettet. In Java schreiben wir dazu eine Klasse mit einer `main`-Methode, die unsere Anweisungen enthält. Das ist in Scala ganz ähnlich: Hier gibt es auch das Schlüsselwort
`class`, das wir immer verwenden, wenn wir Klassen vereinbaren. Auch Scala-Programme
brauchen eine `main`-Methode als Einstiegspunkt. Wir können diese Methode aber anders als
in Java nicht in einen Typ einbetten, den wir mit `class` definiert haben, sondern vereinbaren
mit dem Schlüsselwort `object` ein so genanntes Singleton (siehe Kapitel 15). Selbst wenn
wir Singletons noch nicht in vollem Umfang verstehen, dürfte klar sein, was im folgenden
Beispiel passiert:

```
object First{
  def main(args: Array[String]){
    println("Hello Scala")
  }
}
```

Wenn wir den Code in der Datei `First.scala` abspeichern, können wir ihn mit

```
scalac First.scala
```

übersetzen und dann mit

```
scala First
```

ausführen. Nach der Übersetzung sehen wir, dass der Compiler *zwei* Dateien mit der Endung `class` erzeugt hat, deren Bedeutung wir in Kapitel 15 einsehen.

Den vom Scala-Compiler erzeugten Bytecode haben wir mit Hilfe des Befehls `scala` ausgeführt. Die Dateien `scala` und `scala.bat` sind dabei Shell-Skripts, die die JVM mit geeigneten Parametern aufrufen. Natürlich können wir die virtuelle Maschine auch selbst aufrufen, allerdings darf der Aufruf nicht zu einfach sein. So wird

```
java First
```

mit einer Exception beendet:

```
Exception in thread "main"
java.lang.NoClassDefFoundError: scala/ScalaObject
```

Für die Ausführung benötigen wir die richtigen Bibliotheken, die wir im `lib`-Verzeichnis der Scala-Distribution finden. Für unsere Zwecke reicht bis jetzt das Archiv `scala-library.jar`, das wir etwa mit der Option `-cp` beim Aufruf der virtuellen Maschine zur Umgebungsvariablen `CLASSPATH`[2] hinzufügen können:

```
java -cp .:/Users/lothar/scala/lib/scala-library.jar First
```

Wir können Scala also in Form von Dialogen, in einfachen Skripten oder auch in Enterprise-Anwendungen mit einer komplexen Typarchitektur einsetzen. Die Bedeutung des Namens „Scala" wird gelegentlich auf diese Skalierbarkeit zurückgeführt.

8.5   Noch ein Compiler

Der Scala-Compiler, den wir mit `scalac` aufrufen, ist ebenfalls ein Shell-Skript, das ein Java-Programm ausführt. Dies bedeutet aber, dass mit *jedem* Aufruf des Compilers eine komplette JVM geladen wird und die Übersetzungszeiten auf Dauer enervierend lang werden. Zum Aufruf von `scalac` gibt es zum Glück eine Alternative: Im `bin`-Verzeichnis der Scala-Distribution finden wir den „Fast Scala Compiler" (`fsc`). Nachdem dieser Compiler zum ersten Mal eine Scala-Datei übersetzt hat, wird der zugehörige Prozess nicht beendet, sondern läuft als Daemon im Hintergrund weiter. Beim nächsten Aufruf von `fsc` wird die JVM nicht erneut gestartet. Der Übersetzungsauftrag wird einfach an den Daemon delegiert.

Von den unterschiedlich langen Übersetzungszeiten kann man sich etwa mit der Option `verbose` des `fsc` überzeugen. Um auch einen Vergleich mit `scalac` zu ermöglichen, übergeben wir die Übersetzungskommandos dem Unix-Befehl `time` zur Zeitmessung:

```
time fsc First.scala
real      0m3.211s
user      0m0.241s
sys       0m0.082s

time fsc First.scala
```

---

[2] Die JVM sucht in allen Verzeichnissen und Archiven, die in der Umgebungsvariablen `CLASSPATH` aufgelistet sind, nach Klassen.

```
real     0m0.974s
user     0m0.231s
sys      0m0.073s

time scalac First.scala
real     0m2.305s
user     0m2.043s
sys      0m0.183s
```

Wir erkennen, dass der `fsc` bei *wiederholten* Aufrufen eine deutlich bessere Performance aufweist als `scalac`.

Entwickler, die *Java* ernsthaft nutzen, installieren auf ihren Maschinen die Dokumentation und den Quellcode der API. Das sollten wir auch bei der Arbeit mit Scala so handhaben: Die API-Klassen brauchen wir ständig. Sie sind in Scala geschrieben und somit auch gute Beispiele für Scala-Code, außerdem bieten sie uns oft interessante Einsichten in das Innenleben der API. Den Quellcode der API erhalten wir, indem wir die Datei `scala-library-src.jar` aus dem `src`-Unterverzeichis der Scala-Distribution mit Hilfe des Befehls

```
jar -xvf scala-library-src.jar
```

auspacken.

8.6 Der Scala-Bazar

Die Dokumentation zur Java-API könnten wir von der Scala Website herunterladen und ganz ähnlich wie den Quellcode der API verfügbar machen. Bequemer geht das aber mit dem Paket-Manager `sbaz` (Scala-Bazar), der zur Basisinstallation gehört. Wir verwenden ihn zunächst, um zu sehen, welche Scala-Pakete bei uns installiert sind. Der Befehl

```
sbaz installed
```

liefert

```
base/1.9
sbaz/2.0
sbaz-setup/1.0
scala/2.8.0.Beta1
scala-devel/2.8.0.Beta1
scala-library/2.8.0.Beta1
scala-tool-support/2.8.0.Beta1
scalap/2.8.0.Beta1
8 packages installed
```

Welche Pakete gibt es eigentlich für Scala? Der Befehl

```
sbaz available
```

zeigt, dass wir viele Pakete nachinstallieren können:

```
$ sbaz available
scala(2.8.0.Beta1,2.8.0.Beta1-RC8,2.8.0.Beta1-RC7,...)
scala-android(2.7.0-RC3,2.7.0-RC2,2.7.0-RC1,...)
scala-cldc(2.7.0-RC3,2.7.0-RC2, 2.7.0-RC1,...)
scala-devel(2.8.0.Beta1,2.8.0.Beta1-RC8, 2.8.0.Beta1-RC7,...)
scala-devel-docs(2.8.0.Beta1,2.8.0.Beta1-RC8,2.8.0.Beta1-RC7,...)
...
12 package names
241 total packages
```

Wir wollen nur die Dokumentation zur API installieren:

```
sbaz install scala-devel-docs
```

Nach der Ausführung finden wir im Unterverzeichnis `doc/scal-devel-docs` der Scala-Distribution die API-Dokumentation im HTML-Format. Einige interessante Scala-Beispiele wurden außerdem in das Verzeichnis `doc/samples` kopiert.

Wenn wir wissen wollen, ob es ein neues Release von Scala gibt, ist ein Besuch der Website nicht nötig: Im folgenden Beispiel war Version 2.7.3 nicht mehr aktuell. Der Paketmanager erkannte das und führte den Upgrade durch:

```
sbaz upgrade
Refreshing list of available packages...
Planning to install scala/2.7.4.final...
Planning to install scala-devel/2.7.4.final...
Planning to install scala-devel-docs/2.7.4.final...
Planning to install scala-library/2.7.4.final...
Planning to install scala-tool-support/2.7.4.final...
Installing...
```

Ein anschließendes

```
scala -version
```

bestätigte, dass wir die Installation auf den seinerzeit neuesten Stand gebracht haben:

```
Scala code runner version 2.7.4-Copyright 2002-2009, LAMP/EPFL
```

8.7 Aufgaben

1. Installieren Sie die Scala-Entwicklungsumgebung auf Ihrem Computer, und führen Sie eine einfache Scala-Anweisung auf die drei besprochenen Arten aus.

2. Installieren Sie den Quellcode zur Scala-API auf Ihrem System, und schauen Sie sich die Datei `List.scala` an, um einen Eindruck von der Syntax der Sprache zu erhalten.

3. Prüfen Sie, ob die Dokumentation zur Scala-API bereits installiert ist. Verwenden Sie `sbaz`, wenn dies nicht der Fall ist.

Alles klar?

- Eine Java-Laufzeitumgebung ist Voraussetzung für die Arbeit mit Scala.

- Scala-Code kann interaktiv, als Skript oder im Rahmen von benutzerdefinierten Typen ausgeführt werden.

- Mit der Befehl `scala` wird die interaktive Scala-Shell gestartet.

- Neben dem Compiler `scalac` gibt es `fsc` für die professionelle Entwicklung.

- Updates und zusätzliche Pakete können mit Hilfe des Werkzeugs `sbaz` installiert werden.

- Scala ist auch als Plugin für IDEs wie NetBeans oder Eclipse erhältlich.

Kapitel 9

Ausdrücke in Scala

Unsere ersten Schritte in Scala sind interaktiv. Im Dialog mit der Scala-Shell erhalten wir zu ausgeführten Anweisungen unmittelbar eine Rückmeldung. Wir starten die Shell, indem wir das Programm `scala` aus dem Unterverzeichnis `bin` der Scala-Installation (siehe Kapitel 8) ausführen.

9.1 Erste Eindrücke mit einfachen Ausdrücken

Wir geben in der Scala-Shell einen einfachen Ausdruck ein:

```
scala> 47+11
res0: Int = 58
```

Das Ergebnis von `47+11` hat den Typ `Int` und den Wert `58`. Die Werte der Ausdrücke, die wir in der Shell eingeben, werden in nummerierten Konstanten gespeichert. Hier wird das Ergebnis in der Konstanten `res0` abgelegt.

Versuchen wir es jetzt mit einem anderen Ausdruck:

```
scala> "Hello " + "Scala"
res1: java.lang.String = Hello Scala
```

Wir entdecken in der Rückmeldung auch einen Beleg für die enge Verzahnung von Scala und Java: Der Typ `String` ist auch in Scala nichts anderes als der gute alte Typ `java.lang.String`. Wir können bestehende Java-Klassen – auch unsere eigenen – bequem und ohne zusätzlichen Aufwand in Scala-Programme integrieren. Die Syntax von Scala bietet uns verschiedene Möglichkeiten, um *Methoden* zu nutzen:

```
scala> res1.toUpperCase()
res2: java.lang.String = HELLO SCALA
```

Hier wenden wir die Methode `toUpperCase` auf den in `res1` gespeicherten Text an. Bei parameterfreien Methoden können wir uns die Klammern ersparen:

```
res2.toUpperCase
```

Wir müssen den Methodennamen nicht einmal mit einem Punkt vom Objekt trennen:

```
res1 toUpperCase
```

Von dieser Notation ist es nur ein kleiner Schritt zur **Infix-Notation**: Beim Aufruf von

```
scala> res1.indexOf('e')
res3: Int = 1
```

wird geprüft, an welcher Stelle das Zeichen `'e'` erstmalig auftritt. Im Text `"Hello Scala"` ist das an Position 1 der Fall. Wir können jetzt die Klammern um das Argument weglassen und so zur Infix-Notation übergehen:

```
scala> res1 indexOf 'e'
```

Die Infix-Notation haben wir schon weiter oben verwendet, ohne dass es uns aufgefallen wäre: Der Ausdruck `47+11` ist die Infix-Notation eines Methodenaufrufs:

```
scala> (47).+(11)
res4: Int = 58
```

Hinsichtlich der Benennung von Methoden ist Scala offensichtlich wesentlich toleranter als Java.

9.2 Konstante

Wir versuchen jetzt, `res1` einen anderen Wert zuzuweisen:

```
scala> res1 = "Scala"
<console>:5?????: error: reassignment to val
```

Als `val` vereinbarte Werte können offensichtlich nicht verändert werden. Mal sehen, ob `val` ein Schlüsselwort ist:

```
scala> val v = 4711
v: Int = 4711
```

Mit Hilfe von `val` definieren wir **Konstante**. Auch die Zwischenergebnisse in `res0` und `res1` sind Konstante, die wir nicht verändern dürfen. In der Shell können wir Konstante aber komplett neu vereinbaren:

```
scala> val v = "Scala"
v: java.lang.String = Scala
```

Die Shell beschwert sich nicht, da wir nicht versucht haben, den Wert zu *ändern*, sondern die Konstante neu definiert haben. Die Typableitung (siehe Abschnitt 2.2.1) ermittelt den Typ `String` aus dem Kontext, in unserem Fall aus dem Literal `"Scala"`. Literale werden ähnlich wie in Java verwendet:

```
scala> val v = 47.11f
v: Float = 47.11
```

Der Typ von v ist nicht mehr Int, sondern Float. In Kapitel 10 lernen wir das Typsystem von Scala genauer kennen und erfahren, dass es zu jedem der acht primitiven Datentypen aus Java einen passenden Typ in Scala gibt. Auf den ersten Blick besteht der einzige Unterschied darin, dass die Namen dieser acht Typen mit Großbuchstaben anfangen. Tatsächlich sehen wir am folgenden Beispiel, dass es einen fundamentalen Unterschied zu primitiven Java-Typen gibt:

```
scala> val b = true
b: Boolean = true
scala> b hashCode
res4: Int = 1231
```

Offensichtlich gibt es in Scala nicht die strikte Trennung des Typsystems in primitive Typen und Referenztypen. In Kapitel 10 erfahren wir, dass in Scala *alles* ein Objekt ist.

Die Namensgebung wird in Scala sehr großzügig gehandhabt:

```
scala> val % = 2
%: Int = 2
```

Wir haben hier eine Konstante namens % definiert. Da der Typ Int eine gleichnamige Methode enthält, sind Ausdrücke möglich, die abenteuerlich aussehen:

```
scala> % % %
res5: Int = 0
```

Den Typ einer ganzzahligen Konstanten können wir natürlich auch – wie in Java – *explizit* angeben:

```
scala> val v: Int = 42
v: Int = 42
```

In diesem Fall muss der Typ der Konstanten zum Literal passen. Die folgende fehlerhafte Anweisung wird zurückgewiesen:

```
scala> val v: Int = "42"
<console>:4: error: type mismatch;
```

Scala kennt noch den Typen Unit, der am ehesten mit void in der Definition von Methoden ohne Rückgabewert in Java vergleichbar ist. Dieser Typ enthält nur den Wert (). Dies hat den folgenden Hintergrund: In Scala hat jeder Ausdruck, also etwa auch println("Scala"), einen Typ. Ausdrücke wie die println-Anweisung geben aber eigentlich nichts zurück; insbesondere haben sie keinen bekannten Typ wie Int oder Char. Ihr Typ ist Unit:

```
scala> val v = println("Scala")
Scala
v: Unit = ()
```

9.3   Variable

Scala ist keine *rein* funktionale Sprache, wir können **Variable** definieren:

```
var v = 0
v: Int = 0
```

Die Werte von Variablen können wir ändern:

```
scala> v = 1
v: Int = 1
```

Da wir uns in diesem Teil des Buches weiterhin mit funktionaler Programmierung beschäftigen und somit nicht mit veränderbaren Zuständen arbeiten, verzichten wir – bis auf sehr
wenige Ausnahmen – vorerst auf den Einsatz von Variablen. Wir werden ihnen erst in Kapitel 22 wieder begegnen.

9.4   Alle kennen `Predef`

Die Methode `println` hat bereits unsere ersten Gehversuche mit Scala begleitet. Da wir
`println` in keinem Fall über ihre Klasse oder ein Objekt qualifiziert haben, interessiert es
uns, wo die Methode überhaupt definiert wurde. Die Syntax von Scala ist minimalistisch, es
gibt sicher keine Schlüsselworte für Methoden. Funktionen wie `println` sind vielmehr Bestandteil des Objekts `Predef`, dessen Definitionen in *jedem* Scala-Programm bekannt sind.
Im Quellcode von `Predef.scala`[1] finden wir auch die Definition des Typen `String`:

```
type String = java.lang.String
```

Mit `type` wird ein Typ dabei nicht komplett neu vereinbart, sondern einfach als Synonym
für einen anderen Typen angelegt. Das können wir auch selbst machen:

```
scala> type Banana = String
defined type alias Banana

scala> val s: Banana = "Scala"
s: Banana = Scala
```

Hier ist `Banana` ein Synonym für den Typ `String`.

In `Predef` finden wir aber noch viele andere interessante Methoden. Wer schon einmal in
Java-Programmen Daten von der Konsole eingelesen hat, freut sich vielleicht über `readInt`:

```
scala> val v =readInt
v: Int = 4711
```

Die Shell wartet bei `readInt`, bis etwas auf der Tastatur eingegeben wurde. In unserem
Beispiel wurde offensichtlich die Zahl `4711` eingegeben.

---

[1] Wie man den Quellcode der Scala-Klassen findet, wurde in Abschnitt 8.5 beschrieben.

Invarianten können wir beispielsweise mit der Methode `assert` aus `Predef` definieren; die Funktionalität zeigt ein kleines Scala-Skript auf:

```
val x = readInt
assert(x !=0 )
println(1/x)
```

Wenn wir das Skript starten und `0` eingeben, ist das Ergebnis:

```
java.lang.AssertionError: assertion failed
```

9.5 Kontrollstrukturen

Scala unterscheidet zwischen Definitionen und Ausdrücken. Alles, was keinen Typ, keine Variable, keine Konstante und kein Objekt definiert, ist ein Ausdruck mit eigenem Typ und Wert. Selbst `if`-Anweisungen sind Ausdrücke, deren Ergebnis wir einer Konstanten zuweisen können:

```
scala> if(2 == 3) 5 else 6
res6: Int = 6
```

In Scala haben `if`-Anweisungen also Typ und Wert. Das Gleiche gilt für die sehr mächtige Kontrollstruktur `match`, die mit `switch`/`case`-Anweisungen aus Java Ähnlichkeit hat. Details dazu finden wir in Kapitel 16. Auch `while`-Schleifen haben in Scala übrigens Typ und Wert:

```
scala> val v = while(2 == 3) 4
v: Unit = ()
```

Der Typ einer `while`-Schleife ist immer `Unit`, da Schleifen zwar in der Regel Zustände ändern, aber kein Ergebnis haben.

Wir wundern uns vielleicht darüber, dass es Schleifen gibt – denn schließlich brauchen wir für die meisten Schleifen auch Variable – aber Scala ist eben eine Multiparadigmensprache, die funktionale *und* imperative Programmierung zulässt. Nur weil Scala uns die *Möglichkeit* bietet, mit veränderbaren Zuständen zu arbeiten, ist das für uns kein Grund, sie zu verwenden. Es gibt ja auch in vielen Programmiersprachen noch den `goto`-Befehl, und wir lassen trotzdem die Finger davon. Im Rahmen dieses Buchteils, in dem wir die funktionale Programmierung weiter entdecken wollen, arbeiten wir jedenfalls mit Konstanten.

Auf `for` müssen wir auch in der funktionalen Programmierung nicht ganz verzichten; wir lernen in Kapitel 21, dass `for`-Ausdrücke in Scala aber nicht ganz so einfach gestrickt sind wie in C oder Java.

9.6 Importe

Setzen wir unseren Streifzug durch Scala fort: Wir sind nicht überrascht, dass es in der folgenden Anweisung einen Fehler gibt:

```
scala> val list = new LinkedList
<console>:4: error: not found: type LinkedList
```

Klar, die Java-Klasse `LinkedList` befindet sich nicht im Paket `java.lang` und muss daher explizit importiert werden.

```
scala> import java.util._
import java.util._
```

Das Zeichen _ ist in Scala ein **Platzhalter** (dt. für *Wildcard*), der etwa in Java oder in regulären Ausdrücken dem * entspricht. Die funktionale Programmierung macht intensiven Gebrauch von Mustern. Der Unterstrich _ ist, wie wir noch sehen werden, ein häufig verwendeter Platzhalter.

In Scala-Programmen können `import`-Anweisungen an praktisch jeder Stelle im Code stehen. Wir können auch mehrere Typen mit einer einzigen Anweisung importieren:

```
import java.util.{ArrayList, LinkedList}
```

Wir erzeugen eine verkettete Liste für ganze Zahlen:

```
scala> val list = new LinkedList[Int]
list: java.util.LinkedList[Int] = []
```

Auch bei Konstruktoraufrufen sind die Klammern für die leere Parameterliste nicht erforderlich. Die eckigen Klammern stehen in Scala für Typparameter, in Java verwenden wir spitze Klammern. Wenn wir Daten in unsere Liste einfügen wollen, dann mit der fast natürlichsprachlichen Infix-Notation:

```
list add 3
```

Bei unseren Ausflügen in die Scala-Welt haben wir einige Parallelen zu Java wahrgenommen; im folgenden Kapitel lernen wir ganz markante Unterschiede kennen.

9.7 Aufgaben

1. Betrachten Sie das Ergebnis des Ausdrucks

   ```
   "Hello" * 3
   ```

   Welche Methode wird aufgerufen?

2. In Scala können Anweisungsfolgen mit geschweiften Klammern gruppiert werden. Was ist der Wert des folgenden Ausdrucks?

   ```
   val v = {2; 5 hashCode; "Hello"; 2+3}
   ```

Identifizieren Sie in dem Ausdruck die Unterschiede zu Java.

3. Welche Typen haben die beiden folgenden Konstanten?

```
val v1 = if(true) 3
val v2 = if(true) 3 else 2
```

Welchen Grund gibt es dafür? Können Sie sich auch den Typ der folgenden Konstanten erklären?

```
val v3 = if(true) 3 else "Hello"
```

Alles klar?

- ▪ Scala ist eine Multiparadigmensprache.

- ▪ Bei Methodenaufrufen kann die Infix-Notation eingesetzt werden.

- ▪ In Scala werden Konstante mit `val`, Variable mit `var` definiert.

- ▪ Scala verfügt über Kontrollstrukturen wie `if`, `while` und `for`.

- ▪ Funktionen und Typen, die oft gebraucht werden, sind im Typ `Predef` definiert.

- ▪ Für Typen, die nicht zu den Paketen `scala` und `java.lang` gehören, ist ein `import` nötig.

Kapitel 10

Scala-Typsystem

Das Typsystem (siehe Kasten „Typsysteme" auf Seite 21) von Scala ist statisch, implizit und sicher. Wenn wir also in der Scala-Shell mit

```
val v = 42
```

eine Konstante definieren, ermittelt der Compiler mit Hilfe der Typableitung – wie bei den Sprachen ML oder Haskell – *implizit* den Datentyp von v. Wir erhalten von der Shell die Rückmeldung

```
v: Int = 42
```

Die Konstante v hat den Typ Int. Dieser Typ ist *statisch* und kann nicht geändert werden. Da das Typsystem *sicher* ist, können wir v nur passende Objekte und keinen beliebigen Binärbrei zuordnen. Die Zuweisung eines Textes an v wird auch prompt aus Inkompatibilität aufgedeckt.

```
scala> val s: String = v
<console>:5: error: type mismatch;
found   : Int
required: String
    val s : String = v
```

10.1   In Scala gibt es keine primitiven Typen

Uns Java-Entwickler überrascht es, dass der Scala-Compiler Anweisungen wie

```
42 hashCode
```

übersetzt. Das Typsystem von Java unterscheidet bekanntlich die acht primitiven Datentypen byte, short, int, long, float, double, char und boolean von allen anderen Datentypen, den so genannten Referenztypen. Nur Referenztypen haben die Basisklasse Object und erben Methoden wie hashCode.

Wegen dieser Einteilung in primitive Typen und Referenztypen ist Java nicht reinrassig objekt-orientiert und wird gelegentlich auch als „hybrid" bezeichnet. Wie störend diese Trennung sein kann, sehen wir an den folgenden Beispielen:

1. Zum Sortieren eines Arrays gibt es in Java in der Klasse `java.util.Arrays` für *jeden* der acht primitiven Datentypen eine eigene Methode `sort`. Für alle Referenztypen zusammen reicht dagegen die Methode `void sort(Object[])`.

2. Die Klasse `java.util.LinkedList<T>`, der wir auch ein Typargument `T` überge-ben können, ist ein Beispiel für generische Datentypen, wie es sie seit Java 5 gibt. So enthält eine mit

```
List<String> list = new LinkedList<String>()
```

erzeugte Liste nur Objekte vom Typ `String`. Als Typparameter sind aber *keine* primiti-ven Typen, sondern nur Referenztypen zulässig.

Da es zu jedem der primitiven Typen eine passende Wrapperklasse gibt, könnten wir auch in Java *ausschließlich* mit Objekten arbeiten. In der folgenden Schleife wird die Variable `i` einfach von `0` hochgezählt, bis sie den Wert einer anderen Variablen `hi` erreicht hat. Der Schleifenrumpf selbst ist leer:

```
for(int i = 0; i != hi; i++);
```

Den Typen `int` können wir in der Schleife leicht durch den Referenztypen `Integer` erset-zen, ohne dass Funktionalität verloren geht:

```
for(Integer i = 0; i.compareTo(hi) == 0; i = i+1);
```

Warum es die primitiven Datentypen in Java überhaupt gibt, verstehen wir, wenn wir die Laufzeiten beider Schleifen etwa für `hi = Integer.MAX_VALUE` vergleichen: sie unter-scheiden sich um einen dreistelligen Faktor!

In der zweiten Variante wird mit jeder Iteration ein neues Objekt vom Typ `Integer` er-zeugt. Da der Variablen `i` jedes Mal eine Referenz auf das neue Objekt zugewiesen wird, muss die Garbage Collection das zuvor referenzierte Objekt irgendwann einsammeln. Die-se fortwährende Objekterzeugung findet statt, weil sämtliche Wrapperklassen, also auch die Klasse `Integer`, unveränderbar sind. Wenn wir also auf primitive Datentypen verzichten, belasten wir die Speicherverwaltung der virtuellen Maschine erheblich.

In der Praxis entscheiden wir von Fall zu Fall, welchen der beiden Java-Typen `int` und `Integer` wir einsetzen. Dadurch erhalten wir schnellere Programme, handeln uns durch die Trennung aber die beschriebenen Probleme ein.

10.2   Alles ist ein Objekt

Anders als in Java ist in Scala *alles* ein Objekt. Nicht nur Konstante sind – unabhängig vom Datentyp – Objekte, sondern auch Funktionen (siehe Kapitel 12). Die Teilung in primitive Typen und den Rest der Welt kennt Scala nicht. Diese einheitliche Behandlung aller Typen erklärt, warum wir auch für ganze Zahlen die Methode `hashCode` verwenden können.

Unter der Haube bildet der Compiler den Scala-Typen `Int` auf die Java-Typen `int` und `Integer` ab. Wenn der Compiler auf Daten vom Typ `Int` trifft, entscheidet er ganz ähnlich wie wir, in welchen der beiden Java-Typen `int` und `Integer` ein Objekt vom Typ `Int` transformiert wird. Dazu werden im Wesentlichen zwei einfache Regeln verwendet, die wir möglicherweise selbst anwenden, auch wenn wir uns dessen nicht bewusst sind:

- Immer wenn es möglich ist, wird `int` verwendet.

- Der Typ `Integer` wird nur benutzt, wenn es sich nicht vermeiden lässt.

10.3   Objekte vergleichen

Im Folgenden *Java-Code* vergleichen wir Werte.

Listing 10.1: Vergleiche in Java

```
Integer i1 = 4711;
Integer i2 = 4711;
System.out.println(i1 == i2);
int v1 = i1;
int v2 = i2;
System.out.println(v1 == v2);
```

Wir erhalten die Ausgabe `false` und `true` und somit *verschiedene* Ergebnisse, obwohl alle beteiligten Variablen den gleichen Wert haben und mit dem gleichen ==-Operator verglichen werden. Das liegt daran, dass `i1` und `i2` den Referenztypen `java.lang.Integer` haben und daher nicht die *Werte* von `i1` und `i2`, sondern ihre Referenzen verglichen werden. Bei den primitiven Variablen `v1` und `v2` werden hingegen die Werte verglichen. Das ist der Grund dafür, dass das zweite `println`-Statement aus Listing 10.1 den Wert `true` ausgibt.

In *Scala* wird für den Vergleich zweier Objekte ein einheitlicher Ansatz gewählt, bei dem der Operator == stets auf die `equals`-Methode abgebildet wird, die jedes Scala-Objekt von `Any`, dem obersten aller Scala-Typen, erbt. Das ist sicher praktisch und konsequent, nur möchte man ab und zu doch wissen, ob zwei Konstante das gleiche Objekt referenzieren. Im folgenden Beispiel sehen wir, wie in Scala zwei *Referenzen* vom Typ `java.lang.Integer` verglichen werden:

```
val v1: java.lang.Integer = 42
val v2: java.lang.Integer = 42
println( v1.eq(v2))
```

Wir führen den Vergleich mit Hilfe der Methode `eq` aus und erhalten `false` als Ergebnis. Den Vergleich könnten wir dabei übrigens wesentlich instruktiver als

```
v1 eq v2
```

schreiben. Bemerkenswert ist, dass es die Methode `eq` zwar in der Klasse `Integer`, nicht aber in der Klasse `Int` gibt. Wir dürfen die beiden Typen nicht über einen Kamm scheren, da wir nämlich nicht wissen, wie sich der Compiler bei der Übersetzung eines Objekts vom

Typ `Int` entscheidet. Wenn das Ergebnis der primitive Java-Typ `int` ist, wird die Methode `eq` sinnlos.

10.4 Werte- und Referenztypen

Auch wenn in Scala alles ein Objekt ist, so werden dennoch zwei Arten von Typen unterschieden:

- Wertetypen
- Referenztypen

Nur *Referenztypen* haben etwa die Methode `eq`. Die gemeinsame Basisklasse aller Referenztypen ist `scala.AnyRef`. Neben `eq` enthält `AnyRef` auch die Methode `clone` zum Kopieren von Objekten; eine weitere Methode die etwa für den Typen `Int` sinnlos ist. Da `AnyRef` nur ein Synonym für `java.lang.Object` ist, können wir – ganz wie in Java – unsere eigenen Referenztypen definieren (siehe Abschnitt 14.1).

Dagegen gehört `Int` ebenso wie `Boolean`, `Byte`, `Char`, `Double`, `Float`, `Long`, `Short` und `Unit` zu den *Wertetypen*. Hier ist `AnyVal` die gemeinsame Basisklasse. Im Gegensatz zu `AnyRef` ist die Anzahl der Untertypen von `AnyVal` auf die neun genannten unveränderbaren Klassen begrenzt, wir können also keine eigenen Untertypen von `AnyVal` und somit auch keine eigenen Wertetypen definieren.[1] Acht der neun Wertetypen kennen wir, da sie mit den primitiven Typen und ihren Wrapperklassen aus Java korrespondieren. Nur der Typ `Unit` ist neu für uns.

10.5 Literale und Typumwandlungen

Wertetypen haben keine öffentlichen Konstruktoren; der Aufruf von

```
var v = new Int 3
```

schlägt folglich fehl. Der Compiler generiert Code in Abhängigkeit von den Literalen, die wir bei der Initialisierung unserer Objekte benutzen. In einigen Fällen müssen wir der Typableitung auf die Sprünge helfen:

```
var s: Short = 42
```

Jedes Objekt mit Wertetyp können wir auch in ein Objekt mit Referenztyp kopieren. Das geht explizit

```
val v = 42
val ref = v.asInstanceOf[AnyRef]
```

oder implizit

```
val ref: Integer = v
```

---

[1] Den Grund dafür erfahren wir in Kapitel 17.

Implizite Typumwandlungen sind in Scala ein spannendes Thema, mit dem wir uns in Kapitel 26 noch intensiver beschäftigen. Die Methode `asInstanceOf`, die wir für die explizite Typumwandlung verwenden, ist generisch und hat einen Typparameter, der in eckige Klammern gesetzt wird.

10.6 Der Typ Unit

Methoden, die kein Ergebnis haben, werden in Java als `void` vereinbart, in Scala verwenden wir den Rückgabetyp `Unit`. Der einzige Wert, den ein Objekt vom Typ `Unit` annehmen kann, ist `()`. Die Anweisung

```
val empty = ()
```

ist also syntaktisch korrekt und wird von der Scala-Shell wie erwartet mit

```
empty: Unit = ()
```

quittiert. Es mag uns merkwürdig erscheinen, dass `Unit` als Rückgabewert für Funktionen zulässig ist, da wir uns doch sehr frühzeitig (siehe Kapitel 1.5.1) darauf festgelegt haben, dass Funktionen ein Ergebnis haben müssen. Da wir `Unit` als Rückgabetyp von Funktionen einsetzen, die wir nur wegen ihrer Nebenwirkungen geschrieben haben, kann es Typen wie `Unit` in rein funktionalen Sprachen gar nicht geben.

10.7 Der Typ Null

Alle Referenztypen haben in `Java` den gemeinsamen Wert `null`. Dabei gehört `null` selbst zu keiner bestimmten Klasse, sondern ist ein Schlüsselwort, das in der Syntax von Java verankert ist. Die Syntax von Scala kennt nur wenige Schlüsselworte; viele Spracheigenschaften werden mit Hilfe der Objektorientierung realisiert. So ist `null` in Scala kein Schlüsselwort. Wie wir mit `null` arbeiten können, erkennen wir in der folgenden Initialisierung:

```
scala> val nirvana = null
```

Der Rückmeldung der Shell

```
nirvana: Null = null
```

entnehmen wir, dass der Wert `null` ein Objekt vom Typ `Null` ist. Tatsächlich ist der Typ `Null` ein Untertyp von `AnyRef` *und allen Unterklassen* von `AnyRef` und enthält `null` als einziges Objekt.[2]

---

[2] An dieser Stelle sehen wir auch, dass Scala die Mehrfachvererbung unterstützt. Mehr dazu in Kapitel 23.

10.8   Der Typ `Nothing`

Der Wert `null` wird – in Scala wie in Java – als Wert für nicht initialisierte Referenzen
verwendet. Für Wertetypen ist `null` sinnlos, da Attribute von Objekten mit *Wertetyp* mit
einem Standardwert initialisiert werden, wenn wir nicht explizit einen Wert angeben. Es gibt
aber Fälle, in denen ein Typ, den wirklich *alle* Typen als Untertypen haben, wirklich nützlich
ist: Wir erfahren in Kapitel 18[3], wie wir in Scala mit Listen arbeiten können. Eine einfache
Liste können wir bereits jetzt definieren:

```
scala> val list = List(23,47,11)
list: List[Int] = List(23, 47, 11)
```

Die Typableitung erkennt den Typ `List[Int]`, wobei `List` ein generischer Typ für unveränderbare Listen ist, dessen Typparameter in eckige Klammern gesetzt wird. Ein interessantes
Problem besteht darin, den Typen der *leeren* Liste zu definieren. Wie das in Scala gelöst ist,
erkennen wir am folgenden Dialog:

```
scala> val lst = List()
lst: List[Nothing] = List()
```

Der Datentyp `Nothing` ist Untertyp aller Typen des Scala-Typsystems. Er kann zwar nur
in wenigen Situationen eingesetzt werden, hilft uns aber in diesen wirklich aus der Klemme.
Vom Typ `Nothing` lassen sich also keine Unterklassen bilden, insbesondere enthält er auch
keine Werte. Für Typen wie `Nothing`, die es auch in Programmiersprachen wie Ruby gibt,
hat sich der Begriff **Bottom-Types** etabliert.

Alles klar?

- ▪ Das Typsystem von Scala ist statisch, implizit und sicher.

- ▪ Der Basistyp aller Typen ist `Any`.

- ▪ In Scala ist jeder Wert ein Objekt.

- ▪ In Scala wird zwischen Wertetypen und Referenztypen unterschieden.

- ▪ Referenztypen sind Unterklassen von `AnyRef`. Anwender können selbst Klassen definieren.

- ▪ Es gibt neun Wertetypen in Scala. Alle Wertetypen sind Unterklassen von `AnyVal`.

- ▪ Alle Typen haben den gemeinsamen Untertypen `Nothing`.

- ▪ Alle Referenztypen haben den gemeinsamen Untertypen `Null`.

- ▪ Der Wertetyp `Unit` wird verwendet, um Funktionen zu definieren, die keinen Rückgabewert haben.

---

[3] Dort erfahren wir auch, warum wir Listen erzeugen können, ohne das Schlüsselwort `new` zu verwenden.

10.9 Aufgaben

1. Was passiert, wenn Sie in der Scala-Shell die Anweisung

```
val v: Int = null
```

   eingeben? Wie erklären Sie sich das Ergebnis?

2. Definieren Sie in der Scala-Shell die drei Variablen

```
var v1: Int = 47
var v2: Int = 1
var v3: Int = 1
```

   In Java würde der Compiler einen Ausdruck wie `v1=v2=v3` problemlos durchgehen lassen. Warum verweigert der Scala-Compiler die Übersetzung?

Kapitel 11

Methoden in Scala

Die Funktionalität von Software, die wir in Scala entwickeln, steckt in Methoden, Funktionen und Konstruktoren. Nachdem wir bereits mit einigen Methoden wie + oder `println` gearbeitet haben, lernen wir in diesem Kapitel, wie wir unsere eigenen Methoden in der Scala-Shell, in Scala-Skripten oder in Klassen schreiben können. Auch wenn wir sie in der Shell oder Skripten definieren können, gehören Methoden – wie in Java – zu Objekten und werden von der Laufzeitumgebung in Scala-Typen eingebettet.

11.1 Jede Methode hat einen Typ

Methoden werden grundsätzlich mit dem Schlüsselwort `def` vereinbart. In der Scala-Shell können wir leicht einfache Methoden definieren:

```
def square(v: Int) = v * v
```

Wir erhalten eine Rückmeldung, die wie bei der Definition von Konstanten Hinweise auf den Typ der Methode zulässt:

```
square: (Int)Int
```

Wir müssen nur lernen, die Ausgabe der Shell zu verstehen:

■ In den Klammern stehen die Typen der Parameter.

■ Rechts von den Klammern finden wir den Ergebnistyp.

Die Methode `square` bildet also einen ganzzahligen Parameter auf eine ganze Zahl ab. Den Ergebnistyp leitet der Compiler wie bei einer Konstanten ab: Da der Parameter eine ganze Zahl ist und das Produkt zweier ganzer Zahlen wieder eine ganze Zahl ist, erhalten wir auch eine ganze Zahl als Ergebnis.

Der Ergebnistyp kann nicht immer so einfach wie bei der Methode `square` ermittelt werden. Irgendwann stößt auch der Compiler an seine Grenzen. So müssen wir bei rekursiven Methoden den Rückgabetypen *explizit* angeben. Da Scala auch das objektorientierte Paradigma und damit Polymorphie und Überladung unterstützt, können wir der Typableitung nicht die Bestimmung der Typen der Parameter überlassen, sondern müssen selbst eingreifen.

Die explizite Angabe des Ergebnistyps können wir uns dagegen in den meisten Fällen schenken; wir sollten ihn aber angeben, da er eine Methode oft verständlicher macht und uns gelegentlich auch vor Missverständnissen schützt. In unserem Beispiel sieht das so aus:

```
scala> def square(v: Int): Int = v*v
square: (Int)Int
```

Die Parameter einer Methode sind *Konstante*, jeder Versuch, sie zu ändern, wird vom Compiler zurückgewiesen. Wir verwenden die Methode `square` genauso wie die anderen Methoden, die wir bereits kennengelernt haben:

```
scala> square(2)
res0: Int = 4
```

Uns fällt auf, dass wir das Argument in Klammern gesetzt haben. Die klammerfreie Infix-Notation (siehe Abschnitt 9.1) können wir nur in Verbindung mit einem Objekt verwenden.

11.2   Generische Methoden

Es bedarf keiner eigenen Klassen, um generische Methoden zu definieren; die Scala-Shell reicht für erste Versuche völlig:

```
scala> def concat[T1,T2](v: T1, w: T2) = v.toString + w.toString
concat: [T1,T2](v: T1,w: T2)java.lang.String
```

Der Methode `concat` werden zwei beliebige Objekte der Typen `T1` und `T2` übergeben. Die Textdarstellungen beider Objekte werden ermittelt und verbunden. Das Ergebnis von `concat(3, 47.11)` ist also der Text `"347.11"`. Die beiden Typparameter `T1` und `T2` werden zwischen den Methodennamen und die Parameterliste geschrieben. Beim Aufruf der Methode ermittelt die Typableitung die Typargumente – im Beispiel `Int` und `Double` – sie müssen also nicht explizit übergeben werden.

11.3   Konstante als Grenzfall von Methoden

Die Methode `square` war schon einfach genug, jetzt beschäftigen wir uns mit noch einfacheren Methoden:

```
scala> def one = 1
one: Int
```

Diese Methode hat nicht einmal eine Parameterliste. Wir verwenden sie so:

```
scala> one
res1: Int = 1
```

Die Methode `one` unterscheidet sich auf den ersten Blick nicht von einer einfachen mit `val` definierten Konstante. Am folgenden Beispiel sehen wir, dass es aber – wie in Java – einen erheblichen Unterschied zwischen Konstanten und Methoden gibt:

```
scala> val v = 0
v: Int = 0

scala> def oneBy0 : Int=1/v
oneBy0: Int

scala> oneBy0
java.lang.ArithmeticException: / by zero
```

Im Beispiel vereinbaren wir eine Konstante `v` mit dem Wert 0, deren Kehrwert die Methode `oneBy0` ermittelt. Der Ausdruck `1/v` wird dabei nicht bei der Definition, sondern erst *während der Ausführung* der Methode ausgewertet.

Wir sehen jetzt, was passiert, wenn wir `oneBy0` als Konstante definieren:

```
scala> val oneBy0 : Int = 1/v
java.lang.ArithmeticException: / by zero
```

Der Wert des Ausdrucks `1/v` wird bereits *bei der Initialisierung* der Konstanten ermittelt. Die Exception wird in diesem Fall also bereits bei der Definition von `oneBy0` geworfen.

Da die Methode `oneBy0` (ebenso wie `one`) *keine* Parameterliste hat, können wir sie auch nicht in der Form `one()` anwenden. Es steht uns natürlich frei, die gleiche Methode mit *leerer* Parameterliste zu definieren:

```
scala> def one() = 1
one: ()Int
```

Diese Methode können wir dann mit oder ohne Parameterliste anwenden. Warum es überhaupt Methoden ohne Parameterlisten gibt, erfahren wir in Kapitel 14.

Wir haben `one` auf syntaktisch sehr ähnliche Weise als Konstante und als Methode mit oder ohne Parameterliste definiert. Der Unterschied zwischen Konstanten und Methoden ist nicht mehr so klar wie etwa in Java. Die Konstante tritt hier als Grenzfall einer Methode in Erscheinung. Wenn wir `one` *verwenden*, wissen wir noch nicht einmal, ob `one` eine Methode, eine Konstante oder eine Variable ist.

11.4 Was steht in einer Methode?

Hätten wir `one` als Methode in Java definiert, so bestünde der Methodenrumpf aus der Zeile

```
return 1;
```

Scala kennt zwar das Schlüsselwort `return`; in der funktionalen Programmierung gibt es aber keine Notwendigkeit, `return` zu verwenden, da jede Methode ein Ergebnis hat. Bei der Definition der Methode `one` haben wir es weggelassen. Die folgende Methode

```
def isOdd(v: Int): Boolean=
  if(v%2 == 0) return false
  else return true
```

ist also das Gleiche wie

```
def isOdd(v: Int): Boolean=
  if(v%2 == 0) false
  else true
```

Puristen können auch knapper

```
def isOdd(v: Int): Boolean= !(v%2 == 0)
```

schreiben.

Wir benötigen kein Semikolon, um Anweisungen abzuschließen. Diese angenehme Eigenschaft kann aber auch tückisch sein. Wenn wir es mit umfangreichen Rechnungen zu tun haben, zerlegen wir sie oft in Teile, die wir dann zur besseren Lesbarkeit über mehrere Zeilen verteilen. Auf das Wesentliche reduziert, sieht das so aus:

```
def simple: Int = {
  47
  +11
}
```

Wer jetzt glaubt, das Ergebnis von simple sei 58, der irrt: Für den Scala-Compiler sieht simple so aus:

```
def simple = {
  47;
  +11;
}
```

Das Ergebnis ist also 11. Bis auf simple haben wir nur mit Methoden geschrieben, die aus *genau einer Anweisung* bestehen. Es ist aber auch in der funktionalen Programmierung gängige Praxis, Zwischenergebnisse in eigens definierten lokalen Konstanten abzulegen. Die Zwischenergebnisse werden eingesetzt, um Methoden übersichtlicher zu gestalten oder um durch die Wiederverwendung einen Perfomancevorteil zu gewinnen. Genau wie in anderen Sprachen können wir auch in Scala Methoden mit mehreren Anweisungen vereinbaren, die dann in geschweifte Klammern gesetzt werden. Bei Methoden mit einer einzigen Anweisung sind geschweifte Klammern möglich, aber nicht nötig. Das folgende Beispiel zeigt uns eine Methode mit zwei Anweisungen:

Listing 11.1: Methode mit einer lokalen Konstanten

```
def pow4(v: Int): Int = {
  val sq = square(v)
  square(sq)
}
```

Um bei der Berechnung der vierten Potenz einer Zahl v mit nur zwei Multiplikationen auszukommen, berechnen wir zunächst das Quadrat von v, merken uns das Ergebnis in der lokalen Konstanten sq und geben dann das Quadrat von sq zurück.

11.5 Methoden ohne Rückgabewert

In Abschnitt 1.5 haben wir festgehalten, dass jede *Funktion* einen Rückgabetyp hat. In Scala halten sich auch Methoden an diese Regel, obwohl in der Praxis viele Methoden keinen natürlichen Rückgabewert haben: So interagieren Programme mit Anwendern oder müssen etwa Ein-und Ausgabefunktionalitäten zur Verfügung stellen.

Am Beispiel der Methode println aus Predef (siehe Abschnitt 9.4) sehen wir, wie der Typ Unit (siehe Abschnitt 10.6) für Methoden genutzt werden kann, die wir nur wegen ihrer Nebenwirkungen implementiert haben:

```
def println(x: Any): Unit =  Console.println(x)
```

Wir erwarten eigentlich keinen Rückgabewert von println; die Methode soll nur ein Objekt auf die Konsole ausgeben.

Auch die Methoden aus der Java-API, die als void markiert sind, haben in Scala den Rückgabetyp Unit.

```
scala> val v=System.out.println
v: Unit = ()
```

Im Zusammenhang mit dem Rückgabetyp Unit müssen wir bei der Verwendung von geschweiften Klammern etwas *aufpassen*. Die folgende Definition ist syntaktisch in Ordnung:

```
def one(){
  1
}
```

Wenn wir die Methode testen, sehen wir, dass

```
print(one)
```

einfach nur () ausgibt. Das Ergebnis einer Methode ist immer dann vom Typ Unit, wenn der Methodenrumpf in geschweiften Klammern steht und dem Methodenkopf nicht mit = zugewiesen wurde. Genau das ist bei der Definition der Methode one passiert. Vor Pannen dieser Art sind wir übrigens geschützt, wenn wir, wie empfohlen, konsequent den Typ des Rückgabewertes angeben.

11.6 Methoden in Methoden

In Listing 11.1 haben wir eine Methode mit einer lokalen Konstanten definiert. Im folgenden Beispiel sehen wir, dass wir in einer Methode nicht nur lokale Konstante, sondern auch Me-

thoden lokal vereinbaren können. Wir definieren eine Methode, die das Minimum von zwei
und eine Methode, die das Minimum von drei ganzen Zahlen berechnet:

```
def min(a: Int, b: Int): Int =  if( a<b ) a else b
def min(a: Int, b: Int, c: Int): Int = min(min(a, b), c)
```

Die zweite Methode führt die Berechnung auf die erste Methode zurück. Wenn es *keine* weitere Methode gibt, die min(a, b) benutzt, dann gibt es auch keinen Grund, sie global zur
Verfügung zu stellen. Funktionale Programmiersprachen wie Scala bieten die Möglichkeit,
Methoden innerhalb von Methoden zu definieren:

```
def min(a: Int, b: Int, c: Int): Int={
  def min(a: Int, b: Int): Int =  if( a<b ) a else b
  min(min(a, b), c)
}
```

Die Sichtbarkeit von min(a, b) beschränkt sich jetzt auf den Rumpf der Methode
min(a, b, c). Wir können Methoden also ebenso wie Konstanten lokal definieren – eine
weitere Übereinstimmung zwischen Methoden und Konstanten.

11.7   Methoden für beliebig viele Argumente

Im letzten Abschnitt haben wir die Methode min für zwei und drei ganzzahlige Parameter
überladen. Wir verallgemeinern min jetzt so, dass die Methode beliebig viele Argumente
verarbeiten kann. Immer wenn der Typ eines Parameters mit einem * markiert ist, ist die
Anzahl der Argumente unbegrenzt, so dass die folgende rekursive Methode das Minimum
beliebig vieler ganzer Zahlen ermittelt:

Listing 11.2: Beispiel einer Methode mit variabler Parameterliste

```
def min(args: Int*): Int={
  if(args.size == 1) args.head
  else if(args.size == 2) {
    if(args(0) < args(1)) args(0)
    else args(1)
  }
  else
    min(args(0), min(args.takeRight(args.size-1) :_*))
```

Der Parameter args hat den listenähnlichen Typ Seq[Int] aus dem Scala-Collection-
Framework (siehe Kapitel 18). Auf das i-te Argument wird hier mit args(i) zugegriffen.
Der erste Teil der Methode behandelt das Abbruchkriterium, also den Fall, dass ein oder
zwei Argumente übergeben werden. Der else-Teil berechnet das Minimum aus dem ersten
Parameter und dem Minimum der restlichen Parameter, die uns die Methode takeRight
ermittelt.

Dieser Rest kann beim rekursiven Aufruf nun als ein Objekt vom Typ `Seq[Int]` oder als *Liste* von Parametern übergeben werden. Damit der Compiler sich für die zweite Alternative entscheidet, helfen wir ihm mit der Typangabe `:_*` auf die Sprünge.

Mit Methoden zur Faltung (siehe Abschnitt 6.5) können wir `min` noch eleganter definieren; die notwendigen Kenntnisse in Scala vermittelt uns Kapitel 18.

11.8 Endrekursion

Lokale Hilfsmethoden können wir auch im Zusammenhang mit der Rekursion verwenden. Wir definieren zunächst eine rekursive Methode, die ganz ohne Hilfsmethode auskommt:

```
def sum(n: Int): Int=
  if( n<= 0) 0
  else n + sum(n - 1)
```

In Kapitel 3 haben wir bereits gesehen, dass hier keine Endrekursion vorliegt. Auch der Scala-Compiler erzeugt Code mit linearer Laufzeit *und* linearem Speicherplatzbedarf.

Da der Scala-Compiler endrekursive Methoden grundsätzlich in effizientere iterative Methoden transformieren kann, lohnt es sich eine endrekursive Lösung zu finden. Wir adaptieren dazu die Lösung aus Listing 3.5:

```
def sum(n: Int): Int = {
  def sum(n: Int, accu: Int): Int=
    if(n <= 0) accu
    else sum(n - 1,n + accu)
  sum(n, 0)
}
```

Die rekursive Hilfsmethode, die wir in Listing 3.5 als private Java-Methode definiert haben, können wir in Scala lokal definieren: sie wird in der letzten Zeile der umgebenden Methode aufgerufen.

Wir überzeugen uns jetzt davon, dass der Scala-Compiler, im Gegensatz zu den gängigen Java-Compilern, tatsächlich iterativen Bytecode aus endrekursiven Methoden erzeugen kann. In [Ode08] wird eine einfache Möglichkeit vorgestellt, wie man prüft, ob ein Compiler iterativen Code erzeugt hat: Wir definieren zunächst eine Methode, die nicht endrekursiv ist und eine Exception wirft, sobald die Abbruchbedingung erreicht wird:

```
def kill(n: Int): Int =
  if(n <= 0) throw new RuntimeException()
  else 1 + kill(n - 1)
```

Wenn wir etwa `kill(3)` ausführen, wird wie erwartet eine Exception geworfen und der Stack-Trace ausgegeben:

```
Exception in thread "main" java.lang.RuntimeException
    at function.Tester$.kill(Tester.scala:57)
    at function.Tester$.kill(Tester.scala:58)
```

```
at function.Tester$.kill(Tester.scala:58)
at function.Tester$.kill(Tester.scala:58)
at function.Tester$.main(Tester.scala:86)
at function.Tester.main(Tester.scala)
```

Beim Erreichen der Abbruchbedingung in Zeile 57 wird eine Exception geworfen, die für jeden der drei rekursiven Aufrufe in Zeile 58 einmal kaskadiert wird.

Wir analysieren jetzt den Stacktrace für die folgende endrekursive Variante von `kill`:

```
def kill(n: Int): Int =
  if(n <= 0) throw new RuntimeException()
  else(kill(n - 1))
```

Hier muss nach dem Ende der Rekursion nicht mehr an die Stelle des rekursiven Aufrufs zurückgekehrt werden, um – wie im vorherigen Beispiel – etwa 1 zu addieren. Diese Situation erkennt der Scala-Compiler und übersetzt die rekursive Methode in iterativen Bytecode. Die Ausführung von `kill(1000)` liefert daher nur eine flache Kaskade mit einem kurzen Stacktrace:

```
Exception in thread "main" java.lang.RuntimeException
  at function.Tester$.kill(Tester.scala:53)
  at function.Tester$.main(Tester.scala:86)
  at function.Tester.main(Tester.scala)
```

Dass iterative Methoden oft schneller sind und weniger Speicherplatz benötigen als rekursive, haben wir bereits in Kapitel 3 beobachtet. Hier sehen wir aber, dass die Transformation von der Rekursion zur Iteration vom Scala-Compiler ausgeführt wird.

Der Scala-Compiler erkennt nicht alle endrekursiven Situationen, und gelegentlich sind wir vielleicht unsicher, ob unsere Methode endrekursiv ist. Der beschriebene Test liefert uns für diese Situationen eine Orientierungshilfe. Seit der Scala-Version 2.8 können wir den Compiler mit der Annotation `@tailrec` dazu bringen, Alarm zu schlagen, wenn er keine Endrekursion erkennt. Die folgende Funktion ist nicht endrekursiv:

```
import scala.annotation._
@tailrec def sum(v: Int) : Int=
  if(v <= 0) 0
  else v + sum(v - 1)
```

Der Compiler meldet

```
could not optimize @tailrec annotated method
```

Wir haben in diesem Kapitel viele Gemeinsamkeiten von Methoden und Konstanten kennengelernt. Der größte Unterschied zwischen beiden besteht aber darin, dass Methoden *keine Objekte* sind. Im nächsten Kapitel lernen wir Funktionen kennen, die Methoden zwar sehr ähneln, aber im Gegensatz zu diesen Objekte sind.

Alles klar?

■ Methoden werden mit dem Schlüsselwort `def` vereinbart.

■ Methoden haben zwar einen eigenen Typ, sind aber keine Objekte.

■ Methoden können innerhalb anderer Methoden definiert werden.

■ Der Scala-Compiler kann endrekursive Methoden in iterativen Bytecode übersetzen.

■ Anweisungen müssen nicht mit einem Semikolon getrennt werden, wenn sie in verschiedenen Zeilen stehen.

11.9 Aufgaben

1. In Listing 3.10 finden Sie eine Java-Methode zur endrekursiven Berechnung der Fibonacci-Zahlen. Übertragen Sie diese Methode in eine Scala-Methode, und überzeugen Sie sich mit Hilfe der beiden in Abschnitt 11.8 beschriebenen Möglichkeiten davon, dass der Scala-Compiler iterativen Code erzeugt.

2. Das Verfahren „Square-and-Multiply" beruht auf der Beobachtung, dass für zwei natürliche Zahlen b und p gilt

$$b^p = \begin{cases} b * b^{p-1} & \text{falls } p \text{ ungerade} \\ b^{p/2} * b^{p/2} & \text{falls } p \text{ gerade} \end{cases}$$

Schreiben Sie eine Scala-Methode `squareMultiply`, in der das Verfahren implementiert wird.

Kapitel 12

Funktionen in Scala

Scala ist eine funktionale Sprache und behandelt daher Funktionen genau wie andere Daten. Auch wenn die Ähnlichkeit zwischen Funktionen und Methoden so ausgeprägt ist, dass Methoden gelegentlich auch als Funktionen bezeichnet werden, sind Funktionen und Methoden dennoch verschieden. In diesem Kapitel erfahren wir, dass jede Funktion ein Objekt mit einem eigenen Typ und – man mag es kaum glauben – eigenen Methoden ist.

12.1   Die Definition einer Funktion

Da in Scala alles ein Objekt ist, gilt das natürlich auch für Funktionen. Methoden hingegen sind Mitglieder eines Typs und haben selbst einen Typ, sind aber keine Objekte. Wir können eine Methode aber zum Objekt „befördern", wie wir im folgenden Dialog mit der Scala-Shell[1] sehen:

Listing 12.1: Zuweisung einer Methode an eine Konstante

```
scala> def add(a: Int, b: Int): Int = a+b
add: (Int,Int)Int

scala> val f = add _
f: (Int, Int) => Int = <function2>
```

Wir haben zunächst die Funktion `add` definiert und sie dann der Konstanten `f` zugewiesen. Da der Wert einer Konstanten immer ein Objekt ist, wurde unsere Methode in ein Objekt umgewandelt. Der Typ der Konstanten `f` ist `(Int, Int) => Int`, die Funktion `f` bildet also zwei ganze Zahlen auf eine ganze Zahl ab. Der eigentliche Code der Funktion (der ja sehr umfangreich werden kann) wird in der Scala-Shell durch `<function2>` verkürzt

---

[1] Auch wenn wir Methoden mit dem Schlüsselwort `def` in der Shell oder in einem Scala-Skript und somit scheinbar außerhalb einer Klasse definieren, werden diese Definitionen in einen Scala-Typen eingebettet.

dargestellt. Die Bedeutung des Platzhalters '_' wird uns noch im Laufe des Kapitels klar werden.

Die Definition einer Funktion mit Hilfe einer Methode ist zwar möglich, aber eigentlich ein Umweg. Wir können die Pfeilnotation (=>) auch nutzen, wenn wir eine Konstante direkt mit einer Funktion initialisieren:

Listing 12.2: Eine einfache, anonym definierte Funktion

```
scala> val f: (Int, Int)=>Int = (a, b) => a+b
f: (Int, Int) => Int = <function2>
```

Die Definition sieht schwieriger aus, als sie ist:

- ■ f ist wie gewohnt der Name der Konstanten.

- ■ Der Ausdruck (Int, Int)=>Int beschreibt den Typ der Funktion.

- ■ Mit (a,b) werden den beiden Parametern Namen gegeben.

- ■ Die eigentliche Definition der Funktion lautet a+b. Da sie hier aus nur einer Anweisung besteht, sind keine geschweiften Klammern erforderlich. In der Rückmeldung der Scala-Shell wird die Definition nicht wiederholt; die Antwort <function2> ist hier nur ein Hinweis, dass es sich um eine zweiparametrige Funktion handelt.

Die Funktion f verwenden wir jetzt wie eine ganz normale Methode:

```
scala> f(47, 11)
res0: Int = 58
```

In der folgenden alternativen Schreibweise verwenden wir den Platzhalter '_', um eine Funktion zu definieren:

```
val f = (_: Int) + (_: Int)
```

Wenn wir – wie im folgenden Beispiel – der Typableitung die Arbeit abnehmen, können wir den Platzhalter auch ohne Nennung des Typs nutzen:

```
val f: (Int, Int) => Int = _+_
```

Diese Notation ist zwar sehr kompakt, wir können sie aber nicht zur Definition *beliebiger* Funktionen verwenden, weil wir die beiden Parameter nicht voneinander unterscheiden können. Bei der Definition der Funktion

```
val addMult = (a: Int, b: Int) => (a+b)*a
```

benötigen wir beispielsweise benannte Parameter, da in der Notation

```
((_: Int) + (_: Int)) * (_: Int)
```

unklar ist, wie die Platzhalter mit Werten besetzt werden.

Durch die einheitliche Behandlung von Funktionen und anderen Daten können wir unseren Funktionen und Methoden auch *Funktionen* als Argumente übergeben, ohne den Umweg über das Strategiemuster wie in Kapitel 5 gehen zu müssen. Wir sehen im Folgenden anhand einiger Beispiele, wie sich Funktionen durch Parametrisierung praktisch beliebig verallgemeinern lassen.

12.2   Funktionen sind auch Objekte

Da in Scala alles ein Objekt ist, muss dies auch für die Konstante `f` aus Listing 12.2 gelten, und tatsächlich liefert der Aufruf von `f.hashCode` den Wert `7713718`.

Wenn `f` ein Objekt ist, gibt es auch einen zugehörigen Typen. Wir haben bei der Definition den Typen `(Int, Int) => Int` verwendet, doch ist dies kein gültiger Typname, sondern nur eine instruktive Kurzschreibweise für einen Scala-Typen. Für die Funktionstypen bietet uns die Klassenbibliothek die generischen Typen[2]

```
Function0[R],
Function1[R, S1],
...
Function22[R, S1,.., S22]
```

Die eckigen Klammern enthalten die Typparameter.[3] Der Typ `Function2[R,S1,S2]` repräsentiert beispielsweise Funktionen mit zwei Parametern vom Typ `S1` und `S2` und dem Ergebnistyp `R`. In Anlehnung an die Pfeilnotation handelt es sich hier um Funktionen vom Typ `(S1, S2) => R`.

Unsere Konstante `f` hat den Typ `Function2[Int, Int, Int]`, was auch mit `(Int, Int)=>Int` abgekürzt werden kann. Alternativ zur Definition in Listing 12.2 könnten wir also auch

```
val f: Function2[Int, Int, Int] = (a,b) => a+b
```

schreiben. Aber bereits bei der kürzeren Fassung

```
val f: Function2[Int, Int, Int] = _+_
```

hat der Compiler alles, was er braucht. Der Typ `Function2` enthält die Methode

```
apply(v1: S1, v2: S2) : R
```

die die eigentliche Funktionalität von `f` enthält; und tatsächlich liefert uns der Aufruf

```
f.apply(47, 11)
```

den Wert `58`. Die Schreibweise `f(47, 11)` ist nur eine Abkürzung für den Aufruf der Methode `apply`. Eine oder mehrere überladene `apply`-Methoden kann es mit beliebiger Signatur in *jedem* Typen geben. Wir können die Funktion `apply` aufrufen, ohne ihren Namen explizit anzugeben. So entspricht etwa der Aufruf `args(0)` in Listing 11.2 dem Ausdruck

---

[2] Der Typ ist in allen Fällen ein Trait. Traits ähneln Interfaces und abstrakten Klassen aus Java, sie werden eingehend in Kapitel 23 besprochen.

[3] Der Auflistung in der Dokumentation der API entnehmen wir, dass eine Funktion in Scala maximal 22 Parameter haben kann.

`args.apply(0)`. Diese verkürzte Schreibweise eröffnet uns einige interessante Möglichkeiten in Scala, die wir in Abschnitt 17.5 noch genauer kennenlernen werden.

12.3   Die partielle Anwendung einer Funktion

Wir werden in Abschnitt 12.5 sehen, wie man in Scala Methoden und Funktionen höherer Ordnung zur *Verallgemeinerung* verwendet; hier lernen wir verschiedene Möglichkeiten kennen, um Funktionen zu *spezialisieren*.

Eine *Methode*, die den Wert einer ganzen Zahl um 1 erhöht, sieht so aus:

```
def inc(v: Int) = v+1
```

Eine, die den Wert mindert:

```
def dec(v: Int) = v-1
```

Tatsächlich sind beide Methoden Spezialfälle von `add` aus Listing 12.1. Ganz im Sinne des Prinzips DRY (don't repeat yourself) können wir Redundanzen vermeiden und die Funktion `add` wiederverwenden:

```
def inc(v: Int) = add(v, 1)
```

So ähnlich ist das auch in Sprachen wie Java möglich.

In Scala können wir einer Konstanten problemlos eine Methode zuweisen und sie so in eine Funktion umwandeln. Wir versuchen jetzt eine spezialisierte Methode einer Konstanten zuzuweisen. Bei unserem ersten naiven Versuch

```
val inc(a: Int) = add(1, a)
```

meldet der Compiler einen Fehler: Konstante dürfen keine Parameterliste[4] haben.

Diese Form der Spezialisierung ist in der funktionalen Programmierung aber nötig, da wir Funktionen höherer Ordnung oft spezialisierte Funktionen wie `inc` übergeben müssen und dabei nicht jedes Mal eine neue Methode mit eigenem Namen erfinden wollen.

Spezialisierungen von Funktionen definieren wir in funktionalen Programmiersprachen mit Hilfe der so genannten **partiellen Anwendung** von Funktionen. Genau wie in unserem Beispiel werden einigen Parametern Werte zugewiesen, anderen nicht. Parameter, die einen Wert haben, werden als **gebunden**, alle anderen als **frei** bezeichnet. So können immerhin bereits die Teile einer Funktion oder Methode ausgewertet werden, die gebundene Parameter verwenden. Die Funktion wird zunächst nur teilweise (partiell) ausgeführt.

In Scala gibt es mehrere Möglichkeiten, um Methoden und Funktionen partiell anzuwenden. Die Syntax der folgenden Definition verstehen wir, wenn wir uns vergegenwärtigen, dass der Unterstrich '_' in Scala Platzhalter für einen beliebigen Wert ist:

```
scala> val inc = add(1, _: Int)
inc: (Int) => Int = <function1>
```

---

[4] Ebenso wenig gibt es – im Gegensatz zu Methoden – bei Funktionen Typparameter.

Die Konstante `inc` wird mit einem Spezialfall von `add` initialisiert, bei dem der zweite Parameter frei bleibt und der erste an den Wert 1 gebunden wird. Wir müssen den Typ des Platzhalters angeben, da *Methoden* wie `add` in Scala auch überladen werden können. Nur durch die Angabe des Typen kann der Compiler die passende Funktion eindeutig identifizieren.

Wir sollten uns schon jetzt an den Gebrauch des Platzhalters `'_'` gewöhnen, da er typisch für die Mustererkennung (siehe Kapitel 16) ist, einem mächtigen Sprachfeature, das Scala von ML (siehe Abschnitt 2.2.2) geerbt hat.

In diesem Licht erscheint auch die Definition aus Listing 12.1 klarer:

```
val f = add _
```

Der Konstanten `f` wird die Methode `add` mit allen Parametern zugewiesen. Es handelt sich hier um eine partielle Anwendung, bei der *alle* Parameter frei bleiben, das Ganze ist nur eine Abkürzung für

```
val f = add (_: Int, _: Int)
```

Es gibt funktionale Programmiersprachen, die hier etwas elegantere Ausdrücke wie

```
val f = add
```

zulassen. Warum das in Scala nicht möglich ist, wird uns am Beispiel der bereits bekannten Methode

```
def one = 1
```

klar: Zwischen den beiden folgenden Definitionen

```
val f1 = one
val f2 = one _
```

gibt es einen Unterschied:

- `f1` hat den Typ `Int` und als Wert die *Zahl* 1.

- Dagegen hat `f2` den Typ `()=>Int` und als Wert eine *Funktion*, die 1 liefert.

Dass dies zwei verschiedene Qualitäten sind, haben wir bereits in Abschnitt 11.3 gesehen. Zuweisungen der Form

```
val f = add _
```

funktionieren natürlich nur, wenn der Compiler sich auch zweifelsfrei für eine Methode `add` entscheiden kann. Sie gehen schief, sobald `add` überladen wird.

Wenn wir den Compiler explizit auf den funktionalen Charakter von `f` hinweisen, weiß er, was zu tun ist, und benötigt den Unterstrich nicht mehr:

```
scala> val f: (Int, Int) => Int = add
f: (Int, Int) => Int = <function2>
```

12.4   Eine scharfe Sache: Das Curry-Prinzip

Da jeder beliebige Typ auch Rückgabetyp sein kann, können Funktionen auch Ergebnisse von Methoden oder Funktionen sein. Wir definieren add einmal etwas anders:

Listing 12.3: Eine Funktion als Ergebnis einer Methode

```
def add (a: Int) = (b: Int)  => a+b
```

Der Typ dieser Methode wird von der Shell als (Int)(Int) => Int angezeigt, da wir dem ganzzahligen Parameter a eine anonyme Funktion zuweisen, die a zu ihrem ganzzahligen Parameter b addiert. Die Definition der Funktion inc als partielle Anwendung von add können wir jetzt kompakter und ganz ohne Platzhalter aufschreiben:

```
val inc = add(1)
```

Wenn wir beim Aufruf von add beide Parameter binden wollen, rufen wir die Methode so auf:

```
add(47)(11)
```

Wie erwartet, erhalten wir das Ergebnis 58. Unter dem **Curry-Prinzip**[5] (dt. für *currying*) verstehen wir die Transformation einer Methode oder Funktion mit einer Liste aus n Parametern in eine Methode oder Funktion mit n einelementigen Parameterlisten. Dieses Prinzip haben wir auch auf die Methode add angewendet: Aus einer Methode mit einer einzigen zweielementigen Parameterliste haben wir eine Methode mit zwei einelementigen Parameterlisten gemacht. Funktionen (oder Methoden), auf die das Curry-Prinzip angewendet worden ist, liegen in der **Curry-Form** vor. Da das Curry-Prinzip in der funktionalen Programmierung oft verwendet wird, gibt es in Scala für den Code aus Listing 12.3 eine kompakte Variante:

```
def add (a: Int)(b: Int) = a+b
```

Das ist sehr ähnlich, wenn auch nicht genau das Gleiche wie die Definition in Listing 12.3: In der ersten Variante hat die Methode add den Typ (Int)(Int) => Int, in der zweiten den Typ (Int)(Int)Int. Das hat zur Folge, dass wir hier bei der partiellen Anwendung wieder mit Platzhaltern arbeiten müssen:

```
val inc = add(1)_
```

Die einfache Zuweisung

```
val inc = add(1)
```

führt dagegen zu einem Fehler. Dieser minimale Unterschied entfällt übrigens, sobald wir die Methode add zu einer Funktion machen. In beiden Fällen ergibt sich eine Funktion vom Typ

```
(Int) => (Int) => Int = <function1>
```

Bei der partiellen Anwendung ist dann wieder kein Platzhalter nötig.

---

[5] Haskell Curry (siehe Abschnitt 2.3) ist also nicht nur Namenspatron der Sprache Haskell.

In Sprachen wie Haskell ist die Curry-Form der Standard für Funktionen, da Funktionen auf diese Weise bequem partiell angewendet werden können. Um Funktionen in Scala partiell auszuführen, benötigen wir die Curry-Form nicht: hier hilft uns die Mustererkennung weiter, wie wir in Abschnitt 12.3 gesehen haben.

Trotzdem können wir jede Funktion ganz einfach in ihre Curry-Form bringen: Wir betrachten beispielsweise die zur Methode `add` gehörende Funktion `f`, die wir wie folgt erhalten:

```
val f = add _
```

Wie wir in Abschnitt 12.2 gesehen haben, gehört zur Funktion `f` der Typ `Function2[Int, Int, Int]`. Der Funktionstyp `Function2` hat die parameterfreie Methode `curried`, die wir auf `f` anwenden, um die Funktion in ihre Curry-Form zu bringen:

```
val fc= add _ curried
```

Der Typ der Funktion `fc` ist `(Int) => (Int) => Int`: Aus einer Zahl wird eine Funktion mit einem Parameter gemacht, deren Ergebnis eine Zahl ist. Das Curry-Prinzip gibt uns hier eine weitere Möglichkeit, um die Funktion `inc` zu definieren:

```
val inc = add _ curried 1
```

Das Curry-Prinzip ist, wie gesagt, in Scala nicht so bedeutend wie in anderen funktionalen Sprachen, spielt aber bei einer charmanten Eigenschaft von Scala eine wichtige Rolle: Bei einelementigen Parameterlisten dürfen wir statt runder auch geschweifte Klammern verwenden, so dass Methodenaufrufe wie Features der Sprache wirken. In Abschnitt 27.6 finden wir den folgenden Code, der einen Hund dreimal bellen lässt:

```
def barker = actor{
  val snoopy = new Dog("Snoopy", 23)
  for(i<-1 to 3)
    snoopy bark
}
```

Dabei sieht `actor` wie ein Schlüsselwort aus, tatsächlich ist `actor` aber eine Methode. Wenn es bei der Definition des Argumentes keinen Zeilenumbruch gibt, können wir zwischen runden und geschweiften Klammern wählen. Wenn es – wie in diesem Beispiel – Umbrüche gibt, *müssen* wir ein geschweiftes Klammerpaar verwenden. Da diese Schreibweise nur für einparametrige Methoden möglich ist, wenden wir bei Methoden mit mehreren Parametern das Curry-Prinzip an und ersetzen anschließend einzelne runde durch geschweifte Klammerpaare. So liegt etwa die Methode `foldRight` (siehe Abschnitt 18.8.2) aus der Klasse `List` in der Curry-Form vor.

Wir haben bereits mit den Methoden `apply` und `curried` der `FunctionXX`-Typen gearbeitet, die den Funktionen zugeordnet sind. Bis auf `Function1` enthalten diese Funktionstypen nur noch die gleichen Methoden wie alle Untertypen von `AnyRef`. In der Dokumentation finden wir für Funktionen vom Typ `Function1[R, S]` auch praktische Methoden wie `compose` oder `andThen`, die wir zur Verkettung von Funktionen benutzen und die nicht auf Funktionen mit mehreren Parametern übertragbar sind. Mit Hilfe unserer Funktionen `inc` und `square` können wir beispielsweise eine eigene Funktion für binomische Ausdrücke der Form $(x + 1)^2$ definieren:

```
val square = (x: Int) => x*x
val bin = inc.andThen(square)
```

Der Aufruf von `bin(3)` liefert uns, wie erwartet, den Wert `16`.

12.5   Funktionen höherer Ordnung

In diesem Abschnitt greifen wir ein Beispiel aus Kapitel 5 auf, das wir dort auch verwendet haben, um einen Einblick in Funktionen höherer Ordnung zu gewinnen.

Wenn wir Buchstaben so verschlüsseln wollen, dass jeder Buchstabe durch seine alphabetisch zyklischen Nachfolger ersetzt wird, können wir das für einzelne Zeichen so machen:

```
val encode: Char => Char =
   (letter) => 'A' + (letter - 'A' + 1) % 26 toChar
```

Entschlüsseln können wir das Zeichen dann mit einer eigenen Funktion:

```
val decode: Char => Char =
   (letter) => 'A' + (letter - 'A' - 1) % 26 toChar
```

Wir können uns das Leben hier mit der partiellen Anwendung der folgenden Funktion erleichtern:[6]

```
val code: (Int, Char) => Char =
   (offset, letter) => 'A'+(26 + letter - 'A' + offset) % 26 toChar
```

Zur Übung führen wir die partielle Anwendung auf die beiden verschiedenen bekannten Arten durch:

```
val encode = code(1, _: Char)
val decode = code curried -1
```

Solche Funktionen vom Typ `Char => Char` verwenden wir jetzt, um ganze Texte zu ver- und zu entschlüsseln. Texte haben den Datentyp `String`, Scala bietet aber auch den Typen `WrappedString` an, der nützliche Methoden (siehe Kapitel 26) enthält, die es in `String` nicht gibt. Ferner gibt es einen impliziten Cast von `String` zu `WrappedString`, so dass wir die Methoden aus `WrappedString` auch für jedes Objekt vom Typ `String` nutzen können.[7] Hier benötigen wir aus `WrappedString` nur die Methode `map`, deren Funktionalität uns grundsätzlich aus Abschnitt 7.2 bekannt ist. In der Klasse `WrappedString` müssen wir eine Funktion vom Typ `Char=>Char` zur Zeichenersetzung übergeben, die dann auf jedes Zeichen des Textes angewendet wird. Das Ergebnis ist der Text, der sich durch

---

[6] Vor der Division mit Rest wird `26` addiert, um auch für negative Offsets wieder positive Zahlen und somit Buchstaben zu erhalten.

[7] „Angereicherte" Datentypen wie `WrappedString` und implizite Casts werden noch in Kapitel 26 besprochen.

die Zeichenersetzung ergibt. Im folgenden Beispiel wird jedes Zeichen des Textes `"Hello Scala"` auf den Buchstaben `'x'` abgebildet.

```
scala> val c = "Hello Scala" map (c => 'x')
c: String = xxxxxxxxxxx
```

Wir wollen jetzt unsere Kodierungsfunktionen für die Tranformation verwenden:

```
val transformer: (Char => Char, String) => String =
  (code, s) => s map code
```

Die Funktion `transformer` hat eine Funktion als Parameter und ist daher eine Funktion höherer Ordnung. Ihr zweiter Parameter ist der zu transformierende Text. In dieser Methode wird für jedes Zeichen die Methode `code` aufgerufen. Wir können jetzt die Verschlüsselung durchführen:

```
transformer(encode, "SCALA")
```

Das Ergebnis ist `"TDBMB"`, ein Text, den wir auch gleich wieder entschlüsseln können:

```
transformer(decode, "TDBMB")
```

Die jeweils ersten Parameter, die wir `transformer` übergeben, sind in diesem Beispiel Spezialisierungen der Funktion `code`. Grundsätzlich sind aber beliebige Funktionen vom Typ `Char=>Char` möglich. Wir wollen jetzt nicht mehr für jede Verschlüsselung eines Textes die Funktion zur Verschlüsselung der Zeichen übergeben, sondern mit einer Methode vom Typ `String=>String` arbeiten. Die partielle Anwendung hilft hier weiter:

```
val encodeString = transformer(encode, _: String)
```

Wir binden den ersten Parameter an die Funktion zur zeichenweisen Verschlüsselung, der zweite Parameter bleibt frei. Wir erhalten eine Funktion vom Typ `String=>String`.

Alte Java-Hasen wollen die Funktionen `encode` hier vielleicht wie gewohnt überladen –

```
val encode = transformer(encode, _: String)
```

– und wundern sich, dass der Scala-Compiler das anders sieht:

```
<console>:9: error: recursive value encode needs type
       val encode = transformer(encode, _:String)
```

Bei `encode` haben wir es mit einer Konstanten zu tun; Konstante kennen keine Signatur und somit keine Überladung. Der Compiler klassifiziert die Definition als rekursive Neudefinition der Konstante `encode` und schlägt Alarm, weil dann der Typ des Rückgabewertes spezifiziert werden muss.

Die Funktion `encodeString`, die wir von der Funktion höherer Ordnung `transformer` als Ergebnis bekommen haben, bietet keine Überraschungen. Der Aufruf

```
scala> encodeString("SCALA")
```

liefert den Wert `"TDBMB"`.

Die Unterschiede zwischen Methoden und Funktionen sind nur gering. Auch Methoden können Parameter haben, deren Typen Funktionen sind. Die Bezeichnung „Methoden höherer Ordnung" ist aber eher unüblich, man spricht auch hier von Funktionen höherer Ordnung. Der unspezifischere Terminus „Funktional", den man ja für Funktionen und Methoden verwenden könnte, hat sich in der funktionalen Programmierung nicht durchgesetzt.

Alles klar?

- Funktionen sind Objekte mit eigenen Methoden.

- Funktionen können anonym definiert werden.

- Funktionen werden wie andere Daten behandelt.

- Es gibt keine generischen Funktionen.

- Funktionen und Methoden können mit Hilfe von Mustererkennung *oder* des Curry-Prinzips partiell ausgeführt werden.

12.6   Aufgaben

1. Übertragen Sie die Methode aus der 2. Aufgabe des vorherigen Kapitels in ihre Curry-Form.

2. Implementieren Sie das „Square-and-Multiply"-Verfahren als Funktion. Wählen Sie dazu einmal den Umweg über die Methode aus Aufgabe 2 des vorherigen Kapitels und einmal die anonyme Definition der Funktion.

3. Schreiben Sie eine Funktion, die zu einer Zahl ihre vierte Potenz ermittelt, indem Sie die Funktionen aus Aufgabe 2 partiell anwenden. Führen Sie die partielle Anwendung einmal mit Hilfe der Mustererkennung und einmal mit dem Curry-Prinzip durch.

4. Im Aufgabenteil von Kapitel 5 haben Sie die Keplersche Fassregel

$$A \sim \frac{b-a}{6}\left(f(a) + 4f\left(\frac{a+b}{2}\right) + f(b)\right)$$

als Näherungsformel für das Integral einer Funktion f in den Grenzen a und b kennengelernt. Implementieren Sie eine Funktion, die mit Hilfe der Formel das Integral von $f(x) = x^2$ in beliebigen Grenzen a und b ermittelt.

5. Ändern Sie die Funktion so, dass man ihr den Integranden, also die zu integrierende Funktion, als Argument vom Typ `Double=>Double` übergeben kann.

6. Wie bereits im Aufgabenteil zu Kapitel 5 sollen Sie auch hier die Funktion so verallgemeinern, dass Sie ihr neben den Integrationsgrenzen und dem Integranden auch die Näherungsformel übergeben. Testen Sie Ihr Ergebnis mit der Keplerschen Fassregel und der Sehnen-Trapezregel

$$A \sim (b-a)\frac{f(a) + f(b)}{2}$$

7. Ändern Sie Ihre Funktion jetzt so, dass ihr die zu integrierende Funktion und die Näherungsformel übergeben werden. Das Ergebnis soll eine Funktion vom Typ `Double=>Double` sein, die eine Stammfunktion des Integranden ist.[8]

---

[8] Der Begriff „Stammfunktion" wird im Aufgabenteil zu Kapitel 5 erklärt.

Kapitel 13

Tupel

Gelegentlich benötigen wir, etwa für Personen oder Adressen, ganz einfache Datenstrukturen, die nur aus einigen Attributen bestehen. Bis auf den Zugriff auf Attribute wie etwa die Postleitzahl bedarf es keiner spezifischen Methoden. Der Aufwand, hier eigene Typen zu definieren, erscheint oft nicht angemessen. Mit Hilfe von Tupeln können wir mehrere heterogene Objekte leicht zu einem einzigen Objekt gruppieren.

In der Anweisung

```
val s = "Hello Scala"
val idx = s indexOf ' '
```

prüft die Methode `indexOf` aus der Klasse `String`, ob das Zeichen `' '` im Text enthalten ist. Ist dies nicht der Fall, wird -1 und sonst die Position des Zeichens zurückgegeben. In unserem Fall ist das Ergebnis also 5. Den Textteil, der durch den Anfang und das erste Leerzeichen begrenzt ist, erhalten wir durch den Aufruf einer weiteren Methode:

```
s substring(0, idx)
```

Wenn der Text ein Leerzeichen enthält, wollen wir das erste Wort als Ergebnis haben. Grundsätzlich ist das auch mit einer Methode möglich, wenn wir etwa das Fehlen eines Leerzeichens durch den Rückgabewert `null` anzeigen. Besser sind aber die beiden Informationen – Existenz und erstes Wort – als Rückgabewert. Mit Hilfe von Tupeln können wir in Scala folgendermaßen vorgehen:

```
def firstWord(s: String)= {
  val index = s indexOf ' '
  if(index==(-1))  (false, null)
  else (true, s substring(0, index))
}
```

Das Ergebnis dieser Methode besteht aus einem Booleschen Wert und einem Text. In diesem Abschnitt geht es um den Rückgabetyp von Methoden wie `firstWord`. Dabei diskutieren wir zunächst einige Eigenschaften von Tupeln und kehren dann zur Methode `firstWord` zurück.

13.1   Eigenschaften von Tupeln

Wir können einer Konstanten ein Paar ganzer Zahlen zuweisen:

```
val t = (47, 11)
```

Auf den ersten Blick sieht dieses Paar wie eine zweielementige Liste aus. Listen enthalten aber immer Daten des gleichen Typs. Das ist bei der Bildung von Paaren nicht nötig, hier können die Typen der Paarkomponenten auch verschieden sein:

```
val mickey = ("Mickey", 1928)
```

Den Typ von `mickey` liefert uns die Rückmeldung der Scala-Shell:

```
mickey: (java.lang.String, Int) = (Mickey, 1928)
```

Was die Typableitung für einfache Objekte kann, kann sie auch für die Komponenten eines Paares. Jetzt wird auch die Definition der Methode `firstWord` klarer: Der Rückgabetyp ist ein Paar, das einen Booleschen Wert und einen Text enthält. Der Boolesche Wert ist genau dann `true`, wenn das Argument s, mit dem wir `firstWord` aufgerufen haben, ein Leerzeichen enthält; die zweite Komponente des Ergebnisses enthält das erste Wort aus s. Dementsprechend liefert

- ◼ `firstWord("Hello")` das Paar `(false, null)` und
- ◼ `firstWord("Hello Scala")` das Paar `(true, "Hello")`.

Der Typ der Methode ist `(String)(Boolean, String)`. Methoden wie `firstWord` können wir in *Java* nur realisieren, wenn wir neue Typen definieren. Die vorgestellte Lösung in Scala ist schon gut, in Kapitel 17 sehen wir aber auch ihre Nachteile und lernen eine sauberere Lösung kennen.

Die listenähnliche Schreibweise des Konstruktors für Paare ist eine *Abkürzung* für den Konstruktor des generischen Typs `Tuple2[T1, T2]`. Wir können Paare also auch wie folgt definieren:

```
scala> val mickey = new Tuple2[String, Int] ("Mickey", 1928)
mickey: (String, Int) = (Mickey,1928)
```

Tupel von Tupeln sind also ebenso möglich wie Tupel von anderen Objekten.

Wenn wir mehrere Tupel mit den gleichen Typargumenten definieren, bietet sich die Definition eines eigenen Typen an:

```
type Person = Tuple2[String, Int]
val mickey: Person = ("Mickey", 1928)
```

Dieses Synonym ist in seiner Schreibweise kompakter und kann auch für Parameter von Methoden verwendet werden.

Tupel sind die Verallgemeinerung von Paaren, sie können nicht nur zwei, sondern beliebig viele Komponenten enthalten. In der Informatik und der Mathematik treten Tupel oft auf: So sind Vektoren beispielsweise Zahlentupel, Datensätze einer Tabelle sind Tupel einer Relation. Auch in der funktionalen Programmierung ist die Tupelbildung eine elementare Operation, die uns in den folgenden Kapiteln noch häufiger begegnen wird.

In Tupeln können beliebig viele[1] Elemente aus beliebigen Datentypen gemischt werden. Man kann etwa den Vornamen, den Nachnamen, die Postleitzahl und den Ort von Personen in einem Tupel ablegen, ohne einen neuen Typ zu definieren:

```scala
val mickey = ("Mickey", "Mouse", 12345, "Duckburg")
```

Die Konstante `mickey` ist ein 4-Tupel vom Typ `(String, String, Int, String)`. Für einfache Tupel hat die deutsche Sprache eingängige Namen: 2-Tupel heißen Paare, 3-Tupel heißen Tripel. Dementsprechend stellt der Typ `Predef` (siehe Abschnitt 9.4) auch die beiden Typen `Pair` und `Triple` zur Verfügung:

```scala
scala> val mickey: Pair[String, Int] = ("Mickey", 1928)
mickey: (String, Int) = (Mickey, 1928)
```

13.2   Die Tupel-Klassen

Die Werte der einzelnen Komponenten eines Tupels erhalten wir über Methoden, die **Selektoren** genannt werden.

```scala
scala> mickey._1
res0: String = Mickey
```

Für jede der n Komponenten eines n-Tupels gibt es einen passenden Selektor. Die Nummerierung fängt bei 1 an. Für das Tupel `mickey` haben wir also die Selektoren `_1()` und `_2()`.

Mit der Methode `productElement` können wir diese so genannte Projektion auch alternativ durchführen und den Index als Argument übergeben. Die Zählung beginnt hier allerdings bei 0. Der Text `"Mickey"`, den uns der Selektor `_1` liefert, ist auch das Ergebnis von

```scala
mickey productElement 0
```

Da Tupel unveränderbar sind, müssen wir jedes Mal ein neues Objekt erzeugen, wenn wir etwa die Postleitzahl in der Konstanten `mickey` ersetzen wollen:

```scala
val person = (mickey._1, mickey._2, 4711, mickey._4)
```

Mit den Selektoren `mickey._1`, `mickey._2` und `mickey._4` werden dem Konstruktor der Klasse `Tuple4` die Komponenten Vorname, Nachname und Ort aus dem Objekt `mickey` übergeben. Die neue Postleitzahl wird an der richtigen Position eingesetzt.

---

[1] Die Spezifikation von Scala sieht keine obere Grenze für die Anzahl der Komponenten vor. Die API unterstützt in ihrer derzeitigen Fassung aber nur Tupeltypen mit bis zu 22 Komponenten.

Es gibt noch ein paar nützliche Hilfsmethoden für Tupel. Der Ausdruck

```
mickey productArity
```

liefert 4, die Anzahl der Komponenten des Tupels. Für den Spezialfall der Paare gibt es noch die praktische Methode swap zum Vertauschen der beiden Komponenten:

```
scala> mickey.swap
res1: (Int, java.lang.String) = (1928, Mickey)
```

13.3   Mustererkennung für Tupel

Mustererkennung ist ein mächtiges Feature funktionaler Sprachen, die von ML (siehe Abschnitt 2.2) beeinflusst wurden. Wir werden die Mustererkennung in Kapitel 16 genauer kennenlernen, sammeln hier aber schon einige Eindrücke. Mit Hilfe von Selektoren können wir die Konstanten name und year mit den Werten der ersten und der zweiten Komponente des Tupels mickey initialisieren:

```
val name=mickey._1
val year=mickey._2
```

Diese zwei Definitionen können aber auch zu einer einzigen *zusammengefasst* werden. In der Scala-Shell sieht das so aus:

```
scala> val (name, year) = mickey
name: java.lang.String = Mickey
year: Int = 1928
```

Auf der linken Seite des Gleichheitszeichens definieren wir kein neues Tupel, sondern ein *Muster*. Bei der Mustererkennung wird geprüft, ob die rechte Seite diesem Muster entspricht. Da die Muster hier nur einfache Namen sind, genügen sie jedem Wert. Daher werden den beiden Werten name und year des Musters die korrespondierenden Komponenten des Paares auf der rechten Seite zugewiesen.

Mit Hilfe von Tupeln können also nicht nur Methoden mehrere Werte zurückgeben, sondern es können auch mehrere Definitionen in einer Anweisung durchgeführt werden.

Das Muster '_' entspricht jedem Wert. Wir können aber auch andere Muster einsetzen: In der folgenden Anweisung wird dem Wert year nur dann die zweite Komponente von mickey zugewiesen, wenn der in der ersten Komponente von mickey gespeicherte Text "Mickey" ist.

```
scala> val ("Mickey", year) = mickey
year: Int = 1928
```

Wenn keine Entsprechung vorliegt, wird eine Exception geworfen:

```
scala> val ("Minnie", year) = mickey
scala.MatchError: (Mickey, 1928)
...
```

Das wichtigste Muster ist der Platzhalter '_', ihm entspricht jeder Wert. Insbesondere wird bei diesem Muster keine Zuweisung durchgeführt. So initialisiert der Ausdruck

```
val (firstName, lastName, _, _) = mickey
```

die Konstanten `firstName` und `lastName` mit den Texten `Mickey` und `Mouse`, die letzten beiden Komponenten des Tupels werden ignoriert.

Wenn wir also wissen, dass ein Text auch Leerzeichen enthält, können wir die Methode `firstWord` auch so nutzen:

```
val (true, word) = firstWord("Hello World")
```

Mit Hilfe der Mustererkennung können Methoden, die Tupel zum Ergebnis haben, auch so genutzt werden, als ob sie mehrere Rückgabewerte hätten.

Die Welt geht ohne Mustererkennung nicht unter, wir können aber elegante und kompakte Ausdrücke formulieren, wenn wir mit Mustern arbeiten. Diese sehr einfachen Beispiele für Mustererkennung sollen einen kleinen Ausblick auf die Spracheigenschaften geben, die uns in Kapitel 16 erwarten.

Alles klar?

- ▪ Tupel bestehen aus mehreren Komponenten; jede Komponente kann einen beliebigen Typ haben.

- ▪ Zu jedem Tupel gibt es eine der Klassen `Tuple1 Tuple2, ..., Tuple22`.

- ▪ Auf jede Komponente kann mit Hilfe eines Selektors zugegriffen werden.

- ▪ Methoden können mehrere Werte als Ergebnis haben, wenn sie Tupel zurückgeben.

- ▪ Mit Hilfe von Mustererkennung lassen sich Zuweisungen bequem in einer Anweisung durchführen.

13.4   Aufgaben

In den Aufgaben benutzen wir Tupel, um die Felder eines 8x8-Schachbretts und die Züge von Figuren auf einem Schachbrett zu repräsentieren.

1. Schreiben Sie eine Methode, die ein Paar ganzer Zahlen als einzigen Parameter und einen Booleschen Wert als Ergebnis hat. Ihre Methode prüft, ob der Parameter das Feld eines Schachbretts repräsentiert. Wenn eine der beiden Komponenten des Paares negativ oder zu groß ist, dann repräsentiert das Paar kein Feld.

2. Schreiben Sie eine Methode, die zwei Paare ganzer Zahlen als Parameter und einen Booleschen Wert als Ergebnis hat. Der erste Parameter soll ein Feld repräsentieren, der zweite den *Zug* einer Figur, die auf diesem Feld steht: Die erste Komponente gibt die Anzahl der Felder in horizontaler Richtung, die zweite die Anzahl der Felder in vertikaler Richtung an, die gezogen werden. Ihre Methode prüft, ob die Figur sich nach dem Zug noch in den Grenzen des Spielfeldes befindet.

3. Schreiben Sie eine weitere Methode, die zwei Paare ganzer Zahlen als Parameter und einen Booleschen Wert als Ergebnis hat. Jeder Parameter repräsentiert eine Dame auf einem Schachbrett. Die Methode soll prüfen, ob sich die beiden Damen bedrohen.

Kapitel 14

Klassen und Vererbung in Scala

14.1 Klassendefinitionen in Scala

Wie im Rest der objektorientierten Welt bietet uns auch die Multiparadigmensprache Scala Klassen, Objekte, Methoden, Attribute und Konstruktoren. Da die Konzepte ganz ähnlich wie in Java oder anderen objektorientierten Sprachen sind, lernen wir schnell, eigene Klassen zu schreiben. Scala bietet eine hohe Bandbreite von Varianten zur Definition von Klassen an; wir eignen uns zunächst nur das an, was wir zum funktionalen Programmieren benötigen.

Wir lernen in diesem Kapitel die Grundlagen kennen, die wir in Kapitel 17 und Kapitel 22 vertiefen und ausbauen werden.

14.1.1 Ein alter Bekannter zum Einstieg

Unsere erste, ganz einfache Klasse definiert Eigenschaften eines Hundes:

```
class Dog {
  val name = "Bello"
  val size = 42
}
```

Da die beiden Attribute `name` und `age` der Klasse `Dog` unveränderbar sind, werden sie gleich initialisiert. Erst in Kapitel 22 verwenden wir veränderbare Attribute.

Java-Klassen können wir um eine `main`-Methode ergänzen, die ausgeführt wird, sobald die Klasse der JVM übergeben wird. In Abschnitt 8.4 haben wir bereits gesehen, dass das in Scala so nicht geht: Wir müssen mit dem Schlüsselwort `object` einen neuen Typen definieren, der dann die `main`-Methode enthält, in der wir die Klasse `Dog` ausprobieren.[1]

```
object DogTester {
  def main(args: Array[String]): Unit = {
    val  dog = new Dog
```

---

[1] Was es mit `object` auf sich hat, erfahren wir in Kapitel 15.

```
        println(dog.size)
    }
}
```

Es wird wie erwartet 42 ausgegeben. Da wir noch nichts über die Sichtbarkeit unserer Attribute wissen, ist es nicht selbstverständlich, dass der Code übersetzt wird. Tatsächlich ist Öffentlichkeit in Scala-Klassen der Standard. Wir können also auf alle Typen, Attribute und Methoden zugreifen, die nicht als `private` oder `protected` markiert sind. Das Schlüsselwort `public` gibt es nicht. Auf den ersten Blick sieht dies wie ein Defizit im Design von Scala aus, in Kapitel 25 sehen wir aber, dass uns Scala ein viel mächtigeres Sichtbarkeitskonzept bietet als Sprachen wie Java oder C#. Da unsere Attribute unveränderbar sind, ist ihre Öffentlichkeit unkritisch: inkonsistente Zustände kann es nach der erfolgreichen Initialisierung nicht mehr geben. Die Klasse Dog selbst ist – wie alles andere auch – öffentlich, wir müssen sie aber nicht in einer Datei definieren, die den gleichen Namen wie die Klasse hat. Das ist ein weiterer Unterschied zu Java.

14.1.2 Konstruktoren

Da wir Objekte vom Typ Dog in der Form

```
        val dog = new Dog
```

erzeugen können, stellt uns der Compiler offensichtlich einen parameterfreien Konstruktor zur Verfügung. Der Konstruktor ist etwas langweilig, weil er nur Hunde erzeugen kann, die Bello heißen und 42 groß sind, was auch immer die Einheit der Größe sein mag.

In der folgenden Definition der Klasse Dog vereinbaren wir unseren eigenen Standardkonstruktor[2], mit dem wir Hunde erzeugen können, deren Name und Größe frei wählbar sind:

Listing 14.1: Scala-Klasse mit selbstdefiniertem Standardkonstruktor

```
class Dog(n: String, s: Int) {
   val name = n
   val size = s
}
```

Diese Implementierung der Klasse ist aus zweierlei Gründen interessant:

1. Die Parameterliste des Konstruktors gehört zur Klassendefinition.

2. Der Konstruktorrumpf wird auf der gleichen Ebene definiert wie die Attribute der Klasse; es gibt hier keinen Konstruktor, der wie eine Methode aussieht. Die Initialisierung der Attribute in Listing 14.1 gehört also zum Konstruktor.

Im Konstruktor aus Listing 14.1 können wir auch keine lokalen Konstanten (oder Variablen) definieren. Sollte das nötig sein, müssen wir sie in einer privaten Methode vereinbaren, die

---

[2] Standardkonstruktoren, wie wir sie aus Java kennen, gibt es in Scala nicht. In der Literatur für Scala wird der Standardkonstruktor meistens als „Primärkonstruktor" bezeichnet. Auch wenn der Begriff „Standardkonstruktor" in Java eine andere Bedeutung als der Begriff „Primärkonstruktor" in Scala hat, wird er hier durchweg verwendet.

dann vom Konstruktor aufgerufen wird. Unser Konstruktor ist jetzt der neue Standardkonstruktor, den parameterfreien Konstruktor gibt es nicht mehr. Wir können ihn aber wiederbeleben:

```scala
class Dog(n: String, s: Int){
  val name = n
  val size = s

  def this() = {
    this("Bello", 42)
    println("in custom constructor")
  }
  println("in default constructor")
}
```

Wenn der Standardkonstruktor nicht reicht, können wir also mit `this` weitere Konstruktoren hinzufügen. Wir schauen einmal, was ausgegeben wird, wenn wir ihn ausprobieren:

```scala
new Dog
```

Die Ausgabe lautet:

```
in default constructor
in custom constructor
```

Sobald der parameterfreie Konstruktor ausgeführt wird, ruft er den Standardkonstruktor auf. Dort werden die Attribute `name` und `size` mit `Bello` und `42` initialisiert. Anschließend wird der Text `"in default constructor"` ausgegeben. Die `println`-Anweisung steht zwar erst am Ende der Klassendefinition, befindet sich aber auf der gleichen Ebene wie die Definition der Attribute und gehört somit zum Standard-Konstruktor. Nach Beendigung des Standard-Konstruktors führt der neue parameterfreie Konstruktor seine Ausgabe durch.

In Java beginnt *jeder Konstruktor*[3] mit dem Aufruf eines Konstruktors seiner Basisklasse. Das ist in Scala anders:

- Nur der Standardkonstruktor fängt mit einem Aufruf eines Konstruktors seiner Basisklasse an.

- Alle anderen Konstruktoren rufen als Erstes einen Konstruktor ihrer eigenen Klasse auf.

Die Parameter des Standardkonstruktors sind in der ganzen Klasse sichtbar. Die folgende einfache Methode ist also korrekt:

```scala
def bark = println(n+" says woof")
```

Da das Attribut `name` mit dem Parameter `n` initialisiert wird, können wir auch

```scala
def bark = println(name+" says woof")
```

schreiben.

---

[3] Der Konstruktor von `Object` mag da in Java eine Ausnahme sein.

Wenn wir `Dog`-Objekte *außerhalb* der Klasse `dog` benutzen, können wir zwar auf alle Attribute, nicht aber auf die Parameter des Konstruktors zugreifen. Der Compiler übersetzt die Anweisung

```
new Dog("Bello", 42).s
```

daher nicht.

Standardkonstruktoren waren bisher immer öffentlich sichtbar; gelegentlich wollen wir aber auch mit privatem Standardkonstruktor oder öffentlichen „Sekundärkonstruktoren" arbeiten:

```
class Dog private (n: String, s: Int) {
  val name = n
  val size = s

  def this() = this("Bello", 42)
}
```

Mehr zum Thema Sichtbarkeit lernen wir in Kapitel 25.

14.1.3   Attribute und parameterfreie Methoden

In Abschnitt 9.1 haben wir parameterfreie Methoden wie `one` ohne ihre (leere) Parameterliste aufgerufen. Wenn wir also einen Hund erzeugen und gleich bellen lassen wollen, können wir das so machen:

```
new Dog("Bello", 42).bark
```

Als *Anwender* der Klasse `Dog` wissen wir nicht, ob `bark` eine Methode oder ein Attribut ist. Scala hält sich also an das Prinzip des einheitlichen Zugriffs (siehe Kasten „Das Prinzip des einheitlichen Zugriffs" auf Seite 153). Getter-Methoden wie in Java brauchen wir nicht mehr; die Informationen werden ja von den Attributen frei Haus geliefert.

Wir müssen uns allerdings im Einzelfall Gedanken darüber machen, ob wir eine Methode mit leerer Parameterliste oder ganz ohne Parameterliste vereinbaren: Wird eine Methode mit leerer Liste vereinbart, *muss* sie auch mit leerer Liste aufgerufen werden. Bei Methoden wie `bark` ist die Definition

```
def bark() = println(name+" says woof")
```

angemessener: der Anwender weiß, dass nicht nur auf ein Attribut zugegriffen wird, sondern dass er es mit einer Methode zu tun hat. In Scala gibt es auch die praktische Konvention, parameterfreie Methoden mit Nebenwirkungen in ihrer Definition mit einer leeren Parameterliste zu versehen.

Oft müssen wir ein Attribut anpassen, bevor es der Anwender erhält. Das einfache „Durchreichen" von Attributen reicht vielfach nicht. So könnte die Größe eines Hundes etwa in Zentimetern gespeichert sein, obwohl eine Angabe in Zoll gebraucht wird. Das ist kein Problem. Wir ersetzen das Attribut `size` einfach durch die Methode `size`:

```
def size = Math.round(s/2.54) intValue
```

Der Anwender bekommt davon nichts mit: Für ihn ist es transparent, ob `size` ein Attribut oder eine Methode ist. Kniffeliger wird die Realisierung des Prinzips des einheitlichen Zugriffs für veränderbare Attribute (siehe Kapitel 22).

> ### Das Prinzip des einheitlichen Zugriffs
>
> Der französische Informatiker Bertrand Meyer ist einer der Gurus und Wegbereiter der objektorientierten Programmierung. In seinem Standardwerk „Object-Oriented Software Construction" [Mey00] beschreibt er detailliert Methoden und Techniken der objektorientierten Entwicklung. Objekte stellen nach Meyer *Dienste* zur Verfügung: Dabei sind nicht nur die Methoden, sondern auch die Attribute Dienste, die das Objekt anbietet. Das Prinzip des einheitlichen Zugriffs (dt. für *uniform access principle*) fordert, dass jedes Objekt seine Dienste mit einer einheitlichen Syntax anbietet. Die Syntax muss also für den Zugriff auf ein Attribut die gleiche sein wie für den Aufruf einer Methode.
>
> Java genügt diesem Prinzip nicht: Methoden erfordern *immer* Parameterlisten, für Attribute sind sie dagegen unzulässig.

14.1.4 Mehrere Fliegen mit einer Klappe schlagen

Erfahrene Java-Programmierer ärgern sich vielleicht darüber, dass sie sich in der Klasse `Dog`, wie sie etwa in Listing 14.1 definiert ist, für die Parameter des Konstruktors andere Namen als für die zugehörigen Attribute ausdenken müssen. Dazu besteht kein Grund. Die folgende Variante der Klasse `Dog` ist viel kompakter als alles, was Java uns in dieser Hinsicht zu bieten hat:

```scala
class Dog(val name: String, val size: Int){
  def this() = this("Bello", 42)
  def bark = println(name+" says woof")
}
```

Jeder Parameter, den wir in der Parameterliste des Konstruktors mit `val` markieren, ist zugleich unveränderbares Attribut der Klasse. Die *explizite* Initialisierung der Attribute wie in Listing 14.1 entfällt also.

Der Anwender kann dem Konstruktor jetzt aber Argumente übergeben, mit denen die Attribute `name` oder `size` inkonsistent initialisiert werden. Dieses Problem schaffen wir mit Vorbedingungen aus der Welt, die wir mittels der Funktion `require` aus `Predef` formulieren (siehe auch Abschnitt 9.4):

```scala
class Dog(val name: String, val size: Int) {
  require(name!=null && size>0)
  def this() = this("Bello", 42)
  def bark() = println(name+" says woof")
}
```

Es wird eine `IllegalArgumentException` geworfen, sobald wir versuchen, Objekte zu erzeugen, die gegen Bedingungen verstoßen, die wir selbst mit `require` definiert haben.

14.1.5   Was bedeutet „rechtsassoziativ"?

In Ausdrücken wie a-b wird die Methode – auf das Objekt a angewendet; das Argument ist hier b. Operatoren die, wie –, in dieser Reihenfolge angewendet werden, bezeichnet man als **linksassoziativ**. Es gibt Situationen, in denen man sich eine andere Reihenfolge wünscht.[4] In Scala sind Methoden, die auf einem Doppelpunkt enden, **rechtsassoziativ**. Wenn wir also unsere Klasse Dog um die folgende Methode erweitern

```
def +:(v: Int) = new Dog(name, size+v)
```

dann übersetzt der Scala-Compiler auch das Code-Fragment

```
val d: Dog = 3 +: new Dog
println(d size)
```

Bei der Ausführung wird dann 45 ausgegeben. Die Möglichkeiten, Namen für linksassoziative Methoden zu vergeben, sind aber begrenzt, da der Doppelpunkt, der ja zur Angabe von Typen verwendet wird, eine höhere Priorität als etwa Buchstaben hat. Die folgende Definition wird also nicht übersetzt:

```
def add: (v: Int) = new Dog(name, size+v)
```

Die rechte Seite des Doppelpunktes (v:Int) wird als Typ der Methode add interpretiert.

14.2   Vererbung

Die Vererbung ist eines der wesentlichen Prinzipien der objektorientierten Programmierung. In vielerlei Hinsicht wird in Scala mit der Vererbung genauso verfahren wie in Java. So hat in Scala jede Klasse, bis auf die Klasse Any, genau eine Basisklasse. Insbesondere kann eine Klasse nicht mehr als eine Basisklasse haben. Einige Konzepte wie das Überschreiben von Methoden, die Konstruktorverkettung oder die Polymorphie wurden in Scala jedoch anders als in Java realisiert. Für Traits, ein weiteres Instrument zur Typdefinition, wird die Mehrfachvererbung dagegen unterstützt (siehe Kapitel 23).

14.2.1   Methoden überschreiben

Wir schauen uns an, was passiert, wenn wir in unserer Klasse Dog eine Methode ihrer Basisklasse Any so überschreiben, wie wir es aus Java gewohnt sind :

```
class Dog(val name: String, val size: Int) {
  require(name!=null && size>0)
  def toString: String =
    "Dog's name: "+name+" size: "+size
}
```

Der Compiler übersetzt nicht und meldet

---

[4] Das ist etwa bei der Listenverarbeitung der Fall. Siehe dazu Kapitel 18.

```
error overriding method toString in class Any
of type ()java.lang.String;
method toString needs 'override' modifier
```

Die Methode muss also noch mit dem Schlüsselwort `override` versehen werden:

```
override def toString: String =
  "Dog's name: "+name+" size: "+size
```

Ein einfacher Test dieser Methode

```
val dog = new Dog("Bello", 42)
println(dog)
```

liefert das erwartete Ergebnis

```
Dogs name: Bello size: 42
```

Wenn wir also eine Methode überschreiben wollen, dann *müssen* wir sie mit `override` markieren.[5] Durch diese Pflicht zur Markierung wird vermieden, dass wir Methoden *versehentlich* überschreiben. Das folgende Beispiel zeigt uns, dass wir damit vor weiteren eigenen Fehlern geschützt werden können.

Die Klasse `Any` enthält die Methode `equals`, um zu prüfen, ob zwei Objekte gleich sind. Wir haben bereits gesehen, dass `equals` implizit jedes Mal aufgerufen wird, wenn der ==-Operator verwendet wird (siehe Abschnitt 10.3). Die werksseitige Implementierung in `Any` erklärt zwei Werte oder Variable genau dann für gleich, wenn sie dasselbe Objekt referenzieren. Wir passen `equals` an unsere Klasse `Dog` an und verwenden dazu vorschriftsmäßig das Schlüsselwort `override`:

```
override def equals(other: Dog): Boolean =
  other.size==size && other.name==name
```

Diesmal verweigert der Compiler die Übersetzung mit der Meldung

```
method equals overrides nothing
```

Die Methode, die wir überschrieben haben, gibt es in der Klasse `Any` also gar nicht. Ein Blick in die Dokumentation zeigt uns, dass die Signatur von `Any.equals` etwas anders aussieht:

```
override def equals(other: Any): Boolean
```

Korrekt überschreiben wir `equals` daher so:

```
override def equals(other: Any) =
  if(!other.isInstanceOf[Dog]) false
  else{
    val dog = other.asInstanceOf[Dog]
    dog.size==size && dog.name==name
  }
```

---

[5] In Java ist der Einsatz der Annotation `override` dagegen eine freiwillige Veranstaltung.

Wir prüfen zunächst, ob der Parameter der Methode überhaupt den richtigen Typ hat. Wenn dies nicht der Fall ist, sind die Objekte auch nicht gleich, und wir geben `false` zurück. In Kapitel 16 lernen wir Mustererkennung als Alternative zum Einsatz der Methoden `isInstanceOf` und `asInstanceOf` kennen.

Ansonsten passen wir den Typ des Parameters auf `Dog` an, bevor wir die Attribute miteinander vergleichen. Wir erklären Objekte genau dann für gleich, wenn ihre Attribute übereinstimmen. Einige Tests der `equals`-Methode liefern die erwarteten Ergebnisse `false`, `true` und `false`:

```
val d1 = new Dog("Bello", 42)
println(d1=="Just a String")
val d2 = new Dog("Bello", 42)
println(d1==d2)
val d3 = new Dog("Bello", 4711)
println(d1==d3)
```

Beim Überschreiben von `equals` können wir folgenschwere Fehler begehen; in [Ode08] und vielen anderen Stellen finden sich Regeln, um diese wichtige Methode richtig zu überschreiben.

14.2.2 Konstruktorverkettung

Wir definieren eine neue Klasse:

```
class Animal (val size: Int){
  def eat = println("Animal eats")
}
```

`Animal` hat das Attribut `size`, das wir in der Parameterliste des Konstruktors definiert haben (siehe Abschnitt 14.1.4). Bisher war `Any` die Basisklasse von `Dog`; um einige Besonderheiten der Vererbung in Scala kennenzulernen, machen wir `Animal` zur neuen Basisklasse.

```
class Dog (val name: String, size: Int) extends Animal(size){
  override def eat = println("Dog eats")
  def bark = println(name+" says woof")
}
```

Der Typ `Dog` erbt alle Attribute und Methoden von `Animal`. Der Standardkonstruktor von `Dog` hat die Parameter `name` und `size`. Dabei ist der Parameter

- `name` mit dem Schlüsselwort `val` versehen, was ihn zum Attribut der Klasse `Dog` macht;

- `size` nicht mit `val` markiert. Dazu besteht keine Notwendigkeit, da `size` bereits Attribut in der Basisklasse `Animal` und somit auch in `Dog` ist.

Wir sehen auch, dass wir nicht nur die Basisklasse `Animal` benennen, sondern gleichzeitig einen *Konstruktor* angeben, der zur Konstruktorverkettung verwendet wird. Im vorliegenden Fall ist das nicht schwer, da es in der Klasse `Animal` nur einen Konstruktor gibt. Bevor also das Attribut `name` im Konstruktor `Dog(String, Int)` initialisiert wird, initialisiert der Konstruktor `Animal(Int)` erst mal das Attribut `size`.

14.2.3 Polymorphie

Wie in Java verhalten sich auch in Scala alle Methoden polymorph. Wenn wir also die Konstante a wie folgt definieren

```
val a: Animal = new Dog("Bello", 42)
```

dann hat a den Typ Animal, obwohl a ein Objekt vom Typ Dog zugewiesen wird. Wenn wir die Methode eat so aufrufen

```
a.eat
```

stellt sich grundsätzlich die Frage, ob die Methode eat aus Animal oder die aus Dog aufgerufen wird. Polymorphie bedeutet, dass die *rechte* Seite der Definition von a darüber entscheidet. Da die rechte Seite new Dog("Bello", 42) ist, wird die Methode eat der Klasse Dog aufgerufen. Welche Methode aufgerufen wird, ist also vom Typ der Konstanten unabhängig. Wenn wir a wie folgt definieren

```
val a: Animal = new Animal(4711)
```

dann wird in der Anweisung a.eat die Methode eat der Klasse Animal verwendet.

In *Java* verhalten sich Methoden immer polymorph, *Attribute hingegen nie*. Davon können wir uns auch am folgenden, in Java geschriebenen Beispiel überzeugen.

```
class Hi{
  protected int v = 42;
  public void out(){
    System.out.println(v);
  }
}
class Lo extends Hi{
  protected int v = 4711;
}
```

In beiden Klassen gibt es das Attribut v und die Methode out, die ja in Hi definiert und an Lo vererbt wird. Es ist klar, dass das Codefragment

```
Hi h = new Hi();
h.out();
```

die Zahl 42 ausgibt. Die spannende Frage ist, wie die Ausgabe von

```
Hi lo = new Lo();
lo.out();
```

aussieht. Wenn auch Attribute polymorph *wären*, würde die Methode out das Attribut aus Low, also 4711, verwenden. Da die Attribute in Java aber nicht polymorph verwendet werden, wird 42 ausgegeben.

In *Scala* können wir auch Attribute polymorph überschreiben:

```
class Hi{
  protected val v = 42
  def out = println(v)
}
class Lo extends Hi{
  override protected  val v = 4711
}
```

Wie bei Methoden, so muss auch beim Überschreiben von Attributen das Schlüsselwort override benutzt werden. Anders als im Java-Beispiel gibt der Code

```
val lo: Hi = new Lo
lo.out
```

die Zahl 4711 aus. Die polymorphe Verwendung von Methoden und Attributen ist eine Konsequenz aus dem Prinzip des einheitlichen Zugriffs (siehe Kasten „Das Prinzip des einheitlichen Zugriffs" auf Seite 153): Methoden ohne Parameter werden genauso verwendet wie Attribute.

Das Schlüsselwort final können wir nach wie vor verwenden, wenn wir keine Unterklassen zulassen wollen oder verhindern wollen, dass Methoden überschrieben werden. Zusätzlich können wir final auch einsetzen, wenn wir wollen, dass einige unserer Attribute nicht überschrieben werden sollen.

14.2.4   Abstrakte Klassen

In Java verwenden wir das Schlüsselwort abstract, um abstrakte Klassen und abstrakte Mitglieder dieser Klassen zu definieren. Scala wählt hier wieder einen minimalistischen Ansatz: Das Schlüsselwort abstract kann nur in Verbindung mit Klassen auftreten. Ob ein Klassenmitglied abstrakt ist, ergibt sich aus dem Kontext. Die Klasse Animal als Basisklasse aller Tiere eignet sich bestens zur Abstraktion:

```
abstract class Animal{
  val size: Int
  def eat: Unit
  def override toString: String=
    "Animal's size is: "+size
}
```

Die Methode toString ist konkret, da wir sie implementiert haben; eine solche Implementierung fehlt für die Methode eat. Der Compiler geht daher davon aus, dass eat abstrakt ist. Genauso verhält es sich beim Attribut size: Weil der Konstanten kein Wert zugewiesen wird, nimmt der Compiler an, dass diese Zuweisung in der implementierenden Unterklasse geschieht. Anders als in Java wird hier nicht mit einem Standardwert initialisiert; für Konstante kann diese Option abstrakter Klassen auch sehr sinnvoll sein.[6] Das einzige konkrete

---

[6] In Scala können Attribute auch Variable sein. Hier sind Standardwerte durchaus sinnvoll. Wie die Syntax dazu aussieht, wird in Kapitel 22 erklärt.

Mitglied der Klasse `Animal` ist also die Methode `toString`. Jede konkrete Unterklasse von `Animal` muss also `size` und `eat` überschreiben:

```
class Dog(val name: String, override val size: Int)
extends Animal{
    override def eat = println("Dog eats")
}
```

Da wir in konkreten Unterklassen abstrakte Methoden und Attribute überschreiben *müssen*, ist das Schlüsselwort `override` optional.[7] Die Übersetzung des folgenden Codefragments

```
class Dog (val name: String) extends Animal{
    def eat = println("Dog eats")
}
```

wird mit der Meldung

```
class Dog needs to be abstract, since value
size in class Animal of type Int is not defined
```

zurückgewiesen.

14.3 Aufgaben

Für eine Kfz-Zulassungsstelle sollen Klassen zur Verwaltung von Fahrzeugen entwickelt werden.

1. Implementieren Sie eine Klasse `Vehicle` für Autos. Für jedes Auto sollen nur der Hubraum in ccm und das Kennzeichen des Fahrzeugs gespeichert werden. Diese beiden Eigenschaften können für kein Auto geändert werden. Die Klasse `Vehicle` soll den Hubraum und das Kennzeichen als Dienst zur Verfügung stellen. Ein weiterer Dienst soll die Kfz-Steuer ermitteln. Gehen Sie dabei zunächst davon aus, dass die Steuer jährlich 5 Euro je 100 ccm Hubraum beträgt. Überlegen Sie sich auch geeignete Vorbedingungen.

2. Eine Gesetzesänderung ermöglicht die Ausstellung von Saisonkennzeichen, die nur einige Monate gültig sind. Die Kfz-Steuer für diese Fahrzeuge beträgt monatlich 2 Euro je 300 ccm.

   Implementieren Sie eine Klasse `SeasonalVehicle`, deren Konstruktor man nicht nur das Kennzeichen und den Hubraum, sondern auch den ersten und letzten Monat der Gültigkeit übergeben kann. Alle Eigenschaften und die zu entrichtende Steuer sollen wieder als Dienst bereitgestellt werden. Die bereits implementierte Klasse `Vehicle` soll mit Hilfe der Vererbung so weit wie möglich wieder verwendet werden. Überlegen Sie sich geeignete Vorbedingungen.

3. Die Steuergesetzgebung ändert sich häufig. Entwerfen Sie Ihre Klasse `Vehicle` jetzt so robust, dass der Algorithmus zur Berechnung der Steuer ebenfalls dem Konstruktor übergeben wird. Der Konstruktor ist dann auch eine Funktion höherer Ordnung. Schreiben

---

[7] Zu Pannen wie in Abschnitt 14.2.1 kann es hier nicht kommen.

Sie außerdem einen zweiten Konstruktor, der die gleichen Parameter wie der Konstruktor
aus der ersten Aufgabe hat. Die Steuer wird in diesem Fall nach der gleichen Formel wie
in der ersten Aufgabe ermittelt. Überlegen Sie sich geeignete Vorbedingungen.

4. Ändern Sie auch die Klasse `SeasonalVehicle` so, dass die Steuer flexibel in Abhängigkeit vom Hubraum und der Anzahl der Zulassungsmonate ermittelt werden kann.

Alles klar?

- ▪ Klassen können in Scala Attribute und Methoden enthalten.

- ▪ Scala hält sich an das Prinzip des einheitlichen Zugriffs: Der Anwender einer Klasse kann nicht erkennen, ob er auf Attribute oder parameterfreie Methoden zugreift.

- ▪ Klassen, Attribute und Methoden sind werkseitig öffentlich sichtbar. Eine abweichende Sichtbarkeit muss explizit angegeben werden.

- ▪ Jede Klasse hat einen Standardkonstruktor, dessen Parameterliste zusammen mit dem Klassennamen angegeben wird.

- ▪ Attribute können bequem in der Parameterliste des Standardkonstruktors definiert werden.

- ▪ Ein Konstruktor, der nicht Standardkonstruktor ist, muss einen anderen Konstruktor seiner Klasse aufrufen.

- ▪ Der für die Konstruktorverkettung benutzte Konstruktor wird zusammen mit der Basisklasse in der `extends`-Komponente der Klassendefinition angegeben.

- ▪ In Scala werden nicht nur Methoden, sondern auch Attribute polymorph verwendet.

- ▪ Wenn Methoden oder Attribute überschrieben werden, *muss* man sie mit dem Schlüsselwort `override` versehen.

- ▪ Klassen können auch abstrakt definiert werden.

Kapitel 15

Singletons: Objekte können einsam sein

Mit der Methode `freeMemory` aus der Klasse `java.lang.Runtime` können wir abfragen, wie viel Platz ein Java-Programm auf dem Heap belegt. Der Dokumentation entnehmen wir, dass es von der Klasse `Runtime` nur *ein einziges* Objekt gibt:

> *„Every Java application has a single instance of class Runtime that allows the application to interface with the environment in which the application is running. The current runtime can be obtained from the getRuntime method."*

Da `Runtime` die virtuelle Maschine repräsentiert, in der sie benutzt wird, ist es sinnvoll, die Anzahl der Objekte dieser Klasse auf eins zu begrenzen. Allgemein bezeichnet man solche Klassen als **Singletons**. Das Singleton ist eines der bekanntesten unter den 23 Entwurfsmustern (siehe Kasten „Entwurfsmuster" auf Seite 65), die im Standardkatalog [Gam09] beschrieben werden:

> *„Stelle sicher, dass eine Klasse nur ein Exemplar besitzt und stelle einen globalen Zugriffspunkt darauf bereit."*

Wenn wir eine Klasse so entwerfen wollen, dass es von ihr maximal ein Objekt gibt, müssen wir einige Regeln beachten, die aus der Literatur über das Singleton-Muster bestens bekannt sind [Blo08].

Die Implementierung des Singleton-Musters ist in Java und anderen objektorientierten Sprachen mit einigen Klimmzügen verbunden; in Scala ist das Entwurfsmuster in die *Syntax* integriert. Die Syntax und einige Möglichkeiten, die Singletons uns bieten, diskutieren wir in diesem Kapitel. In Scala sind Singletons die Alternative zu statischen Methoden und Attributen. Das Schlüsselwort `static` ist überflüssig und tritt in Scala nicht auf.

15.1   Es kann nur einen geben

In dem Film „Highlander" ist die Hauptperson der (fiktive) Schotte Connor MacLeod, der
1518 geboren wurde und unsterblich ist. Außer MacLeod gibt es im Film weitere Unsterb-
liche, deren zweifelhafte Lebensaufgabe darin besteht, ihresgleichen umzubringen, bis zum
Schluss nur noch *einer* übrig bleibt. Am Ende überlebt nur MacLeod das Katz-und-Maus-
Spiel. Der Untertitel „Es kann nur einen geben" beschreibt also in Kürze die Handlung. Wir
verwenden dieses Beispiel, um uns die Syntax zur Definition von Singletons in Scala zu verdeutlichen:

```
object Highlander {
  val name = "Connor MacLeod"
  val born = 1518
  println("Finished constructor")

  override def toString: String =
    "There can only be one: "+name+" born in "+born
}
```

Dabei ist `Highlander` ein Typ, der nicht mit dem Schlüsselwort `class`, sondern
mit `object` definiert wird. Wir sorgen so dafür, dass es keine zwei Objekte vom Typ
`Highlander` geben kann. Da der Zustand des einzigen Objekts immer der gleiche ist, wird
auch nur der *parameterfreie* Standardkonstruktor angeboten. Sonst bestünde die Möglichkeit,
über verschiedene Parameter verschiedene Objekte zu erzeugen. Im Standardkonstruktor initialisieren wir die beiden Attribute des Typen und führen eine kurze Kontrollausgabe durch;
die Methode `toString` überschreiben wir. Diese einfache Ausstattung reicht bereits, um
die wesentlichen Merkmale eines Singletons in Scala zu verstehen:

```
val h1 = Highlander
println("Before println")
println(h1)
val h2 = Highlander
println(h1 eq h2)
```

Ausgegeben wird:

```
Finished constructor
Before println
There can only be one: Connor MacLeod born in 1518
true
```

Wenn die Konstante `h1` vom Typ `Highlander` vereinbart und initialisiert wird, dann
wird implizit – auch ohne dass wir das Schlüsselwort `new` verwenden – der Konstruktor aufgerufen. Wie erwartet, wird der Text `"Before println"` vor `"finished
constructor"` ausgegeben. In der Anweisung `println(h1)` wird implizit die Methode
`toString` aufgerufen. Bei der Initialisierung der Konstanten `h2` vom Typ `Highlander`
erscheint die Ausgabe `finished constructor` nicht: Es gibt bereits ein Objekt vom
Typ `Highlander`, ein weiteres wird nicht erzeugt. Der Konstanten `h2` wird einfach eine

Referenz auf das Singleton-Objekt zugewiesen. Weil die Werte `h1` und `h2` das gleiche Objekt referenzieren, liefert der Vergleich mit `eq` (siehe Abschnitt 10.3) den Wert `true`.

15.2   Statische Mitglieder waren gestern

Von Typen, die mit `object` definiert wurden, gibt es maximal ein Objekt. In Java werden für diese Zwecke auch oft Klassen verwendet, deren Mitglieder alle als `static` vereinbart sind. So können wir von der Klasse `Math` keine Objekte erzeugen, weil ihr Konstruktor die Sichtbarkeit `private` hat und die Klasse ihre Dienste über statische Mitglieder bereitstellt. Statische Attribute und Methoden haben Eigenschaften, die nicht objektorientiert sind. Statische Methoden können etwa nicht polymorph überschrieben werden. Entwickler, die sich in der objektorientierten Programmierung nicht zu Hause fühlen, verwenden statische Methoden auch gerne, um der Objektorientierung zu entgehen.

Als wir erste Testprogramme für unsere Scala-Klassen (siehe Abschnitt 8.4 oder Abschnitt 14.1.1) entwickelten, fiel uns auf, dass wir dazu nicht einfach wie in Java eine statische `main`-Methode verwenden konnten, sondern mit `object` einen eigenen Typ mit `main`-Methode definieren mussten. Das Schlüsselwort `static` oder ein vergleichbares Schlüsselwort gibt es in Scala nicht. Als Nachfolgemodell dienen hier mit `object` definierte Typen. Singletons haben wir also schon selbst geschrieben, in Form von Typen wie `scala.Math` oder `Predef` aber auch bereits mit ihnen gearbeitet.

Typen, die mit Hilfe der `object`-Syntax als Singletons definiert sind, können ebensowenig beerbt werden wie sich statische Methoden in Java polymorph überschreiben lassen. Ein Singleton kann allerdings Untertyp einer Klasse sein:

```
object Snoopy extends Dog("Snoopy", 42){
        val owner = "Charly Brown"
}
```

Das Singleton-Objekt `Snoopy` hat die drei Attribute `name`, `size` und `owner` mit den drei Werten `Snoopy`, `42` und `"Charly Brown"` und kann alles, was ein Objekt vom Typ `Dog` kann.

15.3   Begleiter

Die Auslagerung von statischen Methoden und Attributen in einen eigenen Typ sieht auf den ersten Blick nicht vollwertig aus, da statische und nicht-statische Attribute gelegentlich in einer Klasse gemischt werden. Das ist analog auch in Scala möglich, wie wir jetzt mit der folgenden Klasse `Dog` sehen, die wir aus Abschnitt 14.1.4 bereits kennen:

```
class Dog(val name: String, val size: Int) {
  def bark: Unit = println(name+" says woof")
}
```

Der Typ `Dog` soll jetzt als Alternative zum Konstruktor eine Methode `createDog` bereitstellen, die die beiden Konstruktor-Parameter `name` und `age` von der Konsole einliest und

damit ein neues Objekt erzeugt.[1] Allein mit der Klasse `Dog` ist das zur Zeit nicht möglich:
Schließlich brauchen wir ein Objekt vom Typ `Dog`, wenn wir die Methode `createDog`
aufrufen wollen. Eine statische Methode wäre jetzt genau das Richtige. Da es keine statischen Methoden gibt, versuchen wir es mal mit einem Singleton, das ebenfalls `Dog` heißt: In
unserem Fall sieht das so aus:

```
object Dog{
  def createDog: Dog = new Dog(readLine.trim, readInt)
}
```

Auf die Behandlung von Exceptions, die etwa bei einer fehlerhaften Eingabe des Attributs
`size` geworfen werden, verzichten wir hier zugunsten der Einfachheit. Wir testen den an-
standslos übersetzten Code:

```
val dog: Dog = Dog.createDog
println(dog.size+" "+dog.name)
```

Obwohl die Klasse und das Singleton den gleichen Namen haben, gibt es keine Probleme:
Die Methode `createDog` gehört zum *Singleton*, die beiden Attribute sind Mitglieder der
Klasse `Dog`.

Das mit `object` definierte Objekt wird als **Begleitobjekt** (dt. für *companion object*) der
Klasse `Dog` , die mit `class` definierte Klasse als **Begleitklasse** (dt. für *companion class*)
des Singleton-Objekts `Dog` bezeichnet. Um den Überblick zu behalten, sollte eine Klasse
immer in der gleichen Datei wie ihr Begleitobjekt stehen.

In einer Java-Klasse kann jede Methode auf die statischen Attribute und Methoden ihrer Klasse zugreifen. Ganz analog können wir aus einer Klasse auf die – möglicherweise privaten –
Mitglieder ihres Begleitobjekts zugreifen. Umgekehrt ist das – analog zu Java – nur eingeschränkt möglich: Der Zugriff auf Methoden und Attribute einer Begleitklasse ist nicht möglich, wohl aber der Aufruf eines – möglicherweise privaten – Konstruktors. Dies demonstriert
das folgende kleine Beispiel:

```
class Trust{
  private val fromClass = 47
  def objectMember = Trust.fromObject
}

object Trust {
  private val fromObject=11
  def classMember=Trust.fromClass
}
```

Der Compiler übersetzt das Begleitobjekt `Trust` nicht und meldet:

```
value fromClass is not a member of object Trust
```

---

[1] Methoden, die wie ein Konstruktor arbeiten, werden auch Factory-Methoden genannt.

15.4 Singletons zur Objektverwaltung

Das einleitende Beispiel der `Highlander`-Klasse ist zwar einfach, hat aber wenig praktischen Nutzen. Im Folgenden wollen wir uns eine typischere Anwendung anschauen. Gelegentlich wollen wir alle Objekte einer Klasse zentral erfassen. Es soll dann auch die Möglichkeit geben, aus dieser Registry einzelne Objekte anhand von Kriterien auszuwählen. Aufgrund ihrer zentralen Rolle muss sichergestellt sein, dass es nicht mehre Registries geben darf. Eine einfache Lösung sieht folgendermaßen aus:

```
object DogRegistry{
  private val registry = new java.util.HashMap[String, Dog]()
  def register(dog: Dog): Dog = registry.put(dog.name, dog)
  def lookup(name: String): Dog = registry get name
}
```

Die Objekte vom Typ `Dog` werden in einer generischen `HashMap` abgelegt. Da wir die unveränderbaren Collections von Scala noch nicht kennen, greifen wir auf geeignete (veränderbare) Java-Collections zurück. Die benötigten Imports werden hier so lokal wie nötig gehalten. Mit der Methode `register` erfassen wir `Dog`-Objekte, mit `lookup` suchen wir sie in der Registry. Das kann dann beispielsweise so aussehen:

```
DogRegistry register new Dog("Snoopy", 42)
println(DogRegistry.lookup("Snoopy").size)
```

Nachdem wir Snoopy mit der Methode `lookup` in der Registry gesucht und gefunden haben, geben wir seine Größe aus.

15.5 Singletons importieren

Wir haben die Methode `println` aus dem Singleton `Predef` bisher nie in der Form

```
Predef.println("Hello Scala")
```

verwendet. Offensichtlich müssen die Mitglieder von `Predef` nicht über ihren Typnamen qualifiziert werden. Beim Singleton `Math` sieht das anders aus:

```
scala> min(2, 3)
<console>:5: error: not found: value min
   min(2,3)
```

Wir können die Mitglieder eines Singletons aber ganz ähnlich wie Typen importieren:

```
scala> import Math._
import Math._

scala> min(47, 11)
res0: Int = 11
```

Diese Art des Imports, der sich am ehesten mit den statischen Importen aus Java vergleichen lässt, steigert den Komfort bei der Entwicklung wieder etwas. Durch den gehäuften Einsatz solcher Importe kann sich aber wieder alles zum Schlechten wenden und zu schwer lesbarem Code führen.

Alles klar?

- Scala-Klassen haben keine statischen Mitglieder.
- Das Entwurfsmuster „Singleton" ist in die Syntax von Scala integriert.
- Singletons werden mit dem Schlüsselwort `object` vereinbart.
- Zu jeder Klasse kann ein Begleitobjekt definiert werden, das ein Singleton ist und Mitglieder enthält, die sich nicht auf Zustände einzelner Objekte beziehen.
- Prominente Typen wie `Predef` sind Singletons.

15.6 Aufgaben

1. Im Aufgabenteil des vorigen Kapitels haben Sie eine einfache Klassenhierarchie für Fahrzeuge entwickelt, die aus den beiden Klassen `Vehicle` und `SeasonalVehicle` besteht. Wenn Sie sich die Konstruktoren beider Klassen anschauen, sehen Sie, dass man bereits an der Parameterliste erkennt, welches Objekt erzeugt werden soll. Schreiben Sie zur Klasse `Vehicle` ein Begleitobjekt, das Factorymethoden enthält, die in Abhängigkeit von ihrer Parameterliste ein geeignetes Objekt erzeugen.

Kapitel 16

Mustererkennung

Der Begriff Mustererkennung (dt. für *pattern matching*) taucht oft auf, wenn wir mit Texten arbeiten. Auf die eine oder andere Weise hat wohl jeder bereits unabhängig von Scala mit Mustererkennung gearbeitet: Mit dem Befehl

```
ls *.txt
```

listen wir unter Unix im aktuellen Verzeichnis alle Dateien mit der Endung txt auf. Der Text *.txt ist hier das **Muster** (dt. für *Pattern*), nach dem die Dateien ausgewählt werden: sie sollen auf .txt enden, der Rest des Namens spielt keine Rolle. In diesem Muster verwenden wir den Platzhalter *, der eine beliebige Zeichenkette repräsentiert.

Mit den so genannten regulären Ausdrücken gibt es eine eigene Grammatik zur Beschreibung von Textmustern. Wenn wir etwa in Java einfache Rechenaufgaben wie "47+11" verarbeiten wollen, die in Form eines Textes vorliegen, können wir wie folgt prüfen, ob ein Text s eine sinnvolle Rechenaufgabe repräsentiert:

```
s.matches("\\d+[\\+\\-\\*\\/]\\d+")
```

Die Methode matches aus der Klasse String liefert hier genau dann den Wert true, wenn der Text s mit einer Folge von Ziffern anfängt, dann eines der vier Symbole +, -, * oder / enthält und mit einer Folge von Ziffern aufhört.[1]

Einen kleinen Einblick in die Möglichkeiten, die uns die Mustererkennung funktionaler Sprachen wie ML bietet, haben wir in Abschnitt 2.2.2 bekommen. In Scala ist eine umfangreiche und komfortable Mustererkennung in die Sprache integriert, die weit über Muster für Texte hinausgeht. Wir können prüfen, ob ein Objekt eine Zahl ist, ob eine Liste mindestens ein Element enthält oder mit welchen Parametern ein Objekt erzeugt wurde. Selbst Casts können wir mit der Mustererkennung bequem durchführen.

---

[1] Die regulären Ausdrücke lassen sich nicht nur in Java, sondern auch in anderen Kontexten verwenden. In Java muss das Zeichen \ allerdings als \\ dargestellt werden.

16.1   Muster in Java

Einen Text vergleichen wir in den meisten Fällen mit einem Textmuster, um ihn dann in
Abhängigkeit vom Muster weiterzuverarbeiten. Meistens vergleichen wir mit Mustern, um
die abgeglichenen Daten anschließend weiter zu verarbeiten. Wenn wir erkannt haben, dass
ein Text einer Rechenaufgabe entspricht, soll die Aufgabe in der Regel gelöst werden. Daher
ist im Zusammenhang mit der Mustererkennung eine effektive Möglichkeit zur *bedingten
Verzweigung* nötig. Da kaskadierende `if`-Anweisungen unhandlich sind, verwenden wir in
Scala ein Konstrukt, das der `switch`-Anweisung aus *Java* ähnelt.

Wir sehen im folgenden Beispiel, dass Java mit der `switch`-Anweisung eine sehr einfache
Mustererkennung unterstützt. Nehmen wir an, dass ein Text wie `"47+11"` bereits in seine
drei Bestandteile `'+'`, `47`, und `11` zerlegt wurde:

```
public static int compute(char operator, int op1, int op2){
   int result=0;
   switch(operator){
      case '+':   result=op1+op2; break;
      case '-':   result=op1-op2; break;
      case '*':   result=op1*op2; break;
      case '/':   result=op1/op2; break;
      default: throw new IllegalArgumentException();
   }
   return result;
}
```

Der erste Parameter enthält die Operation (also +, −, ∗ oder /), die auf die beiden Zahlen
angewendet werden soll, die wir als zweites und drittes Argument übergeben. In Abhängigkeit von der Operation wird geeignet verzweigt und die Berechnung ausgeführt. Jede der
Konstanten +, −, ∗ und / ist ein *Muster* für den Parameter `operator`.

Der Ausdruck

```
compute('+', 47, 11)
```

liefert also den Wert `58`.

Es gibt in Java drei Besonderheiten bei der `switch`-Anweisung:

- Jede Verzweigung muss mit einer `break`-Anweisung beendet werden, da sonst auch
  noch der Code ausgeführt wird, der zum nächsten Fall gehört.[2] Es mag Szenarien geben,
  in denen dieses „Durchrutschen" beabsichtigt ist, meistens ist es aber ein Programmier-
  fehler.

- Die `default`-Komponente entspricht der `else`-Komponente der `if`-Anweisung. Wenn
  sie fehlt und keine der Alternativen zutrifft, wird *überhaupt kein* Befehl ausgeführt. Auch
  das mag in einigen Situationen praktisch sein. Wenn es aber keine Absicht war und wir
  `default` einfach vergessen haben, kann es lange dauern, bis wir diesen Fehler identifi-
  ziert haben.

---

[2] Das Durchrutschen in den nächsten `case`-Zweig könnten wir hier auch vermeiden, indem wir das Ergebnis gleich
  mit `return result` zurückgeben.

■ Nur `enum`-Typen und Typen, die implizit nach `int` umgewandelt werden können, sind als Parameter für `switch` zulässig.

16.2   Einfache Muster in Scala

Scala verwendet zur Fallunterscheidung den Befehl `match`. Die Kontrollstruktur `match` ähnelt in ihrer einfachsten Form `switch`, zieht aber nicht die Probleme von `switch` nach sich. Unser rudimentärer Taschenrechner kann in Scala so implementiert werden:

```
def compute(operator: Char, op1: Int, op2: Int): Int=
   operator match{
      case '+' => op1 + op2
      case '-' => op1 - op2
      case '*' => op1 * op2
      case '/' => op1 / op2
   }
```

Wenn der Parameter `operator` mit einer der Konstanten übereinstimmt, ist die rechte Seite des Pfeils (=>) das Ergebnis der `match`-Anweisung. Die Konstanten +, -, * und / dienen hier als *Muster*. Eine solche Fallunterscheidung kann für Objekte *beliebigen* Typs durchgeführt werden; wir sind nicht mehr an spezielle Typen wie `Int` gebunden. Wenn keiner der aufgeführten Fälle passt, wird eine Exception geworfen. Der Aufruf

```
compute('%', 47, 11)
```

liefert uns hier:

```
Exception in thread "main" scala.MatchError: %
```

Es ist aber kein Problem, dieses Verhalten zu ändern:

```
def compute( operator : Char, op1 : Int, op2 : Int) : Int=
   operator match{
      case '+' =>op1 + op2
      case '-' => op1 - op2
      case '*' => op1 * op2
      case '/' => op1 / op2
      case _   => op1 + op2
   }
```

Wir haben bereits häufiger mit dem Platzhalter _ gearbeitet und wissen, dass er zu jedem beliebigen Ausdruck passt. Wenn `operator` also mit keiner der vier Grundrechenarten übereinstimmt, werden die beiden Zahlen einfach addiert. Da die Muster in der gleichen Reihenfolge abgearbeitet werden, wie sie im Code stehen, entspricht _ hier allen Mustern bis auf +, -, * und /.

Wenn wir die Reihenfolge der fünf Fälle ändern und den Platzhalter _ an den Anfang stellen, wird ein weiterer Musterabgleich sinnlos: Auf alle Werte des Parameters `operator` trifft bereits dieses erste Muster zu. Mit den übrigen vier Mustern wird gar nicht mehr abgeglichen. Der Compiler erkennt solche Situationen und verweigert die Übersetzung mit der Meldung `unreachable Code`.

Da für jeden Fall rechts vom Pfeil (=>) ein Ausdruck steht, der das Ergebnis von `match` festlegt, kann es auch kein Durchrutschen geben.

Die Syntax von `match` sieht auch die Möglichkeit vor, mehrere Fälle zu einem einzigen zusammenzufassen: So kann für die Division auch das Zeichen ':' benutzt werden. Weil das Ergebnis in diesem Fall das gleiche wie bei der Division mit '/' ist, schreiben wir:

```
case '/' | ':' => op1 / op2
```

16.3   Muster für Tupel

Die Funktion `compute` war nur eine kleine Fingerübung für die Syntax von `match`. Der Nutzen der Mustererkennung wird deutlicher, wenn wir ein Beispiel aus Abschnitt 13.3 aufgreifen. In der Scala-Shell ist bei der Eingabe der beiden folgenden Zeilen eine `MatchError`-Exception geworfen worden:

```
val mickey = ("Mickey", 1928)
val ("Minnie", year) = mickey
```

Das Paar (`"Minnie"`, `year`) ist ein Muster für die rechte Seite des Gleichheitszeichens; da die erste Komponente von `mickey` aber nicht den Wert `"Minnie"` hat, entspricht `mickey` nicht diesem Muster, und es kommt zu einer Exception.

Dieses Verhalten ändern wir dahingehend, dass `year`

■ genau dann den Wert von `mickey._2` erhält, wenn `mickey._1` den Wert `"Minnie"` hat.

■ in allen übrigen Fällen mit 0 initialisiert wird.

Mit einer `if`-Anweisung ist das zwar leicht möglich:

```
val year =
  if(mickey._1=="Minnie") mickey._2
  else 0
```

Wir können uns aber vorstellen, dass die Sache etwa bei Tupeln, die mehr als zwei Komponenten enthalten, wegen vieler Selektoren schnell zu unübersichtlichen `if-else`-Kaskaden führt.

Die Mustererkennung ist klarer:

```
val year =
  mickey match{
    case ("Minnie", v) => v
    case _ => 0
  }
```

Genau dann, wenn das Paar `mickey` nicht mit dem Muster (`"Minnie"`, `v`) übereinstimmt, wird `year` mit 0, sonst mit dem Wert der zweiten Komponente von `mickey` initialisiert.

Beim Muster (`"Minnie"`, `v`) haben wir übrigens den Typen der zweiten Komponente nicht angegeben. Weil wir den Typen von `year` der Typableitung überlassen, erhält diese Konstante im Fall

```
val mickey =  ("Minnie", "Mouse")
```

den Wert `"Mouse"`. Auch wenn die Typableitung ein mächtiges Werkzeug ist, kann sie doch zu überraschenden Ergebnissen führen; schaden kann die Angabe des Typen in keinem Fall:

```
val mickey=("Minnie", "Mouse")
val year: Int = mickey match{
    case ("Minnie", v) => v
    case _ => 0
}
```

Da die Typen von `mickey._1` und `v` nicht übereinstimmen, wird der Code erst gar nicht übersetzt. Unliebsame Überraschungen zur Laufzeit bleiben so aus.

16.4   Welche Muster gibt es?

Die Spezifikation von Scala [Ode09a] unterscheidet die folgenden Muster:

- **Konstante:** Muster mit Konstanten haben wir beispielsweise in der Funktion `compute` vereinbart: ein Ausdruck wird mit anderen Werten verglichen.

- **Platzhalter:** Immer wenn der Platzhalter _ als ein Fall in der `match`-Anweisung auftritt, sprechen wir von Platzhaltermustern.

- **Tupel:** Wie Tupel als Muster verwendet werden, haben wir in den Abschnitten 13.3 und 16.3 gesehen.

- **Variable:** Im zuletzt diskutierten Beispiel haben wir nicht nur ein Paar als Muster verwendet, sondern gleichzeitig auch `v` definiert. Auch wenn wir `v` nicht als Variable verwendet haben, wird diese Art von Muster in der Scala-Referenz [Ode09a] als Variablenmuster bezeichnet.

- **Extraktoren:** Dieser Art Muster begegnen wir im Zusammenhang mit Case-Typen (siehe Kapitel 17).

- **Listen:** Muster für Listen besprechen wir in Kapitel 18.

- **Typen:** Der folgende Abschnitt beschäftigt sich mit Typmustern.

Platzhaltermuster und Variablenmuster sind sich recht ähnlich:

```
def simple(a: Int) = a match{
  case v => v
  case _ => 0
}
```

Der Compiler meldet für den letzten Fall `unreachable code`. Der Konstante v wird nämlich immer der Wert von a zugewiesen, der dann auch das Ergebnis der Funktion ist. In der
Tat wird das Platzhaltermuster hier niemals bearbeitet. Im Variablenmuster verwenden wir
anstelle des Platzhalters _ einen eigenen Namen, unter dem wir den Wert weiterverwenden
können. Der Unterschied zwischen Platzhaltermustern und Variablenmustern besteht darin,
dass wir beim Platzhaltermuster nicht mehr auf den Wert zugreifen können, dem das Muster
entspricht.

Auch im folgenden Beispiel ist es gut, das zu wissen:

```
val name = "Donald"
val person = "Scrooge"
val result = person match{
  case name => "Strings match"
  case _ => "Strings do not match"
}
```

Wir wollen überprüfen, ob `person` und `name` übereinstimmen, was auch mit einer `if`-
Anweisung gelöst werden kann. Auf den ersten Blick sieht diese `match`-Anweisung äquivalent zu einer `if-else` Konstruktion aus. Daher wundert es uns, dass der Compiler wieder
den Fehler `unreachable code` meldet: mit `name` wird in der `case`-Komponente ein
Variablenmuster definiert, so dass der Platzhalter überflüssig ist. Wir wollten aber prüfen,
ob der Wert von `person` mit dem Wert von `name` übereinstimmt. Anders ausgedrückt, ist
`name` für uns ein Konstantenmuster, für den Compiler aber ein Variablenmuster.

Die Lösung besteht darin, den Namen einfach in ein Paar Gravis (dt. für *backticks*) zu setzen:

```
val name = "Donald"
val person = "Scrooge"
val result = person match{
  case `name` => "Strings match"
  case _ => "Strings do not match"
}
```

16.5 Muster für Typen

Die Klassifikation eines Musters ist oft nicht klar. In diesem Abschnitt sehen wir, dass sich
auch Typmuster und Variablenmuster sehr ähnlich sein können. Typmuster können die Methoden `isInstanceOf` und `asInstanceOf` ersetzen, die in der Handhabung etwas sperrig sind. In Abschnitt 14.2.1 haben wir für die Klasse `Dog` die Methode `equals` wie folgt
überschrieben:

```
override def equals(other: Any) =
  if(!other.isInstanceOf[Dog]) false
  else{
    val dog = other.asInstanceOf[Dog]
    dog.size==size && dog.name==name
  }
```

Mit Hilfe der `match`-Anweisung und etwas Mustererkennung formulieren wir die Methode
`equals` wesentlich hübscher:

```
override def equals(other: Any) = other match{
    case dog: Dog => dog.size==size && dog.name==name
    case _ => false
}
```

Genau dann, wenn der Parameter `other` den Typ `Dog` hat, wird eine Konstante namens `dog`
vom Typ `Dog` erzeugt, mit deren Hilfe auf der rechten Seite des Pfeils (=>) das Ergebnis
ermittelt wird. In allen anderen Fällen ist das Ergebnis `false`.

Muster helfen uns auch dabei, explizite Casts zu sparen. Hier noch ein Beispiel:

```
def ageOrSize(any: Any): Int = any match{
    case dog: Dog => dog.size
    case pair: (String, Int) => pair._2
}
```

Wenn der Paramter von `ageOrSize` vom Typ `Dog` ist, wird die Größe des Hundes zurückgegeben, wenn der Parameter ein Paar ist, wird die zweite Komponente des Paares zurückgegeben. Die beiden Aufrufe

```
ageOrSize(("Mickey", 42))
```

und

```
ageOrSize(new Dog("Snoopy", 42))
```

liefern also beide das Ergebnis `42`.

Bei der Übersetzung der Methode `ageOrSize` warnt uns der Compiler zweimal vor der
Verwendung des zweiten Musters:

```
non variable type-argument String in type pattern is unchecked
since it is eliminated by erasure.
non variable type-argument Int in type pattern is unchecked
since it is eliminated by erasure.
```

Tupel werden in Scala, ähnlich wie generische Klassen in Java, so in Bytecode übersetzt, dass
der Typ der Konstanten nicht mehr bekannt ist. Man spricht von „Type-Erasure“. Zur *Laufzeit*
findet also gar keine Überprüfung des Typs mehr statt. Ausdrücke wie

```
println(ageOrSize((42,"Mickey")))
```

werden auch übersetzt, obwohl die Typen der Komponenten vertauscht sind. Zur Laufzeit
führt das aber zu einer Exception:

```
Exception in thread "main" java.lang.ClassCastException:
java.lang.String cannot be cast to java.lang.Integer
```

Type-Erasure ist auch in Java ein kritischer Punkt, da es wie hier zur Laufzeit des Programms zu Fehlern kommen kann; in [Kre07a] gibt es eine informative Übersicht über die Hintergründe der Type-Erasure in Java.

Wir wollen die Funktion `ageOrSize` noch erweitern. Nur für große Hunde – sagen wir solche, die größer als `23` sind – soll `ageOrSize` den Wert des Attributs `size` liefern; für Paare vom Typ `(String, Int)` ist das Ergebnis nach wie vor der Wert der zweiten Komponente. In allen anderen Fällen, also auch für kleine Hunde, wird `0` zurückgegeben. Mit dem Musterabgleich, wie wir ihn bisher kennengelernt haben, können wir das Problem nicht lösen. Jedoch helfen uns so genannte **Guards** in Form von `if`-Anweisungen dabei, unsere Muster weiter einzuschränken:

```
def ageOrSize(any: Any): Int =
  any match{
    case dog: Dog if(dog.size>23) => dog.size
    case pair:  (String, Int) => pair._2
    case _ => 0
  }
```

16.6   Muster in Funktionen

Mustererkennung können wir natürlich auch in anonym definierten Funktionen nutzen:

```
val f: Char=>Int = op=>op match{
  case '0' => 0
  case '1' => 1
}
```

Die Konstante `f` wird mit einer anonymen Funktion vom Typ `Char=>Int` initialisiert. Wie wir bereits in Abschnitt 12.1 gesehen haben, müssen wir dabei mit der Pfeilnotation angeben, auf welchen Wert die Parameter abgebildet werden. Diese Schreibweise können wir in Zusammenhang mit der `match`-Anweisung bei Funktionen so abkürzen:

```
val f: Char=>Int = {case '0' => 0; case '1' => 1}
```

Der Compiler erkennt hier, dass der Parameter vom Typ `Char` zum Mustervergleich verwendet werden soll.

16.7   Partielle Funktionen

Folgen von Mustern, die wir mit `case` definiert haben, können wir auch für spezielle Funktionen nutzen: Funktionen, wie wir sie kennengelernt haben, sind **total**, also für jedes Argument gültig. Auch wenn es möglich ist, dass es zur Laufzeit für unpassende Argumente durch geeignet definierte Vorbedingungen (siehe Abschnitt 14.1.4) zu Exceptions kommen kann, ändert das nichts am Definitionsbereich der Parameter. Bei Funktionen mit nur einem

Parameter können wir auch mit **partiellen Funktionen**[3] arbeiten, die eben nicht für alle Werte ihres Parametertyps definiert sind. Als Beispiel betrachten wir die Bildung des Kehrwertes einer Fließkommazahl:

```
val byX: PartialFunction[Double, Double] = {
  case x if(x!=0) => 1/x
}
```

Da der Kehrwert der 0 nicht existiert, soll byOne für diesen Wert nicht definiert sein. Das erreichen wir, indem wir dem Variablenmuster x noch den Guard x!=0 mitgeben. Wir können erfahren, ob die Funktion für das Argument x=0 oder x=2 definiert ist, indem wir die Methode isDefinedAt aus der Klasse PartialFunction anwenden:

```
scala> byX isDefinedAt(0)
res0: Boolean = false

scala> byX isDefinedAt(2)
res1: Boolean = true
```

Wenn wir dennoch versuchen, die Funktion auf einen undefinierten Wert anzuwenden, kommt es zu einer Exception:

```
scala> byX(0)
scala.MatchError: 0.0
```

16.8 Exceptions und Mustererkennung

Eine sehr praktische Anwendung erfährt die Mustererkennung auch bei der Bearbeitung von Exceptions. Die folgende Methode versucht den Inhalt einer Webseite zu ermitteln, deren URL wir ihr als Argument übergeben haben:

```
def getHTML(url: String)=
  try{
    scala.io.Source.fromURL(url).mkString
  }catch{
    case e: java.net.MalformedURLException => "Malformed URL"
    case e: java.lang.NullPointerException => "Could not open URL"
    case _ => "Unkknown Problem"
  }
```

Wenn die URL ungültig ist, also etwa die Gestalt „xyz://www.google.de" hat, wird ein entsprechender Text zurückgegeben. Das Gleiche passiert, wenn die Seite nicht geöffnet werden konnte. Wir behandeln die Exceptions nicht mehr in aneinander gefügten catch-Blöcken, sondern arbeiten auch hier mit Mustererkennung. Der try/catch-Block kann dabei noch um einen finally-Block ergänzt werden. Ach ja, Checked Exceptions, wie wir sie aus Java

---

[3] Vorsicht: Partielle Funktionen haben nichts mit der partiellen Anwendung von Funktionen (siehe Abschnitt 12.3) zu tun.

kennen, gibt es in Scala nicht. Es gibt viele Meinungen zu Sinn und Unsinn dieser Art von
Exceptions (siehe etwa [Goe04]), jedoch ist Java die einzige verbreitete Sprache geblieben,
die sie verwendet.

Alles klar?

- ▪ In Scala kann ein Ausdruck mit einem Muster verglichen werden.

- ▪ Als Muster sind Konstante und Platzhalter, aber auch Listen, Tupel oder Typen möglich.

- ▪ Mit der `match`-Anweisung wird eine Fallunterscheidung für verschiedene Muster
  durchgeführt.

- ▪ Die Mustererkennung hat in Scala eine zentrale Bedeutung und wird vielfältig, etwa
  anstelle von Casts, zur Vermeidung von kaskadierenden `if`-Anweisungen oder zur
  Behandlung von Exceptions verwendet.

16.9   Aufgaben

1. Verwenden Sie Mustererkennung, wenn Sie eine Methode

   ```
   dogger(something: Any): String
   ```

   schreiben, die prüft, ob ihr Parameter ein Objekt vom Typ `Dog` ist. Ist dies der Fall, so
   ist der Name des Hundes das Ergebnis, sonst ein Text wie `"Parameter has other
   Type"`.

Kapitel 17

Extraktoren und Case-Typen

Wirklich genial, wie viele Schliche die Muggel
gefunden haben, um ohne Zauberei durchzukommen.
A. Weasley

Die Mustererkennung wurde mit der Sprache ML (siehe Abschnitt 2.2.2) in die Welt der funktionalen Programmierung eingeführt und ist auch ein wesentlicher Bestandteil von Scala. Mustern begegneten wir bereits bei unseren ersten Versuchen mit Scala (siehe etwa Abschnitt 9.6). Extraktoren und Case-Typen integrieren die Mustererkennung elegant in das objektorientierte Paradigma.

Wir beginnen wieder mit einem einfachen Beispiel. Wir wollen eine Funktion

```
sqrt: Int => Int
```

implementieren, die die Quadratwurzel einer *ganzen* Zahl berechnet. Dabei müssen wir beachten, dass wir nur aus positiven Quadratzahlen Wurzeln ziehen können. Welchen Wert sollen die Ausdrücke sqrt(-23) und sqrt(47) haben? Wir diskutieren zunächst einige mögliche Lösungen, die aber alle mit Nachteilen behaftet sind:

1. Immer wenn der Parameter etwa eine negative Zahl ist, werfen wir eine geeignete Exception (siehe Kapitel 16.8). Auch wenn Exceptions hier legitim sind, wollen wir doch versuchen, auf sie zu verzichten: Damit wir merken, dass eine Exception geworfen wird, müssen wir jeden Aufruf von sqrt in einen try/catch-Block einbetten. Da Scala, anders als Java, keine Checked Exceptions kennt, erinnert uns der Compiler auch nicht daran, dass wir uns um unsere Exceptions kümmern müssen. Es kann versehentlich oder absichtlich passieren, dass wir Exceptions ignorieren und die Quittung zur Laufzeit bekommen.

2. In *Java* gibt es für den Typen double die **magic value** NaN, die von der Methode Math.sqrt als Rückgabewert verwendet wird, um anzuzeigen, dass eine negative Zahl als Parameter der Funktion sqrt verwendet wurde. Auch magic values können problematisch sein: Nicht alle Java-Programmierer kennen NaN; wir können das Ergebnis NaN aber nur abfangen, wenn wir wissen, dass es möglich ist. Wie bei der Lösung mit Excep-

tions kann es im laufenden Betrieb zu Fehlern kommen, wenn wir nicht prüfen, ob das Ergebnis von `sqrt` die magic value war.

3. Eine weitere Lösung, der Einsatz von `null` als Rückgabewert, scheidet auch aus, da `Int` ein Wertetyp ist und somit nicht den Untertyp `Null` hat.

4. Das Werkzeug für die nächste Lösung haben wir in Abschnitt 16.7 kennengelernt: Wir können unsere Funktion auch als partielle Funktion definieren, die nur für positive Quadratzahlen definiert ist. Auch wenn die Lösung akzeptabel erscheint, diskutieren wir im Folgenden eine Variante, die sich mit der Mustererkennung verbinden lässt.

17.1 Besser als `null`: Der Typ `Option`

Scala kennt, wie auch andere funktionale Sprachen, den generischen Typen `Option[T]` mit den beiden Untertypen `Some[T]` und `None`. Da wir bereits erste Bekanntschaft mit generischen Typen gemacht haben, wissen wir, dass `T` dabei ein Typparameter ist.

- Wir verwenden den `None`-Singleton für Fälle, in denen das Ergebnis einer Funktion nicht ermittelt werden kann.

- Wenn die Funktion ein definiertes Ergebnis hat, packen wir es in ein Objekt vom Typ `Some[T]` ein.

Die Lösung zu unserem Ausgangsproblem sieht so aus:

```
def sqrt(v: Int): Option[Int] = {
  val result: Int=(Math sqrt v  round) toInt
  if(v<0 || result*result!=v) None
  else Some(result)
}
```

Die Funktion genügt unseren Kriterien:

- Wenn der Parameter eine negative Zahl oder keine Quadratzahl ist, geben wir `None` zurück.

- In allen anderen Fällen erzeugen wir ein Objekt vom Typ `Some[Int]`. Warum wir hier ein Objekt ohne das Schlüsselwort `new` erzeugen können, erfahren wir in Abschnitt 17.5.

Da `Some[Int]` und `None` Untertypen von `Option[Int]` sind, können wir sie beide als Rückgabetyp von `sqrt` heranziehen.

17.2 Extraktormuster

Unsere `sqrt`-Methode ist jetzt elegant implementiert, wir können sie aber noch nicht verwenden, wenn wir mit dem Ergebnis weiterrechnen wollen. Die Anweisung

```
println(sqrt(9))
```

liefert die Textdarstellung des `Option`-Objekts

```
Some(3)
```

und nicht die *Zahl* 3. Eine kurze Recherche in der Dokumentation zum Typ `Option` zeigt, dass wir zwar mit der `get`-Methode an den *eingepackten* Wert kommen, doch hilft uns die Mustererkennung bei einer natürlicheren Lösung:

```
def f(v: Int) = sqrt(v) match{
  case None => println("Result undefined")
  case Some(w) => println(w+"*"+w+"="+v)
}
```

Die Funktion `sqrt` wird auf den Parameter `v` angewendet und ihr Ergebnis mit zwei Mustern verglichen:

■ Das erste Muster `None` ist ein einfaches Konstantenmuster, wie wir es bereits kennen.

■ In der zweiten `case`-Komponente arbeiten wir mit einem so genannten **Extraktormuster**. Beim Mustervergleich wird geprüft, ob das Ergebnis von `sqrt(v)` mit Hilfe von `Some(w)` erzeugt wurde. Der Parameter `w` ist ein Variablenmuster (siehe Abschnitt 16.4), das auch auf der rechten Seite des Pfeils für die Ausgabe verwendet wird.

Selbst wenn alle Attribute privat sind, bekommen wir über Extraktormuster viele Informationen über unsere Objekte. Um weiterhin dem Geheimnisprinzip zu genügen, ist es daher vernünftig, nicht für *jeden* Typ automatisch Extraktormuster zuzulassen. Wir versuchen mal auf Objekte unserer Klasse `Dog` (siehe Abschnitt 14.1.4) ein Extraktormuster anzuwenden:

Listing 17.1: Funktion mit Extraktormuster

```
def dogger(a: Any) = a match{
  case Dog(name, _) => println("dog with name "+name)
  case _ => println("Argument is not a dog")
}
```

Der Compiler meldet einen Syntaxfehler:

```
not found: value Dog
```

Extraktormuster sind nur für Typen möglich, die einen **Extraktor** haben. Bevor wir Extraktoren kennenlernen, betrachten wir den Typ `Option` aus einer anderen Perspektive.

17.3   Optionale Attribute

Der Typ `Option` ist nicht nur als Typ für Ergebnisse von Funktionen interessant, sondern kann auch sinnvoll für Attribute eingesetzt werden. Um anzuzeigen, dass es zu einem Attribut keinen Wert gibt, verwenden wir zumindest bei Referenztypen den Wert `null`. Da `null` nicht für alle Typen zur Verfügung steht und wir bei der Verwendung auch immer Gefahr laufen, auf eine `NullPointerException` zu stoßen, ist diese Lösung sicher nicht perfekt. Alternativ können wir wie folgt den Typen `Option` einsetzen:

```scala
class Dog(val name: String, val size: Option[Int]){
  require(name!=null && (size==None || size.get>0))
  def this(name: String) = this(name, None)

  def bark=println(name+" says woof")
}
```

Wie gewohnt hat die Klasse `Dog` die beiden öffentlichen Attribute `name` und `size`. Weil das Attribut `size` den Typ `Option` hat, muss es keine Zahl enthalten, sondern kann auch den Wert `None` haben. Im Standardkonstruktor werden die Parameter überprüft: `name` darf nicht `null` sein. Wenn das Attribut `size` nicht `None` ist, überprüfen wir mit der Methode `get`, ob `size` eine Zahl enthält, die größer als 0 ist.

Der zweite Konstruktor nimmt nur den Namen des Hundes als Argument entgegen und leitet ihn zusammen mit dem Wert `None` für die Größe an den Standardkonstruktor weiter.

Da wir den generischen Typen `Option` nicht nur für Referenztypen, sondern für alle Typen nutzen können, haben wir so einen allgemeingültigen Ersatz für `null`.

17.4   Extraktoren sind universelle Inspektoren

Extraktoren sind sehr praktisch und werden an vielen Stellen in der Scala-API verwendet. Am Beispiel der Klasse `Dog` haben wir aber bereits gesehen, dass nicht jeder Typ einen Extraktor hat. Extraktoren fallen nicht vom Himmel, sondern müssen eigens definiert werden. Für die Klasse `Dog` implementieren wir dazu in ihrem Begleitobjekt die Methode `unapply`:

```scala
def unapply: Dog => Some(String, Int)
```

Die Methode `unapply` ist der Extraktor. Wir können selbst bestimmen, welche Werte in Extraktormustern verwendet werden. In den meisten Fällen sind diese Werte auch Attribute; dazu besteht aber keine Notwendigkeit. Das Ergebnis des Extraktors packt die Methode `unapply` dann in ein Objekt vom Typ `Some` (siehe Abschnitt 17.1) ein.

```scala
object Dog {
  def unapply(dog: Dog) = Some(dog.name, dog.size)
}
```

Die Funktion `dogger` aus Listing 17.1 wird jetzt übersetzt; beim Vergleich mit dem Extraktormuster `Dog(name, _)` wird *implizit* die Methode `unapply` aufgerufen. Die Parameterliste des Extraktors muss aber, wie gesagt, nicht mit der eines Konstruktors übereinstimmen. Die folgende Definition ist also syntaktisch korrekt:

```scala
object Dog {
  def unapply(dog: Dog) =
    Some(dog.name, dog.size, dog.name+" says hello")
}
```

Diesen Extraktor können wir so anwenden:

```
def dogger(a: Any) = a match{
  case Dog(_, _, hello) => println(hello)
  case _ => println("extractor does not match")
}
```

Wir sehen, dass wir mit Extraktormustern nicht „einfach so" auf private Attribute zugreifen, sondern im Extraktor festlegen, welche Daten über ein Muster extrahiert werden können. Im Fall der Methode `dogger` hätten wir auf Extraktor und Extraktormuster verzichten und alternativ mit einem Typmuster arbeiten können.

Extraktoren werden zwar in Singletons definiert, das Singleton muss aber nicht unbedingt Begleitobjekt einer Klasse sein. Der folgende Typ enthält einen Extraktor für Postleitzahlen:

Listing 17.2: Ein Typ mit Extraktor

```
object ZIPCode{
  def unapply(code: String): Option[(String, String)] = {
    val parts = code.split("-")
    if(parts.length!=2) None
    else Some((parts(0),parts(1)))
  }
}
```

Der Extraktor von `ZIPCode` versucht einen Text als internationale Postleitzahl zu interpretieren, die aus einem Länderkürzel und der nationalen Postleitzahl besteht. Beide Komponenten müssen durch einen Bindestrich getrennt sein. Die Methode `unapply` zerlegt[1] den Text `code` in mehrere Teilstrings, indem sie das Zeichen `'-'` als Trennzeichen interpretiert. Genau dann, wenn die Zerlegung zwei Texte ergibt, handelt es sich um eine Postleitzahl: Der erste Text ist das Länderkürzel, der zweite der nationale Code.

In der Anwendung sieht das dann so aus:

```
val c="D-78120"
c match{
  case ZIPCode(country, code) =>
    println("country: "+country+", "+"code: "+code)
  case _ => println("not a valid zip code")
}
```

Die Ausgabe ist

```
country: D, code: 78120
```

Extraktoren helfen uns also bei der Zerlegung eines Objekts; wir sehen im nächsten Abschnitt, dass auch der umgekehrte Weg der *Komposition* möglich ist.

---

[1] Wir betreten hier wieder imperatives Glatteis, da die Methode `String.split` ein *Array* von Texten liefert.

17.5   Lesbarer Code mit `apply`

Im Zusammenhang mit Funktionstypen haben wir `apply` (siehe Abschnitt 12.2) bereits kennengelernt. Eine Funktion wie

```
val f: Int=>Int = x => x*x
```

ist vom Typ `Function1`. Diesen Typen kennen wir aus Abschnitt 12.2; dort haben wir erfahren, dass die eigentliche *Funktionalität* in der Methode `apply` steckt. Der Aufruf von

```
f apply 5
```

liefert also den Wert `25` und ist damit das Gleiche wie `f(5)`. Tatsächlich können wir für jeden Typen `apply`-Methoden mit beliebigen Parameterlisten und beliebigen Rückgabewerten definieren. Das Schöne ist, dass wir beim Aufruf den Funktionsnamen `apply` nicht notieren müssen. So verbirgt sich im Codefragment

```
val list = List(23, 47, 11, 42)
println(list(3))
```

hinter `list(3)` der Aufruf `list.apply(1)`. Es ist also die `apply`-Methode, die sich bis zum vierten Listenelement vorarbeitet und dessen Wert ermittelt. Da wir für jeden Typen eine `apply`-Methode definieren können, probieren wir es mal am Begleitobjekt von `Dog` aus:

```
object Dog{
  def apply(name: String, size: Int) = new Dog(name, size)
  def apply(name: String) = new Dog(name, 23)
}
```

Mit

```
val dog=Dog("Snoopy", 42)
```

rufen wir implizit die `apply`-Methode auf. Wir beobachten, dass hier das Schlüsselwort `new` fehlt und wir den Konstruktor nur indirekt aufrufen. Die `apply`-Methode dient uns hier als *Factory* für unsere Klasse `Dog`.

Analog können wir unseren Singleton `ZIPCode` (siehe Listing 17.2) auch mit einer `apply`-Methode anreichern:

```
def apply(country: String, city: String): String =
  country+"-"+city
```

In der Anweisung

```
val c: String = ZIPCode("D", "78120")
```

wird implizit `apply` aufgerufen und der Konstanten `'c'` der Text `"D-78120"` zugewiesen. Die Methode `apply` muss also nicht unbedingt als Factory genutzt werden.

Grundsätzlich benötigen wir den Typen `ZIPCode` nicht; wir könnten die beiden Operationen zur Erzeugung und Extraktion auch mit Hilfe von zwei Methoden realisieren. Durch den

Typen haben wir aber für die beiden dualen Operationen ein gemeinsames Dach geschaffen und können jetzt komfortabel mit der Mustererkennung arbeiten.

Ergänzend zu den Methoden `apply` und `unapply` gibt es eine Methode `update` mit einer ebenso intuitiven Kurznotation (siehe etwa Abschnitt 22.3).

17.6 Variable Extraktoren

Da wir in Scala Methoden mit Parameterlisten variabler Länge definieren können (siehe Abschnitt 11.7), sollte das auch für Extraktoren möglich sein. Mit Hilfe von Extraktoren, die mit `unapplySeq` definiert werden, erhalten wir diese Variabilität:

```scala
object ZIPCode{
  def apply(country: String, city: String): String =
    country+"-"+city
  def unapplySeq(code: String): Option[List[String]] = {
    val parts = code split "-"
    Some(parts toList)
  }
}
```

Jetzt können wir Muster für Texte definieren, die zwei Bindestriche enthalten:

```scala
c match{
  case ZIPCode(country, code) =>
    println("Country: "+country+", "+"Code: "+code)
  case ZIPCode(country, code1, code2) =>
    println("almost a zip code")
  case _ => println("not a zip code")
}
```

17.7 Alles frei Haus mit Case-Typen

Für die Typen `Dog` und `ZIPCode` haben wir Extraktoren, weil wir dort die Methode `unapply` implementiert haben. Wenn wir unsere Klassen oder Singletons mit dem Schlüsselwort `case` markieren, können wir uns das schenken. In einer **Case-Klasse** liefert uns Scala einiges frei Haus:

- ein Begleitobjekt
- zu jedem Parameter des Standardkonstruktors ein öffentliches, konstantes Attribut
- überschriebene `equals`-, `hashCode`- und `toString`-Methoden
- einen Extraktor
- eine Factory in Form einer `apply`-Methode

Für den Typ `Dog` sieht die Case-Klasse so aus:

```scala
case class Dog(name: String, size: Int){
  require(name!=null && size>0)
  def bark = println(name+" says woof")
}
```

Es hat sich im Vergleich zur Klasse Dog äußerlich nicht viel getan: Das Schlüsselwort case ist neu, die Parameter werden nicht mehr als Attribute gekennzeichnet. Bei Case-Klassen erledigt der Compiler das für uns. Was Case-Klassen bereits an Bordmitteln zu bieten haben, sehen wir hier:

```scala
val bello = Dog("Bello", 42)
val clone = Dog("Bello", 42)
val snoopy = Dog("Snoopy", 4711)
println(bello)
println(snoopy.name)
println(bello==snoopy)
println(bello==clone)
println(bello.hashCode == clone.hashCode)
println(
  bello match{
    case Dog(name, 42) => name
  }
)
```

Die Ausgabe ist

```
Dog(Bello, 42)
Snoopy
false
true
true
Bello
```

Für das eine Schlüsselwort case bekommen wir eine ganze Menge Funktionalität. Die Methode toString liefert einen Text mit dem Klassennamen und den Werten der Parameter des Konstruktors, also alles, was wir über das Objekt wissen müssen. Zwei Objekte vom Typ Dog sind genau dann gleich, wenn ihre Attribute übereinstimmen. Analog errechnet sich der Wert von hashCode aus den Hash-Werten der Attribute des Hundes. Die Wirkungsweise der Factory und des Extraktors haben wir auch gesehen.

Case-Typen finden wir oft in Klassenhierarchien. Die Typen Option, None und Some gehören zu einer Klassenhierarchie. Im Quellcode der Scala-API finden wir sinngemäß:

```scala
class Option[T]{
  ...
}
case class Some[T] extends Option{
  ...
}
```

```
case object None extends Option[Nothing]{
    ...
}
```

Zur Klasse `Option` gibt es die Untertypen `Some` und `None` als Case-Typen, wobei `None` ein **Case-Singleton**[2] ist. Diese Definition ermöglicht den bequemen Einsatz der Objekte vom Typ `Option` in Extraktormustern[3], wie wir ihn bereits kennengelernt haben.

Wir entwickeln jetzt mit Case-Typen eine kleine Klassenhierarchie für verkettete Listen. Ähnlich wie in Kapitel 6 ist ein Knoten die leere Liste oder eine Zahl, der ein Knoten folgt. Das sieht dann so aus:

```
abstract class Node
case object Empty extends Node
case class List(head: Int, tail: Node) extends Node
```

Mit diesen einfachen Typen können wir bereits einfache Listen anlegen:

```
val xs = List(47, List(11, Empty))
```

Dieses Objekt geben wir mit Hilfe der `toString`-Methode aus, die uns Case-Typen zur Verfügung stellen. Die Anweisung

```
println(xs)
```

liefert

```
List(47, List(11, Empty))
```

Die Ausgabe kommt noch etwas klobig daher. Wir überschreiben daher die `toString`-Methode der Basisklasse `Node` und setzen Extraktormuster ein, um die Liste rekursiv in einen String zu transformieren.

```
override def toString: String = this match{
    case List(head, tail) => head + " "+ tail.toString
    case Empty => ""
}
```

Wenn der aktuelle Knoten die leere Liste ist, dann ist der leere String das Ergebnis von `toString`, sonst wird das Extraktormuster `List(head, tail)` verwendet. Der Extraktor zerlegt den Knoten in die Bestandteile `head` und `tail`. Rekursiv wird die String-Darstellung von `tail` ermittelt und um den Wert von `head` erweitert. Jetzt ist die Ausgabe von

```
println(x)
```

besser lesbar:

---

[2] In der Definition von `None` sehen wir übrigens auch eine weitere Anwendung des Typen `Nothing`.

[3] In Case-Klassen hat der Extraktor die gleichen Parameter wie der Standardkonstruktor. In der Scala-Referenz [Ode09a] werden Extraktormuster bei Case-Klassen auch als Konstruktormuster bezeichnet. Wir übernehmen diese Unterscheidung nicht.

```
47 11
```

Die folgende Funktion `f` zeigt uns noch eine Eigenart von Case-Typen. In der Methode

```
def f(v: Option[Int]) = v match{
    case Some(w) => w
}
```

berücksichtigt die Mustererkennung den Fall `None` nicht. Der Compiler ist so freundlich, uns in Form einer Warnung darauf hinzuweisen:

```
match is not exhaustive! missing combination None
```

Wenn wir Mustererkennung im Zusammenhang mit der Klasse `Option` verwenden und die Warnungen unseres Compilers nicht in den Wind schlagen, übersehen wir also keinen einzigen Fall.

Diese Compiler-Warnung erhalten wir aber nicht, wenn wir etwa in der `toString`-Methode der Klasse `List` den Fall `Empty` entfernen. Der Compiler kann nicht wissen, welche Case-Typen es zur Laufzeit zu einer Basisklasse geben kann, da diese in verschiedenen Bibliotheken liegen können. Der Fall liegt anders, wenn wir „versprechen", dass alle Case-Typen, die zu einem `match`-Ausdruck passen, in der gleichen Scala-Datei stehen. Dieses Versprechen geben wir ab, indem wir die gemeinsame Basisklasse als `sealed` markieren. In unserem Fall sieht das dann so aus:

```
sealed abstract class Node
```

Alle Case-Typen, die von einer als `sealed` markierten Klasse abstammen, müssen also in der gleichen Datei wie ihre Basisklasse vereinbart werden. Jetzt verstehen wir auch, warum wir keine eigenen Wertetypen definieren können: Die Basisklasse `AnyVal` ist ebenfalls als `sealed` markiert. Die neun Wertetypen sind in der gleichen Quelldatei wie der Typ `AnyVal` implementiert.

Alles klar?

- Eine Klasse hat einen Extraktor, wenn es in ihrem Begleitobjekt die Methode `unapply` gibt.

- Ein Extraktor zerlegt ein Objekt in mehrere Teile, die dann in Extraktormustern verwendet werden können.

- Die Methode `apply` kann in einer verkürzten instruktiven Notation formuliert werden. Viele Typen der Scala-API haben eine `apply`-Methode.

- Case-Typen sind Klassen oder Singletons, die mit dem Schlüsselwort `case` markiert sind.

- Case-Typen enthalten implizit viel Funktionalität.

17.8 Aufgaben

1. Definieren Sie für jede der drei Farben Rot, Gelb und Grün einen eigenen Case-Typ mit gemeinsamer Basisklasse.

2. Schreiben Sie eine Klasse `TrafficLight`, die eine Methode `react` enthält, deren Parameter eine Farbe ist und die in Abhängigkeit von der Farbe ausgibt, ob man warten muss. Setzen Sie Extraktoren und Pattern Matching ein.

3. Wie interpretieren Sie das Ergebnis der folgenden Anweisung?

```
val ZIPCode(country, code) = "D-78120"
```

Kapitel 18

Listen

In funktionalen Sprachen sind unveränderbare Listen *die* Datenstruktur. Das haben wir bereits in Kapitel 6 erfahren und auch gesehen, dass wir Klassen wie `ArrayList` oder `LinkedList` aus dem Java Collection Framework allein schon aufgrund ihrer Veränderbarkeit nicht zur funktionalen Programmierung verwenden können. Unsere eigene, einfache, in Java implementierte Listenklasse für ganze Zahlen aus Kapitel 6 war zwar unveränderbar, aber nicht wirklich bequem. Dieser Prototyp hat uns an einige Aspekte der listenorientierten Programmierung herangeführt, genügt aber sicher nicht den hohen Ansprüchen, die wir an eine wichtige Datenstruktur wie die Liste stellen. Die Scala-API bietet uns mit `scala.List` einen generischen Typ, der unserer Implementierung *ähnelt*, aber wesentlich mehr Komfort bietet.

18.1 Die leere Liste

Wie in natürlichen Sprachen, so erkennen wir auch in Programmiersprachen die Wichtigkeit einzelner Konzepte daran, dass wir sie auf vielfältige Weise formulieren können. Diese Eigenschaft ist bei Listen sehr ausgeprägt, und wir entdecken sie bereits am Beispiel der einfachsten aller Listen. Die Anweisungen

```
val empty = Nil
```

und

```
val empty = List()
```

definieren beide eine leere Liste. Das Singleton `Nil` ist ein Untertyp von `List[Nothing]` und kann mit jeder beliebigen Liste verknüpft werden, da `Nothing` ein Untertyp aller anderen Typen ist.[1]

Die Methode `isEmpty` verrät uns, dass unsere Liste `empty` auch wirklich leer ist:

---

[1] Das ist nicht ganz so selbstverständlich: Zum Verständnis der Kompatibilität von `Nil` mit beliebigen Listen fehlt uns noch der Begriff „Kovarianz" (siehe Kapitel 24).

```
scala> empty.isEmpty
res0: Boolean = true
```

18.2   Listen erzeugen

Das Begleitobjekt der Klasse `List` stellt uns durch seine `apply`-Methode (siehe Kapitel 17) eine Factory-Methode namens `List` zur Verfügung, die eine Parameterliste variabler Länge (siehe Abschnitt 11.7) enthält. Eine Liste mit den Zutaten Hefe, Wasser und Mehl für einen leckeren Pizzateig definieren wir so:

```
val pizza = List("Yeast","Water", "Flour")
pizza: List[java.lang.String] = List(Yeast, Water, Flour)
```

Die Factory-Methode des Begleitobjekts von `List` nutzen wir für kompakte Definitionen unserer Listen. Scala hat aber weitere Möglichkeiten, um die Liste `pizza` zu erzeugen: *Alternativ* können wir auch ganz ähnlich wie in Kapitel 6 die leere Liste nehmen und ihr nach und nach die anderen Listenelemente voranstellen:

```
val pizza = "Yeast"::"Water"::"Flour"::Nil
```

Der `::`-Operator hat in der funktionalen Programmierung eine lange Tradition, wir haben ihn bereits in Abschnitt 2.2.2 bei der Einführung von ML kennengelernt. Er *konstruiert* eine Liste aus einem Element und einer (möglicherweise leeren) Liste. Daher wird `::` gelegentlich auch als `cons`-Operator[2] bezeichnet. Wenn wir Listen erzeugen, erscheint die Factory-Methode brauchbarer, doch sehen wir bald, dass wir den `cons`-Operator sehr schön zur Mustererkennung einsetzen können.

Für uns ist der `cons`-Operator aber noch in anderer Hinsicht interessant: Da es in Scala kein eigenes Konzept für Operatoren gibt, ist `::` eine Methode. Sie *scheint* aber nicht zur Klasse `List` zu gehören, weil wir unsere Zutatenliste sonst so definieren müssten:

```
Nil::"Flour"::"Water"::"Yeast"
```

Da die Liste genau umgekehrt angeordnet ist (`"Yeast"` kommt zuerst), wirkt diese Notation weniger intuitiv. Tatsächlich übersetzt der Compiler die Anweisung in dieser Form *nicht*. Wir können Listen in der natürlicheren Notation aufschreiben, weil der Operator `::` auf einen Doppelpunkt endet und somit rechtsassoziativ ist (siehe Abschnitt 14.1.5).

18.3   Einfache Methoden für Listen

Die beiden Mitglieder `head` und `tail` der Klasse `List` hatten wir bereits in unserem Java-Prototyp implementiert:

---

[2] Die Klasse `List` und ihr Begleitobjekt enthalten keine Methode namens `cons`, doch hat sich die Bezeichnung im Zusammenhang mit Listen so etabliert (siehe auch Kapitel 2), dass trotzdem vom `cons`-Operator gesprochen wird.

```
scala> pizza head
res1: java.lang.String = Yeast
scala> pizza tail
res2: List[java.lang.String] = List(Water, Flour)
```

Analog zu head und tail gibt es noch die Methode last für das letzte Listenelement und init für eine Liste, in der genau das letzte Element fehlt. Beide Methoden sind im Vergleich zu head und tail unbedeutend, da sie eine lineare Laufzeit[3] haben können. Wir meiden sie daher, wo es nur geht.

Wie viele Zutaten hat unser Pizzateig?

```
scala> pizza length
res3: Int = 3
```

Die Methode size liefert übrigens immer den gleichen Wert wie die Methode length. Auch length und size verwenden wir aufgrund ihrer potenziell linearen Laufzeiten sparsam.

Mit diesen wenigen Zutaten können wir bereits eine Methode schreiben, die unsere Zutatenliste in eine Einkaufsliste transformiert:

```
def shopping(xs: List[String]): String =
  if(xs size==1) xs head
  else xs head + "\n"+shopping(xs tail)
```

Die Definition ist wieder rekursiv:

- Wenn die Liste xs aus nur einem Element besteht, so enthält das Ergebnis genau dieses eine Element.

- Ansonsten wird das Ergebnis aus dem Listenkopf, einem Zeilenumbruch und der Einkaufsliste vom Endstück der Liste zusammengesetzt.

18.4   Listenmuster

Listen spielen eine so wichtige Rolle, dass es für die Mustererkennung eigene Muster gibt. So können wir Methoden wie shopping, die Listen als Parameter haben, eleganter formulieren:

```
def shopping(xs: List[String]): String = xs match{
  case v::Nil => v
  case v::ys => v + "\n"+shopping(ys)
}
```

Auch hier wird rekursiv gearbeitet:

---

[3] In Abschnitt 6.4 haben wir gesehen, dass bereits ganz elementare Operationen wie append auf unseren unveränderbaren Java-Listen lineare Laufzeiten nach sich ziehen.

- Die Liste wird mit dem Muster `v::Nil` abgeglichen. Die Prüfung ist genau dann bestanden, wenn `xs` nur ein Element enthält.

- Wenn die Prüfung nicht bestanden wurde, wird die Liste gegen das Muster `v::ys` geprüft. Die Prüfung ist genau dann bestanden, wenn die Liste aus einem Kopf und einem Endstück besteht. Wenn das der Fall ist, wird `v` der Wert des Listenkopfes und `ys` das Endstück zugewiesen. Das Endstück kann nicht leer sein, da dieser Fall bereits geprüft wurde.

Das Ergebnis ist eine Darstellung der Liste als Einkaufsliste. Der Aufruf von

```
print(shopping(pizza))
```

liefert

```
Yeast
Water
Flour
```

Wenn wir `shopping` mit der leeren Liste ausrufen, bekommen wir wie in Abschnitt 13.3 eine `MatchError`-Exception.

Alternativ können wir auch den Extraktor (siehe Abschnitt 17.4) des Begleitobjekts für die Mustererkennung bemühen. So wie der Typ `List` über eine Factory mit variabler Parameterliste verfügt, so gibt es analog einen passenden Extraktor:

```
def shopping(xs: List[String]): String = xs match{
  case List(v) => v
  case List(v, _*) => v + "\n"+ shopping(xs tail)
}
```

Hier ist das Extraktormuster `List(v, _*)` interessant, das eine Liste repräsentiert, die *mindestens ein Element* enthält, das wir mit `v` bezeichnen; der zugehörige Extraktor ist variabel (siehe Abschnitt 17.6).

18.5   Weitere einfache Methoden

Wir können übrigens auch ganz bequem die Methode `mkString` einsetzen, wenn wir eine Liste in einen String umwandeln wollen:

```
scala> pizza mkString("","and ","")
res4: String = Yeast and Water and Flour
```

Die Methode `mkString` bietet einige Möglichkeiten zur ansprechenden Formatierung von Texten:

```
scala> pizza mkString("Ingredients: "," and ",".")
res5: String = Ingredients:  Yeast and Water and Flour.
```

Es ist auch kein Problem, zwei Listen aneinanderzuhängen. Mit der Definition

```
val toppings = List( "Cheese", "Tomato")
```

bekommen wir eine Liste mit allen Zutaten, die wir für eine einfache Pizza brauchen:[4]

```
scala> pizza:::toppings
```

Das Ergebnis:

```
res6: List[String] = List(Yeast, Water, Flour, Cheese, Tomato)
```

In Abhängigkeit von der Implementierung wird die letzte Anweisung aber möglicherweise wie

```
"Yeast"::"Water"::"Flour"::Nil:::List( "Cheese", "Tomato")
```

abgearbeitet, so dass die gesamte Laufzeit linear von der Länge der ersten Liste abhängt.

Mit Hilfe des Operators ::: können wir auch einzelne Elemente an das *Ende* einer Liste hängen:

```
scala> xs:::List("Oil")
res7: List[java.lang.String] = List(Yeast, Water, Flour, Oil)
```

Hier sei wieder darauf hingewiesen, dass der Aufwand linear sein kann, wenn Elemente nach und nach an das Endstück gehängt werden (siehe die Bemerkungen zur Methode `append` auf Seite 77). Dagegen ist es ganz einfach, `Oil` zum *ersten* Listenelement zu machen:

```
"Oil"::pizza
```

So klein der (optische) Unterschied zwischen :: und ::: ist, so sehr unterscheiden sich die Laufzeiten der beiden Methoden.

Eine Liste kann auch andere Listen enthalten:

```
scala> pizza::List("Oil")
res8: List[java.lang.Object] = List(List(Yeast, Water, Flour), Oil)
```

Unsere Liste besteht aus einer Liste und einem Text. Weil die Typen verschieden sind, werden sie zu einer Liste vom kleinsten gemeinsamen Basistyp `Object` zusammengefasst.

Mit der Methode `apply(i)` erhalten wir das Listenelement an Position `i`:

```
scala> pizza.apply(2)
res9: String = Flour
```

Aus Abschnitt 17.5 wissen wir, dass wir den Aufruf der Methode `apply` auch auf `pizza(2)` verkürzen können. Diese knappe Schreibweise suggeriert eine ähnlich freundliche Laufzeit wie beim Zugriff auf das `i`-te Element eines Arrays. Tatsächlich muss die Liste aber vom ersten bis zum `i`-ten Element sequentiell durchlaufen werden.

Auch wenn es an dieser Stelle umständlich erscheint, ist es doch interessant zu sehen, wie wir alternativ zur `apply`-Methode hier Mustererkennung einsetzen können.

---

[4] Das ist kein Druckfehler: Die Methode zum Verknüpfen zweier Listen besteht wirklich aus drei Doppelpunkten.

```
scala> val List(_, _, v) = pizza
v: java.lang.String = Flour
```

18.6   Mengenoperationen

Operationen wie `union`, `intersect` und `- -`, die wir aus der Mengenlehre kennen, stehen auch in Scala zur Verfügung. Sie gehören zu `SequenceLike`, einem der Basistypen von `List`. Im Zusammenhang mit Listen ist eine sinnvolle Implementierung dieser Operationen schwieriger, als es zunächst erscheint, da Listen im Gegensatz zu Mengen Dubletten enthalten können. Wenn Listen wie Mengen behandelt werden, besteht das Ergebnis von

```
List(1, 2, 1, 2) union List(1, 4)
```

aus den *drei* Elementen 1, 2 und 4. Das rätselhafte Verschwinden von Dubletten würde sicher einige Verwirrung bei der Arbeit mit *Listen* hervorrufen. Seit Scala 2.8 werden Listen als Multimengen interpretiert, als Mengen also, in denen Dubletten möglich sind und kein Element mehr verloren geht:

```
scala> List(1, 2, 1, 2) union List(1, 4)
res10: List[Int] = List(1, 2, 1, 2, 1, 4)
```

Die Methode `union` entspricht hier also der Operation `++`, die eine Liste an eine andere hängt. In der Tat wird die Reihenfolge berücksichtigt:

```
scala> List(1, 4) union List(1, 2, 1, 2)
res11: List[Int] = List(1, 4, 1, 2, 1, 2)
```

Kuchenteig ist etwas anderes als Pizzateig. Er könnte so definiert sein:

```
val cake=List("Sugar", "Flour", "Eggs", "Water")
```

Die gemeinsame Zutatenliste für Kuchen- und Pizzateig erhalten wir bekanntlich über:

```
scala> val dough = cake:::pizza
dough: List[java.lang.String] =
  List(Sugar, Flour, Eggs, Water, Yeast, Water, Flour)
```

Alternativ zu `:::` hätten wir hier auch mit `union` oder `++` arbeiten können.

Mehl ist als Zutat in beiden Listen enthalten, die Verkettung enthält Mehl daher doppelt. Die Liste sieht ohne Dubletten so aus:

```
cake:::pizza removeDuplicates
```

Welche Zutaten gibt es in *beiden* Rezepten?

```
scala> cake intersect pizza
res12: List[java.lang.String] = List(Flour, Water)
```

Was fehlt uns noch, wenn wir bereits alle Zutaten für Pizzateig eingekauft haben und einen Kuchen backen wollen?

```
scala> cake--pizza
res13: List[java.lang.String] = List(Sugar, Eggs)
```

Der Differenzoperator − − entfernt alle Elemente aus `cake`, die bereits in `pizza` enthalten sind. Die nützliche Operation `zip` haben wir auch in Kapitel 6 kennengelernt. Bisher wissen wir nur, welche Zutaten in unseren Pizzateig kommen. Die Mengen haben wir noch nicht erfasst. Das ist aber gar kein Problem:

```
scala> val recipe = pizza zip List(20, 250, 300)
res14: List[(java.lang.String, Int)] =
  List((Yeast,20), (Water,250), (Flour,300))
```

Aus korrespondierenden Elementen der beiden Listen werden Paare vom Typ (`String`, `Int`) gebildet.

18.7   Das Begleitobjekt

Nach dem Import

```
import scala.List._
```

stehen uns die Methoden des Begleitobjekts von `List` zur Verfügung, ohne dass sie über den Typ `List` qualifiziert werden müssen.

Eine dieser Methoden ist `zip`, die wir in Verbindung mit etwas Mustererkennung einsetzen, um aus der Liste `recipe` die ursprüngliche Zutatenliste zu rekonstruieren:

```
scala> val (ingredients, _) = unzip(recipe)
ingredients: List[java.lang.String] = List(Yeast, Water, Flour)
```

Wenn wir unsere Zutaten nummerieren wollen, nehmen wir dazu die Methode `range` aus dem (importierten) Begleitobjekt von `List`:

```
scala> range(1,5)
res15: List[Int] = List(1, 2, 3, 4)
```

Die obere Grenze 5, die wir `range` als Parameter übergeben haben, gehört dabei nicht mit zur Ergebnisliste. Eine Nummerierung könnte so aussehen:

```
scala>range(1, 5).zip(pizza)
res16: List[(Int, java.lang.String)] =
  List((1,Yeast), (2,Water), (3,Flour))
```

Eine ganz ähnliche Funktionalität bietet übrigens `zipWithIndex`:

```
scala> pizza zipWithIndex
res17: List[(java.lang.String, Int)] =
  List((Yeast,0), (Water,1), (Flour,2))
```

Der Unterschied zur ersten Variante ist gering: Die Zählung beginnt hier bei 0, und die Einträge in den Paaren sind vertauscht.

Wir sehen auch, dass zip[5] selbst dann funktioniert, wenn die beiden beteiligten Listen nicht die gleiche Länge haben.

18.8   Methoden höherer Ordnung für Listen

Jetzt wollen wir in unserer Zutatenliste nach dem Text "Flour" suchen. Java-Klassen wie LinkedList enthalten dazu die Methode contains, nach der wir in der Dokumentation der Scala-Klasse List vergeblich suchen. Wir verwenden die Methode exists, eine Methode höherer Ordnung, die viel mehr als contains kann, da wir ihr Prädikate, also Funktionen, die einen Booleschen Wert zurückgeben, übergeben können. Die *Suche* nach Elementen ist nur ein Spezialfall von exists:

```
scala> pizza exists (s => s=="Flour")
res18: Boolean = true
```

Da wir es im Prädikat mit nur einem Parameter zu tun haben, benutzen wir die Kurzschreibweise:

```
scala> pizza exists (_=="Flour")
res19: Boolean = true
```

Das gleiche Ergebnis erzielen wir mit der Methode forall: es wird geprüft, ob ein Prädikat für *alle* Elemente den Wert true liefert:

```
scala> !( pizza forall (_!="Flour"))
res20: Boolean = true
```

Nicht alle Elemente sind also ungleich "Flour". Aus der Negation ergibt sich, dass das Element "Flour" mindestens einmal auftritt.

Wir könnten auch die Elemente zählen, die den Wert "Flour" haben. Wenn diese Zahl nicht 0 ist, tritt "Flour" mindestens einmal auf.

```
scala> 0!=pizza count(_=="Flour")
res21: Boolean = true
```

Mit der Funktion filter ermitteln wir alle Listenelemente, die einem Prädikat genügen. Daher können wir auch filter nutzen, um zu prüfen, ob "Flour" in der Liste vorhanden ist.

```
scala> !pizza.filter(_=="Flour").isEmpty
res22: Boolean = true
```

Wir sehen, dass wir einzelne Werte auf verschiedene Arten bequem suchen und daher auf spezielle Funktionen wie contains verzichten können.

---

[5] Siehe auch Abschnitt 7.5. Anders als in unserer eigenen Implementierung erzeugt die Methode List.zip Paare von korrespondierenden Listenelementen. Eine Verknüpfung kann nicht angegeben werden.

Vielleicht erinnern wir uns auch an die Funktion `map` (siehe Abschnitt 7.2), mit der wir die Elemente einer Liste abbilden können:

```scala
scala> pizza.map(_.toLowerCase)
res23: List[java.lang.String] = List(yeast, water, flour)
scala> pizza.map(_.length)
res24: List[Int] = List(5, 5, 5)
```

Kombinationen von mehreren Funktionen höherer Ordnung wie `filter` und `map` liefern gute Beispiele für die Ausdruckskraft funktionaler Sprachen. So entspricht

```scala
scala> pizza.filter(_!="Flour").map(_.toUpperCase)
res25: List[java.lang.String] = List(YEAST, WATER)
```

der SQL-Anweisung

```sql
select upper(name)
from pizza
where name!='Flour'
```

Selbst Funktionalitäten wie Joins sind möglich: Dazu ermitteln wir das kartesische Produkt, also eine Liste, in der alle Elemente einer Liste mit den Elementen einer anderen Liste gepaart werden. Wenn wir etwa das kartesische Produkt aus den Listen `(1,2,3)` und `(a,b)` bilden wollen, übergeben wir der Operation `map` einfach eine Verknüpfung:

```scala
scala> range(1, 4).map(v=>List('a', 'b').map(w=>(v, w)))
res26: List[List[(Int, Char)]] =
  List(List((1,a), (1,b)), List((2,a), (2,b)), List((3,a), (3,b)))
```

Diese Liste besteht aus Listen von Paaren und ist nicht so ganz das, was wir eigentlich wollten. Die Verschachtelung heben wir mit der Methode `flatten` auf, wobei wir den Typ der neuen Liste über den Typparameter von `flatten` einstellen:

```scala
scala> range(1, 4).map(v => List('a', 'b')
  .map(w=>(v,w))).flatten[(Int, Char)]
res27: List[(Int, Char)] =
  List((1,a), (1,b), (2,a), (2,b), (3,a), (3,b))
```

Da `map` häufiger in Verbindung mit `flatten` auftritt, gibt es hierfür die kombinierte Methode `flatMap`

```scala
scala> range(1,4).flatMap(v=>List('a','b').map(w=>(v,w)))
res28: List[(Int, Char)] =
  List((1,a), (1,b), (2,a), (2,b), (3,a), (3,b))
```

18.8.1 Beispiel: Quicksort

Mit Hilfe der Methode `filter` haben wir eine Möglichkeit, den Quicksort-Algorithmus (siehe auch Abschnitt 7.3, sowie den Kasten „Wie funktioniert Quicksort?" auf Seite 89) sehr kompakt zu implementieren:

```
def sort(xs: List[String]): List[String] = xs match{
  case pivot::ys =>
      sort(ys filter(pivot <=)):::List(pivot)
      :::sort(ys filter (pivot >))
  case Nil => Nil
}
```

Wie gewohnt, zerlegt der Quicksort die als Parameter übergebene Liste mit jedem Rekursionsschritt in zwei Teile: Ein Teil enthält alle Elemente, die kleiner oder gleich dem Pivot sind, der andere Teil enthält den Rest. Der Pivot ist dabei das erste Listenelement. Das Ergebnis von `sort` besteht also jeweils aus der Liste, die sich ergibt, wenn wir die beiden *sortierten* Teillisten und den Pivot in der richtigen Reihenfolge zu einer einzigen Liste verbinden.

Eigentlich müssen wir aber keine *eigene* Sortiermethode schreiben, sondern können die Methode `sortWith` aus der Klasse `List` verwenden:

```
scala> pizza sortWith(_<_)
res30: List[java.lang.String] = List(Flour, Water, Yeast)
scala> pizza sortWith(_>_)
res31: List[java.lang.String] = List(Yeast, Water, Flour)
```

18.8.2   Die Faltung

In Abschnitt 6.5 haben wir bereits die Faltung kennengelernt: Aus den Endstücken der Liste wird nach immer der gleichen Regel ein Wert ermittelt. Diese Werte werden dann zum Gesamtergebnis zusammengesetzt. Im folgenden Beispiel ermitteln wir – ähnlich wie in Listing 6.12 – die Textdarstellung unserer Zutatenliste:

```
scala> pizza.foldRight("")((x,accu)->(x+" "+accu))
res32: String = Yeast Water Flour
```

Beim Durchlaufen der Liste wird für jedes Element die Textdarstellung `accu` der „geköpften" Liste mit ihrem Listenkopf verbunden. Für die leere Liste geben wir die Textdarstellung `""` explizit an.

Die linke Faltung haben wir in Abschnitt 6.5 als endrekursive oder iterative Variante implementiert. Diese Operation gibt es natürlich auch in Scala:

```
scala> pizza.foldLeft("")((x,accu)=>(x+" "+accu))
res33: java.lang.String =  Yeast Water Flour
```

Zu den beiden Methoden `foldRight` und `foldLeft` gibt es aber auch eine Kurzschreibweise in Form der Operatoren `/:` und `:\`, die in der Anwendung dann so aussehen:

```
("" /: pizza) ((x,accu)=>x+" "+accu)
(pizza :\ "") ((x,accu)=>x+" "+accu)
```

Es handelt sich um die gleichen Ausdrücke mit den gleichen Ergebnissen, nur in einer etwas anderen Schreibweise. Wir beobachten, dass der Operator `\:` mit einem Doppelpunkt endet und daher rechtsassoziativ ist (siehe auch Abschnitt 14.1.5). Auf der linken Seite kann daher ruhig ein Text stehen.

Vielfach müssen wir auch gar nicht *explizit* einen Startwert wie in unserem Fall `""` angeben. Oft reicht es, bei der rechten Faltung das letzte Element und bei der linken Faltung das erste Element als Startwert zu nehmen. Die resultierenden Methoden haben dann, anders als `foldRight` und `foldLeft`, nur *einen* Parameter:

```
pizza.reduceRight((x,accu)=>(x+" "+accu))
pizza.reduceLeft((x,accu)=>(x+" "+accu))
```

Wir können die Faltung in Form der Implementierung `reduceRight` auch benutzen, wenn wir die Berechnung des Abstands zweier Punkte, wie wir sie in Listing 7.4 implementiert haben, nach Scala übertragen. Die Koordinaten liegen dabei in Form von Listen vor:

```
def distance(p1: List[Int] , p2: List[Int]) = Math sqrt
  p1.zip(p2).map(t=>(t._1-t._2)).map(s=>s*s).reduceRight(_+_)
```

Der Aufruf von

```
println( distance(List(3,0), List(0,4)))
```

liefert den Wert `5.0`.[6] In der Methode `distance` werden korrespondierende Einträge beider Listen gepaart und dann für jedes Paar jeweils die Differenzen der beiden Zahlen gebildet. Die Elemente der erzeugten ganzzahligen Liste werden mit der Methode `map` quadriert. Diese Quadratzahlen werden anschließend mit Hilfe der Faltung addiert. Die Wurzel dieser Zahl entspricht gerade dem so genannten euklidischen Abstand zweier Punkte.

In Abschnitt 7.4 haben wir mit Hilfe des Siebs des Eratosthenes (siehe Kasten „Was ist das Sieb des Eratosthenes?" auf Seite 90) und der Faltung eine Liste mit Primzahlen erzeugt. Mit den Instrumenten, die Java uns zur Verfügung stellt, ist das etwas sperrig; in Scala können wir uns auf einen Einzeiler beschränken:

```
range(2, 101).
  foldRight(List[Int]())((x,accu)=>x::accu.filter(y=>y%x!=0))
```

Die `range`-Methode des `List`-Singletons erzeugt uns eine Liste mit allen Zahlen zwischen 2 und 100, die dann in der bekannten Weise verarbeitet wird. Alles lässt sich aus unserem Java-Code aus Listing 7.2 übertragen. Nur bei der initialen leeren Liste müssen wir aufpassen: Wenn wir hier den Typ nicht explizit angeben, geht der Compiler von einer leeren Liste vom Typ `Nothing` aus. Für den Typ `Nothing` ist aber die Operation `%`, die wir in der Methode `filter` verwenden, nicht definiert.

Wer es knapp mag, kann hier auch mit dem Kürzel `:\` für die rechte Faltung arbeiten:

```
(List.range(2, 101):\List[Int]())((x,accu)=>x::accu.filter(_%x!=0))
```

---

[6] Es kommt hier zu einer Warnung, da die Methode `Math.sqrt` seit Scala 2.8 als „*deprecated*" eingestuft wird.

18.9   Das Springerproblem

Wir wollen diesen Abschnitt mit einem klassischen Problem der Unterhaltungsmathematik abschließen. In Abbildung 18.1 sehen wir die acht Zugmöglichkeiten des Springers, einer Figur aus dem Schachspiel. Das Zugmuster des Springers wird oft als Rösselsprung bezeichnet. Durch Knobeln findet man einen Weg des Springers über das Schachbrett, der jedes der 64 Felder des Schachbretts genau einmal besucht. Wer mehr Lust auf Knobeln hat, kann auch nach *geschlossenen* Wegen suchen. Ein Weg gilt dann als geschlossen, wenn das erste Feld des Weges vom letzten Feld aus mit einem Rösselsprung erreicht werden kann. Bevor wir das Problem mit Scala lösen, ist es aber in jedem Fall gut, wenn wir etwas Erfahrung sammeln und das Problem zumindest teilweise „zu Fuß" lösen.

15	62	19	34	1	50	31	46
18	35	16	63	32	47	2	49
61	14	33	20	51	4	45	30
36	17	60	13	64	29	48	3
11	58	21	40	5	52	27	44
22	37	12	59	28	41	6	53
57	10	39	24	55	8	43	26
38	23	56	9	42	25	54	7

Abbildung 18.1: Mögliche Züge eines Springers

Abbildung 18.2: Eine Lösung des Springerproblems

Auch wenn wir in Abbildung 18.2 *eine* mögliche Lösung sehen, hält uns das nicht davon ab, ein Scala-Programm zu entwickeln, das bei genügend Speicherplatz und genug Rechenzeit *alle* Lösungen liefert. Die Beschränkung auf klassische 8x8-Schachbretter lassen wir auch fallen: Wenn wir die Lösung für ein 8x8-Schachbrett haben, ist die Verallgemeinerung kein Problem. Wir verwenden Listen mit ihren mächtigen Methoden, um sehr kompakten Code zu entwickeln.

Da wir jedes Feld des Schachbretts durch seine Koordinaten beschreiben können, bieten sich hier Paare ganzer Zahlen vom Tupel-Typ (Int, Int) an. Auf dem klassischen Schachbrett wird das Feld links unten mit (0,0) und das rechts oben mit (7,7) bezeichnet. Wir definieren einen suggestiven Namen für Paare von ganzen Zahlen:

```
type Field = (Int,Int)
```

Wenn ein Springer auf einem Feld steht, kann er mit dem Rösselsprung maximal acht andere Felder erreichen. Die Richtungen der möglichen Züge können wir ebenfalls mit Paaren ganzer Zahlen beschreiben:

```
val directions =
List((-1,2),(2,-1),(1,2),(-1,-2),(2,1),(-2,-1),(1,-2),(-2,1))
```

Das erste Listenelement repräsentiert beispielsweise die Möglichkeit, den Springer ein Feld nach unten und zwei Felder nach oben zu bewegen. Wenn der Springer auf dem Feld `current` steht, ermitteln wir mit der Methode `map` alle möglichen Zielfelder, auch wenn sie außerhalb des Spielfeldes liegen:

```
directions.map(move => (current._1+move._1, current._2+move._2))
```

Mit `current=(1,1)` ergibt sich die folgende Liste von Zielfeldern:

```
List((0,3),(3,0),(2,3),(0,-1),(3,2),(-1,0),(2,-1),(-1,2))
```

Zu den Zielen gehören auch Felder, die nicht auf dem Schachbrett liegen. Wir müssen also noch eine Prüfung einbauen, um solche verbotenen Züge zu vermeiden: Dabei ist uns das folgende Prädikat behilflich:

```
def inside(v: Field): Boolean=
  v._1<n && v._2<n && 0<=v._1 && 0<=v._2
```

Dabei bezeichnet n die Größe des Schachbretts. Mit der Methode `filter` ermitteln wir jetzt alle zulässigen Züge:

```
def valid(current: Field): List[Field]=
  directions
    .map(move=>(current._1+move._1, current._2+move._2))
    .filter(target=>inside(target))
```

Für ein gegebenes Feld `current` liefert uns `valid` die Liste aller *gültigen* Sprungziele des Springers. Die vollständige Lösung definieren wir in der Methode `solve`:

Listing 18.1: Lösung des Springerpoblems

```
def solve(n: Int): Unit={
  def valid(current: Field): List[Field] = {
    def inside(v: Field): Boolean =
      v._1<n && v._2<n && 0<=v._1 && 0<=v._2

    List((-1,2),(2,-1),(1,2),(-1,-2),(2,1),(-2,-1),(1,-2),(-2,1))
      .map(move => (current._1+move._1, current._2+move._2))
      .filter(target => inside(target))
  }

  def solve(knights: List[Field]): Unit = knights match{
    case current::xs if knights.size != n*n=>
      (valid(current) -- knights).foreach(f=>solve(f::knights))
    case _ if knights.size==n*n => println(knights)
  }
  solve(List((0,0)))
}
```

Wie wir am Rückgabetyp `Unit` erkennen, ist die Methode nicht so ganz funktional: Wir geben das Ergebnis an Ort und Stelle aus. Im Aufgabenteil kann jeder selbst Hand anlegen und den Code funktional gestalten. Der rekursiven inneren Methode `solve` übergeben wir eine Teillösung des Problems, die von der Methode erweitert werden soll. Das Argument dieser Methode ist eine Liste mit den Feldern, die unser Springer bereits besucht hat. Der Listenkopf repräsentiert das zuletzt besuchte Feld.

Mit Hilfe der Mustererkennung und eines Guards zerlegen wir die Liste `knights` in Listenkopf (`current`) und Endstück (`xs`). Wir prüfen dann, welche Felder wir vom Feld `current` aus besuchen können. Die Felder, die wir bereits besucht haben, stehen in der Liste `knights` und dürfen kein zweites Mal besucht werden. Daher entfernen wir sie mit dem Operator `--` aus der Liste der erreichbaren Felder, die wir von `valid` bekommen haben. Dann besuchen wir *jedes* dieser Felder: Dazu setzen wir es an den Kopf der Liste `knights` und rufen `solve` rekursiv auf, um diese Teillösung zu erweitern.

Sobald wir alle n∗n-Felder besucht haben, gibt es eine Lösung, die wir auch gleich ausgeben. Diese Strategie, die alle Möglichkeiten untersucht, wird auch als **Backtracking** bezeichnet.

Auch wenn der Typ `List` sehr wichtig ist, so ist er doch nur *ein* Vertreter des Scala-Collection-Frameworks. Methoden wie `union`, `map` und `forall` finden wir in vielen anderen Typen dieses Frameworks.

Alles klar?

- ▪ Generische, unveränderbare Listen sind die prominentesten und wichtigsten Vertreter des Scala-Collection-Frameworks.
- ▪ Die Klasse `List` bietet zusammen mit ihrem Begleitobjekt sehr viel Funktionalität.
- ▪ Mit Hilfe des Listenextraktors kann Mustererkennung durchgeführt werden.
- ▪ Mit Methoden höherer Ordnung können komplexe Abfragen an Listen formuliert werden.

18.10   Aufgaben

1. Modifizieren Sie die Methode `solve` aus Listing 18.1 zur Lösung des Springerproblems so, dass sie nur Wege ausgibt, bei denen der Springer von seinem letzten besuchten Feld aus mit einem Rösselsprung das Startfeld erreichen kann.

2. Schreiben Sie eine Methode, `harmony(n: Int)`, die die *maximale Anzahl* von Springern ermittelt, die so auf ein (nxn)-Schachbrett gestellt werden können, dass sich zwei Springer nicht gegenseitig bedrohen.

3. Geben Sie in der Scala-Shell folgende Anweisung ein. Wie erklären Sie sich das Ergebnis?

```
pizza flatMap (_.toLowerCase)
```

Kapitel 19

Scala kann auch faul sein

Bei der Diskussion der Sprache Haskell in Abschnitt 2.3.1 haben wir das Konzept der Laziness kennengelernt: Ausdrücke werden in Haskell erst dann ausgewertet, wenn es unvermeidbar ist. In Sprachen wie Java werden alle Ausdrücke dagegen sofort ausgewertet. Alle? Auch in Java gibt es Inseln der Faulheit, die wir etwa im folgenden Beispiel betreten:

```
int x=0;
if(x!=0 && 10/x>3)
   System.out.println("In if");
```

Der Code wird übersetzt und fehlerfrei ausgeführt, obwohl der Wert `10/0` Teil des Booleschen Ausdrucks der `if`-Anweisung ist. Das liegt daran, dass Boolesche Ausdrücke, die mit `&&` verknüpft sind, von links nach rechts nur *so weit wie nötig* ausgewertet werden. Da `x!=0` aber bereits den Wert `false` hat, kann der gesamte Ausdruck nicht mehr den Wert `true` annehmen. Der Wert von `10/x` wird erst gar nicht ermittelt. Auch das ist eine Form von Laziness, die Java aber noch lange nicht zu einer „faulen" Sprache wie Haskell macht. In diesem Kapitel wird erläutert, in welcher Ausprägung die Laziness in Scala auftritt.

19.1 Die Initialisierung kann warten

Die folgende Klasse enthält zwei Attribute, die mit dem Inhalt der Webseiten initialisiert werden, die uns Suchanfragen an Yahoo und Wikipedia liefern:

```scala
class WebReader(word: String){
  import scala.io.Source._
  val yahooURL = "http://search.yahoo.com/search?p="+word
  val wikipediaURL = "http://en.wikipedia.org/wiki/"+word
  val yahoo = fromURL(yahooURL).mkString
  val wikipedia = fromURL(wikipediaURL).mkString
  ...
}
```

Die einfache Transformation von Webseiten in Texte ist mit Sprachen wie Java ungleich aufwändiger. In Scala geht das ganz einfach: Das Begleitobjekt der Klasse `Source` enthält Factory-Methoden, wie `fromURL` oder `fromFile`. Die Factory gibt uns Objekte vom Typ `Source`, mit deren Methoden wir dann Daten aus dem Web oder aus Dateien bequem verarbeiten können. Besonders praktisch ist hier natürlich `mkString`: Der Inhalt der Seite wird einfach in ein Objekt vom Typ `String` geschrieben. Auf den Inhalt der Attribute `yahoo` und `wikipedia` können wir wie gewohnt zugreifen:

```
val reader = new WebReader("Snoopy")
println(reader.yahoo)
println(reader.wikipedia)
```

Die Initialisierung wird *immer* durchgeführt; wenn wir die Attribute `yahoo` und `wikipedia` aber gar nicht brauchen, haben wir unnötig auf Webseiten zugegriffen. Da solche Zugriffe vergleichsweise viel Zeit und Ressourcen benötigen, ist es in diesem Fall vielleicht besser, nicht Attribute, sondern *Methoden* zu verwenden.

```
def yahoo = fromURL(yahooURL).mkString
def wikipedia = fromURL(wikipediaURL).mkString
```

Anwender der Klasse `WebReader` nehmen den Unterschied wegen des Prinzips des einheitlichen Zugriffs (siehe Kasten „Das Prinzip des einheitlichen Zugriffs" auf Seite 153) gar nicht wahr. Ausflüge ins Internet finden jetzt nur noch statt, wenn wir mit `yahoo` oder `wikipedia` arbeiten. Das ist gut, wenn wir die Attribute gar nicht oder nur einmal verwenden. Das ist auch gut, wenn wir immer aktuelle Daten benötigen, da die Webseite ja immer aufs Neue geladen wird.

Gar nicht gut ist das aber, wenn wir etwa `yahoo` mehrfach benötigen und dabei keinen Wert auf Aktualität legen. In diesem Fall ist es besser, wenn wir, wie in der ersten Variante, die beiden Attribute einmal – gleich bei der Erzeugung des Objekts – initialisieren. Ab und zu ist es praktisch, wenn ein Attribut erst dann initialisiert wird, wenn es das erste Mal benötigt wird. In unserem Fall gäbe es dann zu jedem der beiden Attribute *maximal einen* Zugriff auf die Webseite. Und genau das passiert, wenn wir die Attribute mit Hilfe des Schlüsselwortes `lazy` qualifizieren:

```
lazy val yahoo = fromURL(yahooURL).mkString
lazy val wikipedia = fromURL(wikipediaURL).mkString
```

Als `lazy` definierte Attribute werden nicht sofort beim Erzeugen eines Objekts vom Typ `WebReader` initialisiert, sondern erst *verzögert*, also dann, wenn sie zum ersten Mal gebraucht werden. Für diese **faule Initialisierung** (dt. für *lazy initialization*) brauchen wir kein Scala, es gibt sie auch in Java und anderen Sprachen. Es bedarf dort nur etwas mehr Schreibarbeit; in Java sieht diese Programmiertechnik beispielsweise so aus:

```
private String yahoo;
public String getYahoo(){
  if(yahoo==null) yahoo=...
  return yahoo;
}
```

Faule Initialisierung ist beliebt: Wir vermeiden überflüssige Initialisierungen unserer Attribute und verkürzen damit die Zeit, die zur Erzeugung unserer Objekte benötigt wird. Es entsteht ein kleiner Overhead, weil wir bei jedem Zugriff auf ein Attribut prüfen müssen, ob es bereits initialisiert wurde. Ob sich Faulheit auszahlt, hängt empfindlich davon ab, wie aufwändig es ist, die Attribute zu erzeugen.

19.2 Faule Parameter mit Call-By-Name

Wir sind nicht immer mit dem Internet verbunden, wollen aber – etwa in Tests – mit Methoden arbeiten, die auf Internetseiten zugreifen. Die folgende Methode prüft, ob ein bestimmtes Wort in einem Text auftritt, und kann auch offline im Testbetrieb gefahren werden:

```
def contains(test: Boolean, word: String)(text: String) =
  if(test) true
  else text contains word
```

- Wenn wir für den Parameter `test` den Wert `true` übergeben, erhalten wir immer den Rückgabewert `true`.

- Ansonsten wird die Methode `contains` der Klasse `String` zur Textsuche aufgerufen. Wir haben für unsere Methode `contains` das Curry-Prinzip (siehe Abschnitt 12.4) verwendet, um den zweiten Parameter auch im Rahmen komplexer Berechnungen in geschweifte Klammern setzen zu können.

Unproblematisch sind Aufrufe wie

```
contains(false, "lo"){
  "Hello"
}
```

Wir verwenden dabei den Trick, Parameterlisten mit nur einem Element in geschweifte Klammern zu setzen. Für den Text `"Hello"` prüft die Methode `contains`, ob der Teilstring `lo` enthalten ist. Da dies der Fall ist, wird `true` zurückgegeben. Spannender wird es schon im folgenden Beispiel:

```
contains(true, "lo"){
  fromURL("http://en.wikipedia.org/wiki/").mkString
}
```

Wir haben das Flag `test` auf `true` gesetzt und zeigen so an, dass der Aufruf ein Test ist: Es soll also `true` zurückgegeben werden. Zuvor wird aber der Wert des Parameters `text` ermittelt. Wenn wir nicht mit dem Internet verbunden sind oder die URL falsch geschrieben ist, wirft die Methode eine Exception. Das Problem besteht darin, dass der Wert des Parameters `text` unabhängig vom Wert des Parameters `test` *immer* ausgerechnet wird, also auch, wenn es, wie im Testbetrieb, gar nicht nötig ist. Das können wir vermeiden, wenn wir den Typ des Parameters ändern:

```
def contains(test: Boolean, word: String)(text: ()=>String) =
  if(test) true
  else text() contains word
```

Der Parameter ist jetzt eine *Funktion*, die eine leere Parameterliste auf einen String abbildet. Der Wert der Funktion wird im `else`-Zweig berechnet, also erst dann, wenn er gebraucht wird. Das ist genau dann der Fall, wenn der Parameter `test` den Wert `true` hat. So muss es, selbst wenn wir offline sind, nicht mehr zu Exceptions kommen.

Die Lösung funktioniert, ist aber gar nicht schön, da das Argument für `text` immer den Code `()=>` als „Vorspann" enthält.

```
contains(false, "lo"){
  () => fromURL("http://en.wikipedia.org/wiki/").mkString
}
```

In Scala können wir parameterfreie Funktionen auch ohne Vorspann `()=>` als Parameter einer anderen Funktion definieren:

```
def contains(test: Boolean, word: String)(text: =>String) =
  if(test) true
  else text.contains(word)
```

Wir können die zugehörigen Argumente wie ganz einfache Texte verwenden. Sie werden aber erst dann initialisiert, wenn man sie benötigt. Beim Aufruf

```
contains(true, "lo"){
  fromURL("http://en.wikipedia.org/wiki/").mkString
}
```

verhält sich die Methode `contains` lazy: der Wert des Parameters `text` wird nicht benötigt und daher auch nicht berechnet. Diese Art Parameter zu verwenden, wird in Scala auch **Call-By-Name** genannt.

19.3   Streams: Daten bei Bedarf

Wir werden jetzt sehen, was die faule Initialisierung mit Call-By-Name-Parametern zu tun hat. In unserer Klasse `WebReader` haben wir es uns sehr einfach gemacht und für jede Webseite ein eigenes Attribut verwendet. Pfiffiger erscheint der folgende Ansatz:

```
lazy val sites = List(
   "http://search.yahoo.com/search?p=",
   "http://en.wikipedia.org/wiki/").
   map(s => fromURL(s).mkString)
```

Nur bei Bedarf wird für die beiden Listenelemente mit Hilfe der Methode `map` die passende Webseite angefordert und in einen Text umgewandelt. Wenn wir `sites` zum Beispiel so verwenden:

```
val reader = new WebReader("Snoopy")
println(reader sites 0)
```

dann wird der HTML-Code der Webseite ausgegeben, die wir erhalten, wenn wir bei Yahoo nach dem Wort Snoopy suchen. Mit der Faulheit ist aber wieder früh Schluss, da die *ganze* Liste sites initialisiert wird. Das heißt aber auch, dass nicht nur sites(0), sondern *alle* Listeneinträge auf Strings abgebildet werden. Es wird also mehr als nötig initialisiert. Das schlägt vor allem dann zu Buche, wenn sites nicht nur aus zwei Elementen besteht, sondern eine richtig lange Liste ist.

Aus diesem Dilemma hilft uns die Klasse Stream: Diese Klasse ähnelt der Klasse List. Jedoch werden die Elemente der Liste erst dann berechnet, wenn sie auch gebraucht werden: Wenn wir sites wie folgt definieren:

```
val sites = Stream(
  "http://search.yahoo.com/search?p=",
  "http://en.wikipedia.org/wiki/").map(s => fromURL(s).mkString)
```

dann ermittelt

```
val reader = new WebReader("Snoopy")
println(reader sites 0 )
```

wirklich nur den Wert des ersten Listenelements.

Bereits in Kapitel 18 haben wir beobachtet, wie unveränderbare Listen mit Hilfe des cons-Operators von rechts nach links wachsen: Bei Streams gibt es dafür das Singleton Stream.cons, das mit seiner apply-Methode (siehe Abschnitt 17.5) ein Objekt an den Anfang einer anderen Liste hängen kann. An der Signatur erkennen wir, dass die Laziness der Streams durch Call-By-Name erreicht wird:

```
def apply[A](hd: A, tl: => Stream[A])
```

Auch wenn wir Factories oder andere Instrumente verwenden, um *Listen* zu definieren: Hinter allem steckt der Verbindungsperator ::. Da er zur Klasse List gehört, muss etwa bei der Operation x::xs insbesondere die Liste xs *initialisiert* sein, damit :: verwendet werden kann. In Listen sind somit alle Elemente initialisiert, was in Streams nicht unbedingt der Fall ist. Da der Typ Stream keinen Operator der Form :: bietet, erzeugen wir Streams mit der apply-Methode des Singletons Streams.cons:

```
import scala.Stream._
val pizza =
  cons("Flour", cons("Water", cons("Oil", cons("Yeast",empty))))
```

Dabei haben wir vorher die Methoden des Begleitobjekts der Klasse Stream mit importiert und ersparen uns, jedes Mal Stream.cons zu schreiben. Noch einfacher initialisieren wir faule Listen (denn nichts anderes sind Streams) mit einer Factory:

```
val pizza = Stream("Flour", "Water", "Oil", "Yeast")
```

An diesem Beispiel machen wir uns weitere Konsequenzen der Laziness klar: Der Aufruf

```
pizza.map(_.charAt(3))
```

funktioniert: die Abbildung wird erst ausgeführt, wenn es nötig ist. Würde sie sofort ausgeführt, gäbe es eine Exception, da `"Oil"` nur drei Buchstaben enthält und `charAt(3)` somit gar nicht definiert ist.

Das Ergebnis von

```
pizza.map(_.charAt(3))(1)
```

ist `'r'`. Bei

```
pizza.map(_.charAt(3))(2)
```

kommt es zu einer Exception, da das dritte Element der Liste nur drei Buchstaben hat.

Aufgrund der verketteten Struktur unserer Streams müssen die Elemente an den Positionen 0 bis n-1 initialisiert werden, wenn das Element an Position n angefordert wird. So liefert der Aufruf von

```
pizza.map(_.charAt(3))(3)
```

eine Exception, obwohl `Yeast` einen Buchstaben an Position 3 hat: Bevor wir aber auf `Yeast` zugreifen können, müssen wir auch auf das dreibuchstabige Wort `"Oil"` zugreifen.

Es gibt einen weiteren markanten Unterschied zwischen Listen und Streams: Streams können unendlich sein. Das Begleitobjekt der Klasse `Stream` gibt uns etwa mit

```
val numbers = Stream.const(4711)
```

einen unendlichen Stream, dessen Elemente alle den Wert `4711` haben.

19.4   Unendliche Streams

Wir lernen jetzt mit Hilfe von Streams einen Weg kennen, um unendliche Listen zu erzeugen. Wir können beispielsweise – wie in Abschnitt 2.3.1 – eine unendliche Liste aus lauter Einsen bauen, wenn wir uns einen ganz einfachen Sachverhalt vor Augen führen: Eine unendliche Liste aus Einsen besteht aus einer Eins, der eine unendliche Liste aus Einsen folgt. Das können wir in Scala „eins-zu-eins" umsetzen:

```
val ones: Stream[Int] = cons(1, ones)
```

Klar ist aber auch, dass einige Methoden der Klasse `Stream` böse ins Auge gehen können, wenn der Stream unendlich lang ist. Methoden wie `length`, `foldRight` und `foldLeft` terminieren entweder nicht oder werden mit einer `StackOverflowException` beendet, falls sie rekursiv implementiert sind.

Den Trick, mit dem wir die Folge von Einsen erzeugt haben, benutzen wir ein weiteres Mal: Die Liste der natürlichen Zahlen besteht aus einer Eins, der die Liste aller um eins erhöhten natürlichen Zahlen folgt. Auf alle Elemente einer Liste die Zahl eins zu addieren, ist für uns mittlerweile eine leichte Übung: `map(_.+1)`. Insgesamt setzen wir das so um:

```
val  nat: Stream[Int] = cons(1, nat.map(_+1))
```

Weiter geht's mit den Fibonacci-Zahlen. Wenn wir die Liste der Fibonacci-Zahlen zweimal haben, entfernen wir aus einer der beiden Listen das erste Element und addieren dann die Elemente beider Listen paarweise:

```
(0, 1, 1, 2, 3, 5, 8,...) + ( 1, 1, 2, 3, 5, 8,...) =
(1, 2, 3, 5, 8,...)
```

Das Ergebnis ist fast perfekt: Es fehlen nur die beiden ersten Fibonacci-Zahlen. Wir können sie aber mit der Methode `cons` einfach an den Listenanfang setzen:

```
val fib: Stream[Int] =
  cons(0, cons(1, fib.zip(fib.tail).map(v=>v._1+v._2)))
```

Die elementweise Addition führen wir aus, indem wir mit Hilfe der Methode `zip` aus beiden Listen Paare bilden, deren Elemente dann jeweils mit `map` addiert werden.

Alles klar?

- Das Prinzip der Laziness ist auch in imperativen Sprachen bekannt.

- Neben dem Call-By-Value bietet Scala mit Call-By-Name auch die Möglichkeit, Argumente an Methoden zu übergeben, deren Wert nicht bereits bei der Übergabe ermittelt wird, sondern erst dann, wenn der Wert gebraucht wird.

- Attribute einer Klasse können als `lazy` markiert werden und werden dann „faul" initialisiert.

- Der Typ `Stream` ist eine listenförmige Datenstruktur, deren Elemente erst initialisiert werden, wenn auf sie zugegriffen wird.

- Mit Hilfe von Streams lassen sich unendliche Datenstrukturen definieren.

19.5 Aufgaben

1. Schreiben Sie eine Methode

   ```
   sieve: Stream[Int]
   ```

   die einen Stream mit allen Primzahlen zum Ergebnis hat. Sie können dazu auch den Java-Code aus Abschnitt 7.4 zu Hilfe nehmen.

2. Schreiben Sie eine Methode

   ```
   read(file: String): Stream[String]
   ```

   deren Parameter ein Dateiname ist und deren Ergebnis ein Stream mit allen Worten des Files. Sie können dabei frei definieren, was ein Wort ist. Möglich wäre etwa eine Folge von Groß- und Kleinbuchstaben, die mindestens drei Buchstaben enthält. Welcher Vorteil ergibt sich hier aus der Verwendung von Streams?

Kapitel 20

Es müssen nicht immer Listen sein

Auch wenn die Liste und ihr fauler Bruder, der Stream, uns in der funktionalen Programmierung sehr helfen, müssen wir darauf achten, dass es Datenstrukturen gibt, die für spezifische Probleme besser geeignet sind. Wenn wir beispielsweise in einer Liste oder einem Stream häufig nach Werten *suchen*, ist diese Suche aufgrund ihrer linearen Laufzeit ein potenzieller Flaschenhals. Hier sind Hash-Tabellen besser geeignet als Listen. Im Kasten „Hash-Tabellen" auf Seite 58 haben wir diese Datenstruktur als veränderbar kennengelernt. Für Datenstrukturen wie Hash-Tabellen und ausgeglichene Bäume gibt es auch *unveränderbare* Implementierungen,[1] die sich in ihrer Laufzeit- und Speicherplatzkomplexität nicht vor ihren veränderbaren Geschwistern verstecken müssen.

Listen vom Typ `List` sind zwar sehr nützlich, aber sicher keine Universalwerkzeuge. Wir betrachten das Paket `scala.collection.immutable` als Werkzeugkasten, aus dem wir in diesem Kapitel exemplarisch die neben `List` wichtigsten generischen Typen `Set` und `Map` auswählen.

20.1 Mengen

Beim Springerproblem (siehe Abschnitt 18.9) wollen wir jedes Feld eines Schachbretts genau einmal besuchen. Die Liste aller besuchten Felder darf kein Feld mehrfach enthalten. Bevor wir also ein neues Feld in diese Liste einfügen, müssen wir prüfen, ob die Liste es nicht schon enthält. Die Suche in Listen verläuft sequentiell: Wir mustern die Liste Element für Element durch und hören erst auf, wenn wir

■ merken, dass das Feld bereits besucht worden ist oder

■ das Ende der Liste erreicht haben und feststellen, dass das Feld noch nicht besucht wurde.

Da die sequentielle Suche eine lineare Laufzeit hat, sind Listen nicht die geeignete Datenstruktur, wenn wir häufig suchen.

Sets entsprechen den endlichen Mengen aus der Mathematik:

---

[1] Eine umfassende Untersuchung zu unveränderbaren Datenstrukturen findet man in [Oka99].

▨ Sie enthalten keine Dubletten.

▨ Ihre Elemente sind nicht geordnet.

Gerade im zweiten Punkt unterscheiden sich Mengen von Listen, in denen die Elemente ja eine feste Reihenfolge haben: Wenn die beiden ersten Elemente einer *Liste* `pizza` die Zutaten `Yeast` und `Water` sind, dann ist gewährleistet, dass `Water` das erste Element von `pizza.tail` ist. Operationen wie `tail` verändern die Reihenfolge der Listenelemente nicht. Wenn wir `pizza` hingegen als *Menge* definieren, wissen wir nicht, welchen Wert uns `pizza.head` liefert. Auch wenn wir `pizza` ausgeben, wissen wir nicht,[2] in welcher Reihenfolge die Elemente von `pizza.tail` ausgegeben werden.

Wie schnell wir in Mengen suchen können, hängt von ihrer Implementierung ab. Grundsätzlich bietet uns Scala unveränderbare und veränderbare Collections an. Die einen stehen im Paket `collection.immutable`, die anderen in `collection.mutable`. In diesem Kapitel beschäftigen wir uns mit unveränderbaren Sets vom Typ `collection.immutable.Set` und `collection.immutable.Map`.

Zeitkomplexität in Sets

In Java wie in Scala werden unveränderbare Mengen grundsätzlich in zwei Varianten angeboten:

▨ Es gibt *Hash-Tabellen*, mit denen Daten im *durchschnittlichen* Fall schnell, also mit $O(1)$ Operationen gesucht, gelöscht oder hinzugefügt werden können.

   Wenn die Hash-Buckets aber sehr voll werden oder die Hash-Funktion ungeschickt gewählt wurde, kann dies auch lineare Laufzeiten nach sich ziehen.

▨ Alternativ gibt es eine Implementierung in Form von ausgeglichenen *binären Suchbäumen*. Hier sind die Laufzeiten mit $O(\log n)$ im durchschnittlichen Fall zwar nicht so rasant, doch ist die logarithmische Laufzeit für alle Operationen auch im schlechtesten Fall *garantiert*. Reorganisations-GAUs wie bei Hash-Tabellen sind hier nicht möglich.

Welche Implementierung geeignet ist, hängt natürlich vom Einzelfall ab. Die Factory des Typen `Set` erzeugt in der derzeitigen Implementierung (Scala 2.8) Mengen auf der Basis von *Hash-Tabellen*. Für Mengen mit weniger als fünf Elementen werden spezielle, optimierte Varianten zur Verfügung gestellt. Wenn man Leistungsgarantien benötigt, ist man daher möglicherweise besser beraten, wenn man sich nicht auf die Factory verlässt, sondern selbst Objekte vom Typ `TreeSet` erzeugt.

---

[2] Wir können den Algorithmus natürlich im Quellcode nachlesen. Er kann sich jedoch bereits im nächsten Release von Scala ändern.

20.2 Der Typ Set

Damit wir gleich ohne lästige Importe mit der Arbeit anfangen können, bietet uns der Typ Predef eine paketfreie Kurzschreibweise für den Typ Set und sein Begleitobjekt:

```
type Set[A] = collection.immutable.Set[A]
```

Auf Mengen können wir meistens schneller operieren als auf Listen: Je nach Implementierung (siehe Kasten „Zeitkomplexität in Sets" auf Seite 212) hat die Laufzeit für die Suche eine Komplexität von durchschnittlich $O(1)$ oder garantiert $O(\log n)$.

Das Begleitobjekt von Set enthält eine Factory-Methode,[3] die ein Objekt vom Typ Set[4] erzeugt:

```
scala> val pizza = Set("Yeast", "Water", "Flour", "Yeast")
pizza: Set[java.lang.String] = Set(Yeast, Water, Flour)
```

In unserem Rezept haben wir zwar zweimal Hefe angegeben, in der Menge pizza wurde Yeast aber nur einmal aufgenommen: Mengen enthalten keine Dubletten.

Da es in Mengen keine Reihenfolge gibt, müssen wir auch nicht angeben, ob ein neues Element an den Anfang oder an das Ende der Menge gesetzt werden soll. Wir können Elemente daher natürlicher als in Listen hinzufügen oder entfernen, ohne die linearen Laufzeiten der Listenoperationen in Kauf nehmen zu müssen:

```
scala> pizza + "Oil"
res0: Set[java.lang.String] = Set(Yeast, Water, Flour, Oil)

scala> pizza - "Water"
res1: Set[java.lang.String] = Set(Yeast, Flour)
```

Bei der Vereinigung von zwei Mengen werden Dubletten ebenfalls entfernt:

```
scala> val cake = Set("Sugar", "Flour", "Eggs", "Water")
cake: Set[java.lang.String] = Set(Sugar, Flour, Eggs, Water)
scala> cake ++ pizza
res2: Set[java.lang.String] =
  Set(Sugar, Yeast, Flour, Water, Eggs)
```

Wir können Mengen übrigens nicht nur mit Mengen, sondern auch mit Listen vereinigen:

```
pizza ++ List("Oil")
```

Auf der rechten Seite des Operators ++ muss nur ein Ausdruck vom Typ Traversable[5] stehen.

Für elementare Mengenoperationen wie die Differenz oder den Durchschnitt gibt es ebenfalls eine kurze, prägnante Schreibweise:

---

[3] Ebda.

[4] Die Scala-Shell verwendet in der Ausgabe immer den voll qualifizierten Typnamen, also inklusive der Pakete. Diese Paketnamen wurden hier aus Platzgründen entfernt.

[5] Dieser Typ ist einer der gemeinsamen Basistypen von List und Set.

```
scala> cake -- pizza
res3: Set[java.lang.String] = Set(Sugar, Eggs)

scala> cake ** pizza
res4: Set[java.lang.String] = Set(Flour, Water)
```

Wenn wir in einer Menge ein Objekt suchen, können wir wie in einer Liste vorgehen:

```
scala> pizza exists (_=="Water")
res5: Boolean = true
```

Da exists aber im gemeinsamen Basistyp TraversableLike von List und Set definiert ist, müssen wir damit rechnen[6], dass die Menge sequentiell durchsucht wird. Die Methode exists prüft nacheinander Element für Element, ob es gleich dem String Water ist, und beendet die Prüfung beim ersten Treffer oder wenn alle Elemente erfolglos geprüft wurden. Um die angenehmen Eigenschaften von Suchverfahren in Sets nutzen zu können, verwenden wir besser die Methode contains:

```
scala> pizza contains "Water"
res6: Boolean = true
```

Im folgenden Beispiel versuchen wir auf die dritte Zutat unseres Rezepts für Pizzateig zuzugreifen:

```
scala> pizza(2)
```

Wie war das noch mal? In Mengen gibt es doch keine Reihenfolge, und daher ist eine Implementierung von apply (siehe Abschnitt 17.5) mit einem ganzzahligen Parameter, um – wie bei Listen – das i-te Element zu ermitteln, auch nicht sinnvoll. Da die passende apply-Methode nicht existiert, verweigert der Compiler die Übersetzung. Die Methode apply erwartet im Typ Set vielmehr ein Argument, das mit dem generischen Typ der Menge übereinstimmt und prüft, ob das dazugehörige Objekt in der Menge vorhanden ist:

```
scala> pizza("Water")
res7: Boolean = true
```

20.3 Der Typ Map

Relationale Datenbanken bestehen im Wesentlichen aus Tabellen. Eigene einfache Tabellen mit nur zwei Spalten können wir auch bequem in der Programmierung nutzen. Wir verwenden dazu zunächst *Listen* von Paaren, in denen jedes Paar aus zwei Texten besteht: Der erste Text ist ein Länderkennzeichen, der zweite das dazugehörige Land:

```
scala> val codes =
  List(("D","Germany"), ("CH","Switzerland"), ("A","Austria"))
```

---

[6] Die Laufzeit von exists ergibt sich aus der Implementierung.

Wenn wir wissen wollen, welches Land zum Kennzeichen "A" gehört, können wir das einfach formulieren:

```
scala> codes.filter(_._1=="A").map(_._2)
```

Paare wie ("A", "Austria") werden auch als **Key-Value-Paare** bezeichnet: "A" ist der Schlüssel (dt. für *key*), nach dem gesucht werden kann, "Austria" der zugehörige Wert (dt. für *value*). Da wir hier mit Listen arbeiten, können Schlüssel auch doppelt auftreten. Die Liste

```
("D", "Deutschland")::codes
```

enthält den Schlüssel D zweimal; ein Zustand, den wir uns nur in seltenen Fällen wünschen. Hier würde auch der Einsatz von Sets nichts ändern: Weil die equals-Methode für Tupel die Komponenten paarweise vergleicht, sind die Elemente ("D", "Deutschland") und ("D", "Germany") verschieden und können in Mengen koexistieren.

Ein weiteres Problem ist die Zugriffsgeschwindigkeit: Wenn wir in der Liste codes nach einem Schlüssel suchen, verläuft diese Suche sequentiell. Da wir auf die Inhalte unserer Tabellen schnell und oft zugreifen wollen, ist eine effiziente Datenstruktur auch hier wünschenswert. Eine solche Datenstruktur, die zugleich unveränderbar ist, bietet uns der Typ collection.immutable.Map. Aufgrund einer geeigneten Typdefinition in Predef können wir ihn ähnlich wie Set zusammen mit seinem Begleitobjekt unter dem Namen Map ohne expliziten Import verwenden.

Über die Factory-Methode des Begleitobjekts erzeugen wir eine Map:

```
scala> val codes =
  Map(("D", "Germany"), ("CH", "Switzerland"), ("A", "Austria"))
codes: Map[java.lang.String,java.lang.String] =
  Map(D -> Germany, CH -> Switzerland, A -> Austria)
```

Interessant ist dabei die Reaktion der Scala-Shell: Hier sind die Key-Value-Paare nicht mehr wie Tupel in runde Klammern gesetzt, sondern in der suggestiveren Form key->value notiert. Wir können diese Form auch in unseren eigenen Definitionen verwenden:

```
scala> val codes =
  Map("D"->"Germany", "CH"->"Switzerland", "A"->"Austria")
codes: Map[java.lang.String,java.lang.String] =
  Map(D -> Germany, CH -> Switzerland, A -> Austria)
```

Im folgenden Beispiel sehen wir, dass die Methode apply bei Maps sinnvoll überschrieben wurde:

```
scala> codes("CH")
res8: java.lang.String = Switzerland
```

Auf die Schlüssel können wir *schnell* zugreifen: sie sind in effizienten Datenstrukturen wie Hash-Tabellen oder ausgeglichenen Bäumen abgelegt und können daher auch keine doppelten Schlüssel enthalten.

Den Wert, der zu einem Schlüssel gehört, können wir so ändern:

```
val codes.updated("A","Australia")
```

Die Methode `updated` ändert natürlich nicht die (unveränderbare) Map, sondern liefert eine neue Map, in der dem Schlüssel `"A"` nicht mehr der Wert `"Austria"`, sondern `"Australia"` zugeordnet ist.

Es gibt hier eine Variante, die aber seit der Version 2.8 als veraltet (deprecated) gilt:

```
scala> codes("A") = "Australia"
res9: Map[java.lang.String,java.lang.String] =
  Map(D -> Germany, CH -> Switzerland, A -> Australia)
```

Auf den ersten Blick wirkt diese wie eine kompakte Schreibweise, um dem zum Schlüssel `"A"` gehörenden Wert den neuen Text `"Australia"` zuzuordnen. Doch wenn wir uns daran erinnern, dass wir es hier mit unveränderbaren Typen zu tun haben, sehen wir auch, dass die Notation sehr tückisch ist: `codes("A")` hat nach wie vor den Wert `"Austria"`. Es ist die Konstante `res9`, die eine Map enthält, in der der Wert `Australia` zum Schlüssel `A` gehört.

Alle Schlüssel unserer Map können wir uns so ausgeben lassen:

```
scala> codes.keysIterator.mkString(", ")
res10: String = D, CH, A
```

Dabei müssen wir aber darauf achten, dass die Schlüssel als Menge gespeichert sind: Auf die *Reihenfolge* der Schlüssel ist kein Verlass. Es ist aber keineswegs selbstverständlich, dass die Schlüssel, wie in diesem Beispiel, in der gleichen Reihenfolge wie in ihrer Definition ausgegeben werden. Ganz ähnlich können wir auch alle Werte ausgeben:

```
scala> codes.valuesIterator.mkString(", ")
res11: String = Germany, Switzerland, Austria
```

Das Ergebnis der Methoden `keysIterator` und `valuesIterator` hat in beiden Fällen den Typ `Iterator`, mit dem wir Daten sequentiell durchlaufen können. Alternativ steht uns für die Schlüsselmenge die Methode `keySet` zur Verfügung; für die *Werte* der Map ist das wegen möglicher Dubletten wenig sinnvoll.

Wie bei Mengen können wir auch zu Maps einzelne Paare oder die Elemente beliebiger iterierbarer Datenstrukturen aus dem Scala-Collections-Framework hinzufügen:

```
scala> codes+("I"->"Italy")
res12: Map[java.lang.String,java.lang.String] =
  Map(D->Germany, CH->Switzerland, A->Austria, I->Italy)

scala> codes++List("I"->"Italy")
res13: Map[java.lang.String,java.lang.String] =
  Map(D -> Germany, CH -> Switzerland, A -> Austria, I -> Italy)
```

Doppelte Schlüssel werden dabei natürlich eliminiert:

```
scala> codes++List("I"->"Italy", "D"->"Deutschland")
res14: Map[java.lang.String,java.lang.String] =
  Map(D -> Deutschland, CH -> Switzerland, A -> Austria, I -> Italy)
```

Interessant dabei ist, dass der zuletzt eingefügte Wert „gewinnt": Der Wert des Schlüssels `"D"` im Ergebnis ist nicht mehr `"Germany"`, sondern `"Deutschland"`.

Einzelne Elemente und Mengen von Key-Value-Paaren entfernen wir analog zu Mengen:

```
scala> codes-"D"
res15: Map[java.lang.String,java.lang.String] =
  Map(CH -> Switzerland, A -> Austria)
```

Das Ergebnis der Operation − ist eine Map, aus der das Key-Value-Paar entfernt wurde, das zum Schlüssel `"D"` gehört.

Da Key-Value-Paare nur spezielle Tupel sind, können wir die Funktionalität der Tupel nutzen und auch so über die Methode `filter` Paare mit bestimmten Eigenschaften auswählen:

```
scala> codes filter (_._1>"A")
res16: Map[java.lang.String,java.lang.String] =
  Map(D -> Germany, CH -> Switzerland)
```

Übrig bleiben Paare, deren Schlüssel lexikografisch größer als `A` sind.

Die Methoden `map` und `filter` können wir auch verwenden, um herauszufinden, welche Schlüssel zum Wert `"Germany"` gehören. Wir wissen, dass es zu einem Schlüssel nur einen einzigen Wert geben kann. Der gleiche Wert kann aber durchaus von mehreren Schlüsseln referenziert werden. Das Ergebnis ist daher nicht ein einzelner, skalarer Wert, sondern eine Datenstruktur vom Typ `Iterable`, die wir mit der Methode `toList` in eine Liste umwandeln:

```
scala> codes.filter(_._2=="Germany").map(_._1).toList
res17: List[java.lang.String] = List(D)
```

Was passiert eigentlich, wenn wir nach Schlüsseln suchen, zu denen es gar keine Werte gibt?

```
scala> codes("X")
java.util.NoSuchElementException: key not found: X
```

Da `X` nicht in der Map vorhanden ist, kann die Methode `apply` ihren Vertrag nicht erfüllen und wirft eine Exception. Die Methode `apply` ist aber nur *eine* Möglichkeit, um an den Wert eines Schlüssels zu kommen. Die Methode `get` verwendet Objekte vom Typ `Option` (siehe Abschnitt 17.1), um anzuzeigen, ob es zu einem Schlüssel auch Werte gibt:

```
scala> codes get("X")
res18: Option[java.lang.String] = None

scala> codes get("D")
res19: Option[java.lang.String] = Some(Germany)
```

Im ersten Fall ist das Ergebnis None, da der Schlüssel X nicht in codes auftritt. Der zum Schlüssel D gehörende Wert wird im zweiten Fall in Some eingepackt und liefert uns das Ergebnis.

Alternativ können wir für den Fall, dass ein bestimmter Schlüssel nicht vorhanden ist, auch einen Standardwert definieren:

```
scala> codes getOrElse ("D","Nirvana")
res20: java.lang.String = Germany

scala> codes getOrElse("X","Nirvana")
res21: java.lang.String = Nirvana
```

20.4   Collections in anderen Geschmacksrichtungen

In diesem Kapitel haben wir Implementierungen von Set und Map verwendet, die wir über Factory-Methoden enthalten. Die Factories liefern uns in der derzeitigen Implementierung der API[7] Strukturen, die *Hash-Tabellen* verwenden, wenn die Set oder Map mindestens fünf Elemente enthält. Im Kasten „Hash-Tabellen" auf Seite 58 haben wir gesehen, dass Hash-Tabellen zwar keine Anordnung von Elementen garantieren, dafür aber im Durchschnitt sehr schnell sind. Es kann jedoch passieren, dass die Hash-Tabellen reorganisiert werden müssen. Aufgrund ihrer linearen Laufzeit kann diese Reorganisation die Methoden zum Löschen und Einfügen von Elementen ausbremsen. Hash-Tabellen garantieren also weder Laufzeit noch Reihenfolge.

Diese Probleme können wir vermeiden, indem wir die Objekterzeugung selbst in die Hand nehmen und mit geeigneteren Implementierungen für Mengen arbeiten. So verwaltet der Typ

```
scala.collection.immutable.TreeSet
```

seine Daten in einer ausgeglichenen Baumstruktur und gewährleistet eine Laufzeit von $O(\log n)$ beim Einfügen und Löschen. Eine Laufzeit von $O(\log n)$ ist zwar nicht so schnell wie das $O(1)$ der Hash-Tabellen, dafür aber *garantiert* und immer noch deutlich schneller als die lineare Laufzeit der sequentiellen Suche.

---

[7] Scala 2.8

Alles klar?

- Die Scala-Collection-API bietet außer Listen und Streams weitere unveränderbare Datenstrukturen.

- Der Typ `Set` ist eine ungeordnete, dublettenfreie Datenstruktur, die effiziente Operationen bietet.

- In einer `Map` können Key-Value-Paare gespeichert werden. Auf die Werte kann über ihren Schlüssel schnell zugegriffen werden.

- Die Datenstrukturen des Collection-Frameworks verfügen über allgemeine Schnittstellen, so dass sie sich leicht austauschen lassen.

- Veränderbare Datenstrukturen findet man im Paket `scal.collection.mutable`.

20.5 Aufgaben

1. In dieser Aufgabe implementieren Sie eine Variante eines Semi-Thue-System. Ein Semi-Thue-System besteht aus einem Alphabet A sowie einer Menge von Ersetzungsregeln S. Aus den Elementen von A werden Worte gebildet. Mit Hilfe der Regeln aus S werden Worte in andere Worte transformiert. Auf jedes Wort können eine oder mehrere beliebige Regeln angewendet werden. Definieren Sie die folgende Klasse:

```scala
class SemiThue(
    val letters: Set[Char], val rules: Map[String, String])
```

Dabei enthält `letters` das Alphabet und `rules` die Ersetzungsregeln. Prüfen Sie insbesondere, ob die Regeln aus Worten des Alphabets bestehen. Ein spezielles Semi-Thue-System sieht zum Beispiel so aus:

```scala
val sts = new SemiThue(
    Set('0','1'), Map("00"->"1", "11"->"1","01"->"0","10"->"0"))
```

2. Ergänzen Sie die Klasse `SemiThue` um eine Methode

```scala
def normalize(word: String): Set[String]
```

Diese Methode soll so lange wie möglich Regeln auf `word` anwenden. Das Ergebnis ist eine Menge von Worten, auf die keine Regeln mehr angewendet werden können. Was ist das Ergebnis eines beliebige Wortes in dem System `sts` aus der vorherigen Aufgabe?

Kapitel 21

Fast wie zu Hause: `for`-Ausdrücke

Scala bietet die `while`-Schleife als imperatives Sprachfeature. In diesem Kapitel werden wir sehen, wie wir mit dem Schlüsselwort `for` funktional programmieren können. Auch wenn das *Schlüsselwort* das gleiche ist wie in Java oder C, so sind Syntax und Semantik in Scala doch ganz andere. Wir nutzen `for`-Ausdrücke, um komplexe Verkettungen und Verschachtelungen von Funktionen höherer Ordnung aus dem Scala-Collection-Framework bequem und übersichtlich zu formulieren.

21.1 Eine nicht ganz so funktionale Methode höherer Ordnung

Die Methode

```
foreach [B](f: (A) => B): Unit
```

wird im Typen `scala.collection.LinearSequenceLike` definiert. Dieser Typ ist die Basis für alte Bekannte wie `List`, `Set` oder `Map` und enthält neben `foreach` auch die Definitionen von Methoden höherer Ordnung, mit denen wir in Abschnitt 18.8 gearbeitet haben. Der Methode `foreach` übergeben wir zwar eine Funktion. An ihrem Rückgabetyp `Unit` erkennen wir aber, dass wir die Methode nur wegen ihrer Nebenwirkungen nutzen: Die übergebene Funktion wird einfach für jedes Element der Datenstruktur ausgeführt, das Ergebnis wird nicht weiter verarbeitet. Mit `foreach` können wir alle Elemente einer Liste ausgeben:

```
val pizza = List("Yeast", "Water", "Flour")
pizza foreach (println(_))
```

Ein `for`-Ausdruck bietet uns dafür eine andere äquivalente Schreibweise:

```
for(s<-pizza) println(s)
```

Dabei wird s auch als **Generator** bezeichnet. Die Notation mit for ist in diesem einfachen Fall zwar nicht kürzer, sie sieht aber irgendwie vertrauter aus und erinnert uns an die foreach-Schleifen aus Java 5:

```
String[] pizza = {"Yeast", "Water", "Flour"};
for(String s: pizza) System.out.println(s);
```

21.2   Komplexere `for`-Ausdrücke

So richtig schön werden for-Ausdrücke in Scala aber erst, wenn man sie zur Kombination von Methoden höherer Ordnung nutzt. Wir definieren eine weitere Liste

```
val toppings = List("Cheese", "Tomato")
```

und geben jetzt unabhängig von Sinn und Unsinn alle möglichen Paare von Elementen aus den beiden Listen pizza und toppings aus:

Listing 21.1: Beispiel für einen for-Ausdruck

```
for{
  p<-pizza
  t<-toppings
} println(p+" "+t)
```

Wie bei einparametrigen Methoden müssen geschweifte Klammern verwendet werden, wenn im for-Ausdruck – wie hier – ein Zeilenumbruch stattfindet.

Wenn wir das alternativ mit Aufrufen von foreach erledigen wollen, ergeben sich Ausdrücke, die nicht mehr ganz so schön sind:

```
pizza.foreach(p=>toppings.foreach(t=>println(p+" "+t)))
```

21.3   `for`-Ausdrücke mit `filter` und `map`

Neben foreach können weitere Methoden höherer Ordnung in for-Ausdrücke integriert werden. Die äquivalente Formulierung des Ausdrucks

```
pizza.filter(_.charAt(4)=='r') foreach(println(_))
```

lautet

```
for{
  s<-pizza
  if s.charAt(4)=='r'
} println(s)
```

In beiden Fällen werden alle Zutaten des Pizzateigs ausgegeben, deren fünfter Buchstabe ein
'r' ist.

Das ist so weit interessant, nutzt uns funktionalen Programmierern aber nichts, da wir oh-
ne Nebenwirkungen und somit ohne foreach auskommen wollen. Die Syntax der for-
Ausdrücke ist noch nicht erschöpft, sondern ermöglicht alternativ zu foreach auch die
Integration der Methode map. Das folgende Codefragment

```
val low = pizza map (_.toLowerCase)
println("low="+low)
```

gibt den Text

```
low: List[java.lang.String] = List(yeast, water, flour)
```

aus. Die gleiche Liste low erhalten wir auch mit einem for-Ausdruck:

```
val low =
  for(s<-pizza) yield s.toLowerCase
```

Der Compiler ersetzt das Schlüsselwort yield [1] durch einen geeigneten Aufruf vom map.
Wenn wir map mit foreach kombinieren wollen, gibt es dazu eine eigene, intuitive Syntax.
Den Ausdruck

```
pizza.map(_.toLowerCase).foreach(println(_))
```

der unsere Zutaten in Kleinbuchstaben ausgibt, können wir umschreiben in:

```
for{
  s<-pizza
  low=s.toLowerCase
} println(low)
```

21.4   Mehr Übersicht mit flatMap

Auch geschachtelte Aufrufe von map lassen sich formulieren. So haben wir den folgenden
Ausdruck in ähnlicher Form bereits weiter oben gesehen:

```
val combinations=for{
  p<-pizza
  t<-toppings
} yield(p, t)
```

Anders als in Listing 21.1 besteht das Ergebnis hier aus einer *Liste* mit allen Kombinationen
von Teigzutaten und Belägen:

```
List((Yeast,Cheese), (Yeast,Tomato), (Water,Cheese)...
```

---

[1] In Sprachen wie Python, Ruby und C# gibt es das Schlüsselwort yield schon länger, es handelt sich um keine
Erfindung für Scala.

Solche Kombinationen erhalten wir auch mit geschachtelten Aufrufen von `map`:

```
pizza.map(p=>toppings.map(t=>(p,t)))
```

Das Ergebnis dieser Schachtelung ist aber keine Liste von Paaren, wie bei unserem `for`-Ausdruck, sondern, der Schachtelung entsprechend, eine Liste, die aus Listen von Paaren besteht:

```
List(List((Yeast,Cheese), (Yeast,Tomato)), List((Water,Cheese),...
```

Die Definition von mehreren Generatoren entspricht in Verbindung mit `yield` also nicht so ganz geschachtelten Aufrufen von `map`, sondern der Anwendung von `flatMap` (siehe Abschnitt 18.8). Der `for`-Ausdruck ist also äquivalent zu

```
pizza.flatMap(p=>toppings.map(t=>(p,t)))
```

Die inneren Listen werden „eingeebnet", indem man ihre Elemente allesamt zu einer einzigen Liste zusammenfasst.

21.5 `for`-Ausdrücke sind keine Schleifen

Anfänger fühlen sich, wenn sie die `for`-Ausdrücke entdeckt haben, wieder ganz zu Hause und sind schnell bereit, die gute funktionale Kinderstube hinter sich zu lassen. So entstehen dann Anweisungen wie

```
var sum = 0
for(i <- 1 to 10) sum = sum+i
```

Die `for`-Ausdrücke wurden aber nicht als Ersatz für `for`-Schleifen aus imperativen Sprachen konzipiert, sondern um Collections in Verbindung mit gängigen Methoden höherer Ordnung *strukturierter* formulieren zu können: In Abschnitt 18.9 hatten wir die Methode `valid` formuliert, um zu ermitteln, welche Ziele ein Springer erreichen kann, den wir auf das Feld `current` eines Schachbretts gestellt haben:

```
def valid(current: Field): List[Field] = {
  def inside(v: Field): Boolean =
    v._1<n && v._2<n && 0<=v._1 && 0<=v._2

  List((-1,2),(2,-1),(1,2),(-1,-2),(2,1),(-2,-1),(1,-2),(-2,1))
    .map(move=>(current._1+move._1, current._2+move._2))
    .filter(target=>inside(target))
}
```

Dabei bezeichnet n die Größe des Schachbretts und der Typ `Field` Paare von ganzen Zahlen. Mit Hilfe eines `for`-Ausdrucks formulieren wir die Methode jetzt anders:

```
def valid(current: Field): List[Field] = for{
  d<-List((-1,2),(2,-1),(1,2),(-1,-2),(2,1),(-2,-1),(1,-2),(-2,1))
  v=(current._1+d._1, current._2+d._2)
  if v._1<n && v._2<n && 0<=v._1 && 0<=v._2
} yield v
```

21.6 `for`-Ausdrücke für eigene Typen

Wir können `for`-Ausdrücke nicht nur für Objekte aus dem Scala-Collection-Framework, sondern auch für Objekte unserer eigenen Klassen nutzen. Dazu ist es *nicht erforderlich*, dass ein bestimmter Trait[2], wie etwa `scala.collection.LinearSequenceLike`, implementiert wird, es reicht, wenn wir unserem Typen aus den Methoden `foreach`, `filter`, `map` und `flatMap` diejenigen Methoden implementieren, die auch in unseren `for`-Ausdrücken benötigt werden. Die folgende einfache Beispielklasse enthält etwa `foreach` und `filter`:

```
class ForTester(private val xs: List[String]){
  def foreach(f: (String)=>Unit) = {
    println("in foreach")
    xs foreach(f)
  }
  def filter(f: (String)=>Boolean) = {
    println("in filter")
    new ForTester(xs filter(f))
  }
}
```

Da die Klasse `ForTester` mit `foreach` und `filter` hinreichend ausgestattet ist, wird auch der folgende `for`-Ausdruck übersetzt:

```
for{
  p<-new ForTester(pizza)
  if p!=null
} println(p)
```

Das Ergebnis ist

```
in filter
in foreach
Yeast
Water
Flour
```

Die Kontrollausgaben zeigen uns, dass der Compiler wie erwartet Code für Aufrufe der Methoden `filter` und `foreach` erzeugt.

---

[2] Traits ersetzen in Scala die Funktionalität der Interfaces in Java (siehe Kapitel 23).

Alles klar?

■ Kombinationen der Methoden `foreach`, `filter`, `map` und `flatMap` können schnell unübersichtlich werden.

■ Mit `for`-Ausdrücken lassen sich diese Kombinationen kompakter und übersichtlicher formulieren.

■ `for`-Ausdrücke können für jeden Typen formuliert werden, der zumindest über einen Teil dieser vier Methoden verfügt.

21.7   Aufgaben

1. In der Lösung des Springerproblems aus Listing 18.1 werden die 8 Möglichkeiten, auf die sich ein Springer bewegen kann, explizit angegeben. Schreiben Sie einen `for`-Ausdruck, der die acht Felder ermittelt.

2. Ändern Sie Listing 18.1 so, dass überall, wo dies sinnvoll erscheint, `for`-Ausdrücke eingesetzt werden.

Teil IV

Scala kann mehr

Kapitel 22

Veränderbare Daten

In unseren kurzen Code-Beispielen haben wir praktisch immer mit Konstanten und unveränderbaren Attributen gearbeitet. Weil Scala eine Multiparadigmensprache ist, stehen uns grundsätzlich auch veränderbare Zustände für die Definition von Variablen und die Kontrolle von Schleifen zur Verfügung. In Abschnitt 9.5 haben wir gesehen, dass es `while`-Schleifen gibt, und an einigen Stellen haben wir Attribute oder Variable auch schon mal mit `var` anstatt mit `val` definiert. Im Folgenden erläutern wir beide Möglichkeiten, um in Scala mit veränderbaren Zuständen zu arbeiten:

▪ das Schlüsselwort `var`

▪ veränderbare Typen

Wie wir `var` verwenden können, sehen wir in den beiden nächsten Abschnitten.

22.1 Variable

Auf den ersten Blick steht `var` auf einer Stufe mit dem guten alten `let` aus einfachen Sprachen wie Basic. Der Vergleich passt durchaus, wenn wir etwa in der Scala-Shell sind oder lokale Variable in Funktionen vereinbaren:

```
scala> var s = "Hello Scala"
s: java.lang.String = Hello Scala
scala> s = "Hello var"
s: java.lang.String = Hello var
```

Der Wert einer Variablen kann geändert werden, nicht aber ihr Typ:

```
scala>s = 4711
<console>:5: error: type mismatch;
```

Die Multiparadigmensprache Scala lässt veränderbare Zustände zu, es muss uns aber klar sein, dass wir beim Einsatz mit einem Grundsatz der funktionalen Programmierung brechen.

22.2 Veränderbare Attribute

Besonders interessant wird ein veränderbarer Zustand bei Attributen:

```
class Dog( val name: String) {
  var size: Int
  override def toString = name+" "+size
}
```

Von den beiden Attributen `name` und `size` der Klasse `Dog` ist `size` jetzt veränderbar. Attribute, die nicht initialisiert werden, gelten als *abstrakte* Mitglieder ihrer Klasse. Dabei ist es egal, ob sie einen konstanten oder veränderbaren Zustand haben. In unserem Fall beschwert sich der Compiler: Entweder muss die Klasse als `abstract` markiert oder das Attribut `size` initialisiert werden.

Einem variablen Attribut weisen wir folgendermaßen seinen *Standardwert* zu:

Listing 22.1: Eine Hundeklasse mit veränderbarer Größe

```
class Dog( val name : String) {
  var size : Int =_
  override def toString=name+" "+size
}
```

Das System der Standardwerte ist weitgehend identisch mit dem aus Java bekannten System: Für Referenztypen ist das `null`, für Wertetypen werden die Standardwerte analog zu Java vergeben. Der Wertetyp `Unit` ist nicht in Java vertreten, sein Standardwert ist `()`.

Der Compiler erzeugt *implizit* ein Attribut mit einem Inspektor und einem Mutator. In unserem Fall heißt die Methode zum Lesen `size` und die zum Ändern `size_=`. Die Methoden können wir nicht explizit verwenden, den Namen des Attributs kennen wir nicht. Das alles verbirgt der Compiler vor uns. Die Anwendung der Methoden geschieht vollkommen transparent für den Anwender. Immer wenn wir mit `size` arbeiten, werden implizit die Zugriffsmethoden verwendet. Diese Vorgehensweise lässt sich auch umgekehren: Immer wenn wir

- ◼ eine parameterfreie Methode und

- ◼ eine gleichnamige einparametrige Methode haben, deren Namen ein `_=` angehängt wird und deren Parameter mit dem Rückgabetypen der ersten Methode übereinstimmt,

ist das – mit allen Konsequenzen für die transparente Anwendung – gleichwertig mit der Definition eines variablen Attributs. Unser Beispiel aus Listing 22.1 ist jedoch problematisch: Das öffentliche Attribut `size` wird mit `0`, dem Standardwert für den Typ `Int`, initialisiert. Danach können wir diesem Attribut jede beliebige Zahl zuweisen; die Plausibilität wird nicht kontrolliert. Auch wenn wir `size` bereits als Parameter für den Konstruktor definieren, können wir ihm jederzeit einen anderen unsinnigen Wert zuweisen. Der Einsatz eines variablen Attributs ist in dieser Form wegen potenzieller Inkonsistenzen ungeeignet. Wenn wir jedoch eine Konstante verwenden, können wird den Hund nicht wachsen lassen.

Befolgen wir die Namenskonventionen für Inspektoren und Mutatoren, können Anwender der Klasse `Dog` die Größe eines Hundes ändern, ohne die Konsistenz eines Objekts zu verletzen:

```
class Dog(val name: String, private var s: Int){
  size_=(s)
  def size = s
  def size_=(sz: Int){
    require(sz>0)
    s = sz
  }
  override def toString = name+" "+size
}
```

Die Anfangsgröße des Hundes übergeben wir dem Konstruktor als privates, variables Attribut. Wir stellen außerdem sicher, dass die Größe eine positive Zahl ist, wenn wir den Hund erzeugen. So garantieren wir einen konsistent initiale Zustand. Wir können den Hund mit Hilfe der Methode `size_=` wachsen lassen. Wenn wir bei jeder Änderung dafür sorgen, dass das private Attribut `s` keinen negativen Wert annehmen kann, stellen wir außerdem sicher, dass kein Anwender der Klasse eine Inkonsistenz verursachen kann.

Das Methodenduo `size` und `size_=` erscheint nach außen wie *ein einziges* variables Attribut namens `size`:

```
val snoopy = new Dog("Snoopy", 23)
println(snoopy)
snoopy.size = 42
println(snoopy)
```

Wir erhalten die Ausgabe

```
Snoopy 23
Snoopy 42
```

Die Anweisung `snoopy.size=42` ersetzt der Compiler dabei durch

```
snoopy.size_=(42)
```

Wenn die Anweisung

```
snoopy.size = (-23)
```

ausgeführt wird, wirft die virtuelle Maschine also eine Exception, da die mit `require` definierte Vorbedingung nicht erfüllt ist.

Diese indirekte Wertzuweisung an das variable Attibut `s` erhöht die Kapselung natürlich erheblich und macht explizite Inspektoren und insbesondere Mutatoren (siehe Abschnitt 4.3) überflüssig.

Übrigens muss die Veränderbarkeit nicht in jedem Fall der funktionalen Programmierung widersprechen: Ein Programm kann oft mit Hilfe eines (veränderbaren) Caches deutlich beschleunigt werden. Die *Möglichkeit*, mit Variablen zu arbeiten, hat uns auch bei der Definition der linken Faltung (siehe Seite 81) geholfen. Die Factory des Typen `Set` (siehe Abschnitt 20.2) erzeugt Objekte der Klasse

```
scala.collection.immutable.HashSet
```

Nach außen sind diese Mengen unveränderbar, intern wird aber intensiv von änderbaren Zuständen Gebrauch gemacht.

22.3 Die Rückkehr der Arrays

Da Objekte in Scala veränderbar sein können, haben wir auch veränderbare Datenstrukturen. Hierzu zählen insbesondere Arrays, wie wir an unserem Pizza-Beispiel sehen:

```
scala> val pizza = Array("Yeast","Water", "Flour")
pizza: Array[java.lang.String] = Array(Yeast, Water, Flour)
```

Jetzt können wir einzelne Zutaten einfach ersetzen:

```
scala> pizza(1) = "Milk"
```

Der Teig wird nicht mehr mit Wasser, sondern mit Milch angerührt. Der Inhalt des Arrays wird verändert: Das Ergebnis ist kein neues Array. Implizit wird dabei die Methode `update` aufgerufen. Die Anweisung `pizza(1)="Milk"` wird vom Compiler in ein

```
pizza.update(1, "Milk")
```

transformiert.

Hinter der Klasse `Array` und ihrem Begleitobjekt verbergen sich natürlich wieder die Arrays aus Java, doch fügen sich die Arrays in die Syntax von Scala ein und spielen keine Sonderrolle wie in Java: wir haben ja bereits gesehen, dass wir *runde* Klammern für den Zugriff auf das i-te Element benutzen. Die Verwendung der runden Klammern wird durch den Aufruf der Methoden `apply` und `update` umgesetzt. Dabei kennen wir `apply` bereits; ganz ähnlich können wir für jeden Typ `update` implementieren, mehrfach überladen und die Methode wie bei Arrays verwenden, ohne sie explizit aufzurufen (siehe Aufgabe 1).

Da Arrays veränderbare Datenstrukturen sind, können wir den Inhalt von `pizza` ändern, obwohl `pizza` eine Konstante ist. Das Array hat in der imperativen Programmierung ungefähr die gleiche Bedeutung wie die Liste in der funktionalen Programmierung, doch ist sie bei Weitem nicht die einzige veränderbare Datenstruktur, die uns die Scala-API bietet: Im Paket `scala.collection.mutable` finden wir veränderbare Datenstrukturen wie die veränderbare Klassen `LinkedList` und `ArrayBuffer`.

22.4 Aufgaben

1. Die unveränderbare Klasse `HashSet` verwendet intern *veränderbare* Hash-Tabellen. Anders als im Kasten „Hash-Tabellen" auf Seite 58 beschrieben, wird hier ein Hash-Verfahren mit offener Adressierung genutzt: Die Daten werden in einem Array abgelegt. Das für die Speicherung genutzte Array-Element ergibt sich aus der Hash-Funktion. Ausgehend von dieser Position wird im Array jeweils so lange der zyklisch nächste Nachbar besucht, bis ein freier Platz gefunden wurde. Gehen Sie bei der Suche nach einem Objekt analog vor. Implementieren Sie Ihre eigene Klasse `Hashtable`, deren Konstruktor Sie die Größe der Tabelle übergeben.

Alles klar?

- ◾ Veränderbare Variable oder Attribute können mit Hilfe des Schlüsselworts `var` oder mit Hilfe von veränderbaren Datenstrukturen genutzt werden.

- ◾ In Scala werden veränderbare Attribute implizit mit Inspektoren und Mutatoren implementiert. Die Standardimplementierungen können durch eigene Definitionen ersetzt werden.

- ◾ Arrays lassen sich wie in anderen Programmiersprachen nutzen. In Scala werden sie mit Hilfe der Klasse `Array` realisiert und fügen sich vollständig in die Objektstruktur der Sprache ein.

- ◾ Die Scala-API enthält im Paket `scala.collection.mutable` veränderbare Datenstrukturen.

Kapitel 23

Traits

Bisher haben wir immer mit Singletons und konkreten oder abstrakten Klassen gearbeitet, wenn wir unsere Typen definierten. Bei der Durchsicht der Dokumentation ist aber vielleicht schon aufgefallen, dass viele Typen auch mit dem Schlüsselwort `trait` vereinbart werden. So haben wir in Abschnitt 20.2 etwa den Typen `Traversable` verwendet, ohne zu wissen, dass es sich hierbei um einen Trait handelt. Bisher war oft von Typen die Rede, wenn eigentlich Traits gemeint waren.

Traits haben zwar Ähnlichkeit mit Konstruktionen wie abstrakten Klassen oder Interfaces in Java, sind aber insgesamt doch wesentlich mächtiger als diese beiden Arten von Typen. Wir werden sehen, dass mit Traits Dinge möglich sind, die in Java unmöglich oder nur schwer umsetzbar sind, und werden dabei auch nicht vor einem Pakt mit dem Teufel Mehrfachvererbung zurückschrecken.

Einer der bekanntesten Traits ist der Typ `Application`. Singletons, die von ihm erben, können auch ausgeführt werden, wenn sie keine `main`-Methode enthalten:

```
object Hello extends Application{
    println("Hello Scala")
}
```

Wir haben schon an einigen Stellen (wie in Abschnitt 14.2.4) die Klasse `Animal` definiert. Die Vielfalt der Unterklassen beschränkte sich bisher auf Katzen und Hunde. Die Biologen haben verschiedene hierarchische Strukturen für das Tierreich entwickelt, die wir mit den Vererbungsmechanismen aus Scala abbilden könnten. Egal, welche Systematik wir nehmen, es gibt immer Eigenschaften von Tieren, die nicht zoologisch sind und darum auch nicht erfasst werden. Ein Beispiel ist der Begriff Haustier (dt. für *pet*): Ein Hund gehört beispielsweise zur Familie der Canoidea,[1] ist aber auch ein Haustier. Genau hier fängt der Ärger an: Die *Klassenvererbung* von Scala unterstützt nur Einfachvererbung. In Java können wir uns mit Interfaces behelfen, in Scala gibt es dafür Traits.

---

[1] Die Familie der hundartigen Lebewesen.

23.1   Traits und Java-Interfaces

Bevor wir uns mit der Syntax auseinandersetzen, konkretisieren wir das Problem: Ein Haustier ist ein Tier, das jemandem gehört. Es ist Besitz (dt. für *property*), der seinerseits einen Eigentümer (dt. für *owner*) und einen Preis hat.

```
trait Property{
   def belongsTo: String
   val price: Int
}
```

Anders als die Interfaces in Java können Traits nicht nur Methoden enthalten, sondern auch Attribute.[2] Im Trait `Property` sind die Typmitglieder `belongsTo` und `price` beide abstrakt und müssen noch implementiert werden. Für Konstruktoren sind aber nach wie vor die Klassen zuständig. Wir verwenden den Trait ähnlich wie ein Interface in Java:

Listing 23.1: Beispiel zur Verwendung eines Traits

```
class Person(val fname: String, val lname: String)
class Animal(val name: String, val size: Int){
   override def toString="My name is "+name+", I am "+size+" tall."
}
class Pet(name: String, size: Int, val owner: Person)
extends Animal(name, size)
with Property{
   override val price = size/2
   override def belongsTo = owner.fname
}
```

Da die Klasse `Pet` vom Trait `Property` erbt, muss sie alle abstrakten Methoden implementieren. Die Implementierungen der beiden Mitglieder *müssen nicht* mit `override` markiert werden, der Code wird so aber klarer. Traits können auch anonym implementiert werden:

```
val p = new Property{
   def belongsTo = "Donald"
   val price = 42
}
```

23.2   Konkrete Methoden

Mit Interfaces hat *Java* ein grundsätzliches Problem: Die Funktionalität einiger Methoden ist oft schon bei der Definition des Interface bekannt. Diese Methoden könnten wir bereits implementieren. Sobald aber irgendetwas implementiert wird, verliert der Typ seinen Status

---

[2] In Java können Interfaces zwar Konstante enthalten, ihr Wert muss aber bereits bei der Definition des Interface feststehen. Das ist bei Traits anders.

als Interface und wird zur abstrakten oder konkreten Klasse. Traits dagegen können Methoden auch implementieren; der folgende Code wird problemlos übersetzt:

```
trait Property{
  val owner: Person
  val price: Int
  def belongsTo = owner.fname
  override def toString = " I belong to "+belongsTo
}
```

Wir bemerken, dass hier mit `owner` ein weiteres Attribut hinzugekommen ist. Interessant ist, dass wir nur den Typ der Attribute kennen, sie aber in der Methode `belongsTo` schon fleißig verwenden. Es verhält sich damit so ähnlich wie mit abstrakten Methoden in Java, die auch innerhalb von abstrakten Klassen genutzt werden können, als wären sie bereits implementiert. Sobald wir jetzt für `owner` und `price` konkrete Werte hinterlegen, verfügen wir über die volle Funktionalität des Typs `Property`:

```
val p=new Property{
  override val owner = new Person("Donald", "Duck" )
  override val price = 23
}
println(p)
```

Das Ergebnis ist

```
I belong to Donald
```

Um die Syntax besser kennenzulernen, definieren wir das ganze als ganz normale Klasse:

```
class DonaldsProperty extends Property{
  override val owner = new Person("Donald", "Duck" )
  override val price = 23
}
```

Da wir von Traits mit der gleichen Syntax wie von Klassen erben, ist es eigentlich ganz schlüssig, dass Traits auch Methoden implementieren, die dann vererbt werden. Dieses Schlüsselwort `extends` darf in einer Klassendefintion nur einmal auftauchen; wenn wir mehr als einen Basistyp haben, müssen wir das Schlüsselwort `with` verwenden:

```
class Pet(name: String ,  size: Int, val owner: Person)
extends Animal(name, size)
with Property{
  override val price = size/2
}
```

Wir erinnern uns: Wenn wir den Trait `Property` implementieren, müssen wir die Konstanten `owner` und `price` mit Werten versorgen. Dem Attribut `owner` wird bereits über ein Argument des Konstruktors ein Wert zugewiesen, `price` wird wie gewohnt überschrieben.

Unter dem Aspekt eines ordentlichen Entwurfs war unsere Lösung nicht so klug: Wie sollen
wir etwa Ratten einordnen? Eigentlich sind sie ja keine Haustiere, aber es soll ja Leute geben,
die sich Ratten als Haustiere halten. Auf der anderen Seite gibt es unter dem Klassiker der
Haustiere, dem Hund, auch streunende Exemplare, die vielleicht schon lange kein Haus mehr
von innen gesehen haben. Hier ist die Granularität der Klasse zu grob. In Scala müssen wir
uns nicht für die ganze Klasse entscheiden, sondern können auch einzelne Objekte mit dem
Trait `Property` dekorieren:[3]

```
val snoopy=new Animal("Snoopy", 23)  with Property{
   override val owner = new Person("Charly","Brown")
   override val price = size/2
}
```

So weit ist das alles eine feine Sache mit den Traits. Wir fragen uns, warum wir uns so lange
mit Interfaces zufrieden gegeben haben, und wundern uns sogar, dass nicht schon jemand eher
auf Traits gekommen ist. Die Begeisterung für Traits erhält aber einen massiven Dämpfer,
wenn wir versuchen, die `toString`-Methode von `Property` zu überschreiben. Denn auch
Traits sind vom Typ `Any` und erben somit `toString`:

```
override def toString = super.toString+" I belong to "+belongsTo
```

23.3   Mehrfachvererbung

Wenn wir jetzt ein Haustier erzeugen und ausgeben:

```
val snoopy = new Pet("Snoopy", 23, new Person("Charly","Brown"))
println(snoopy)
```

staunen wir nicht schlecht, wenn wir auf der Konsole die Ausgabe

```
I belong to Charly
```

lesen. Die Methode `toString` aus `Animal` (siehe Listing 23.1) wurde komplett ignoriert!
Durch die Hintertür der Traits hat sich nämlich die Mehrfachvererbung eingeschlichen: In
der Klasse `Pet` sieht der Compiler zwei `toString`-Methoden, nämlich eine aus dem Trait
`Property` und eine aus der Klasse `Animal`. Zwischen diesen beiden Methoden muss er
sich entscheiden. Wir können uns auch leicht vorstellen, dass die Dinge beliebig kompliziert
werden können, wenn eine Klassenhierarchie hinreichend komplex wird und viele Klassen
der Hierarchie auch noch Traits implementieren. Scala transformiert die Typhierarchie in
eine Liste und regelt dabei Namenskonflikte von Typmitgliedern. Die Strategie „rechtslas-
tige Breitensuche" ist nicht mit wenigen Worten erklärt, sie wird aber in der Spezifikation
[Ode09a] beschrieben. In unseren einfachen Beispielen können wir die Strategie auf die einfache Formel „Wer zuletzt überschreibt, überschreibt am besten" reduzieren.

Was können wir tun, wenn wir die Methode `toString` aus `Animal` oder, besser noch, aus
beiden Typen verwenden wollen? In der Definition

---

[3] Das Wort wurde mit Bedacht gewählt. Mit Hilfe der Traits haben wir eine einfache Möglichkeit, das Entwurfsmuster „Dekorierer" (siehe Kasten „Entwurfsmuster" auf Seite 65) zu realisieren.

```
class Pet(...) extends Animal(...) with Property{...}
```

können wir `Animal` und `Property` auch nicht einfach umtauschen: Wenn es in der Definition eine Klasse gibt, muss sie immer an *erster* Stelle stehen. Wir lösen das Problem, indem wir die `toString`-Methode aus `Property` so implementieren:

```
override def toString=
   super.toString+" I belong to "+belongsTo
```

Wenn wir jetzt unser Haustier Snoopy ausgeben, kann sich das Ergebnis schon eher sehen lassen:

```
My name is Snoopy, I am 23 tall. I belong to Charly
```

Durch die Breitensuche bringt der Compiler die beteiligten Typen in eine Reihenfolge. Der Typ, der in dieser Reihenfolge an Position n steht, behandelt den Trait (oder die Klasse), der an Position $n - 1$ steht, wie seine Basisklasse.

In diesem Kapitel haben wir einige elementare Eigenschaften von Traits kennengelernt, doch ermöglichen Traits auch für das Design unserer Software ganz neue Möglichkeiten.[4]

Alles klar?

■ Traits sind Typen, die sich nicht instanziieren lassen.

■ Traits können abstrakte oder konkrete Attribute und Methoden enthalten.

■ Klassen erben von Traits. Abstrakte Trait-Mitglieder müssen in diesen Klassen implementiert werden.

■ Da eine Klasse von zwei verschiedenen Traits gleichnamige Methoden erben kann, ist Mehrfachvererbung möglich.

■ Die bekannten Probleme der Mehrfachvererbung werden in Scala vermieden. Es gibt konsistente Regeln, welche Methode verwendet wird.

23.4 Aufgaben

1. Ein beliebtes Beispiel für generische Traits ist `Ordered[A]`. Implementieren Sie die folgende Klasse:

```
class ComparableAnimal(name: String, size: Int)
extends Animal(name, size)
with Ordered[Animal]{
```

Was passiert bei der Ausführung der folgenden Anweisungen?

```
val snoopy1 = new ComparableAnimal("Snoopy",23)
val snoopy2 = new ComparableAnimal("Snoopy",23)
```

---

[4] Eine umfassende Darstellung zum Thema „Traits" findet man etwa in [Wam09].

```
val lassie = new ComparableAnimal("Lassie",42)
println((snoopy1>lassie)+" "+(snoopy1<lassie))
```

Warum unterscheiden sich die beiden folgenden Ausgaben voneinander?

```
println((snoopy1>=snoopy2) && (snoopy1<=snoopy2))
println(snoopy1==snoopy2)
```

2. Schreiben Sie mit Hilfe von Traits und Mehrfachvererbung eine Typhierarchie, so dass die beiden Zeilen

```
println(new B() with C)
println(new C() with B)
```

die Ausgabe

```
In C
In B
```

erzeugen. Führen Sie in diese Typhierarchie ein gemeinsames veränderbares Attribut ein, das jeweils bei der Objekterzeugung geändert wird. Geben Sie dieses Attribut aus, und machen Sie sich so klar, in welcher Reihenfolge die Typen der Hierarchie bearbeitet werden.

3. Diese Aufgabe zeigt Ihnen, wie Sie mit Hilfe von Traits mit sehr wenig Aufwand einen hohen Nutzen erreichen: Im Aufgabenteil von Kapitel 22 haben Sie die Klasse `Hashtable` implementiert. Statten Sie `Hashtable` jetzt mit dem Trait

```
scala.collection.LinearSeqLike
```

aus, und testen Sie einige der Methoden, die Ihnen nun laut Dokumentation der Scala-API zur Verfügung stehen.

Kapitel 24

Varianz

Generische Datentypen, wie wir sie seit Java 5 kennen, gibt es in funktionalen Sprachen wie ML (siehe Abschnitt 2.2) seit Jahrzehnten. In Scala gebrauchten wir Typparameter, als wir uns mit Typen wie `List`, `Set` oder `Map` beschäftigten (siehe Kapitel 18 und 20). Im folgenden Dialog mit der Scala-Shell erkennt die Typableitung von Scala, dass wir eine Liste mit ganzen Zahlen definieren, und weist sie einer Konstanten vom Typ `List[Int]` zu, wobei der Typparameter `Int` der Liste in eckige Klammern geschrieben wird:

```
scala> List(4,7,1,1)
res0: List[Int] = List(4, 7, 1, 1)
```

Die Segnungen der generischen Datentypen sind uns ja grundsätzlich aus Java bekannt und werden hier nicht weiter erklärt. Auch wenn wir in Scala mit generischen Typen umgehen können, stellen sich doch einige Fragen:

- Was macht beispielsweise das + in der Definition der Klasse `List`?

    ```
    sealed abstract class List[+A]
    ```

- Ist das >: in der folgenden Funktion `Iterable.reduceLeft` ein Emoticon wie etwa :-) das man Freunden per SMS schicken kann?

    ```
    def reduceLeft[B >: A](op: (B, A) => B): B
    ```

Diese Fragen führen uns zum Gebiet der Varianz, die wir wohl am besten im Rahmen eines kurzen Exkurses in Java verstehen.

24.1 Kovarianz von Java-Arrays

In Java haben *Arrays* eine Eigenschaft, die wir **Kovarianz** nennen; wir verdeutlichen sie uns an einem einfachen Beispiel:

```
String[] strings = new String[2];
```

```
Object[] objects = strings;
```

Die Zuweisung `objects=strings` ist möglich, weil `Object` Basistyp von `String` und `Object[]` somit auch Basistyp von `String[]` ist. Diese Kovarianz erscheint plausibel, ist gelegentlich auch nützlich – ab und zu aber auch tückisch. Da Zahlen keine Texte sind, schlägt die folgende Anweisung zur *Laufzeit* fehl:

```
objects[0] = 1;
```

Bei der Übersetzung steht der Compiler daneben und merkt nichts: Das Array `objects` ist vom Typ `Object[]` und kann natürlich auch Daten vom Typ `Integer` aufnehmen. Das Array `strings` ist aber vom Typ `String[]` und daher nicht für Daten vom Typ `Integer` geeignet. Absurd erscheint es, dass auch die folgende Anweisung eine `ArrayStoreException` wirft:

```
objects[0] = new Object();
```

Wir können dem Array `objects` vom Typ `Object[]` nicht einmal Daten vom Typ `Object` zuweisen! Die Kovarianz der Arrays führt uns in eine unsichere Situation: Es gibt Fehler, die der Compiler nicht findet (und auch nicht finden kann) und die uns zur Laufzeit Exceptions bescheren. Nun führen Laufzeitfehler, wenn sie nicht in `try/catch`-Blöcken behandelt werden, zum Programmabbruch, was je nach Wichtigkeit des Programms verheerende Folgen haben kann! In diesem Fall war uns möglicherweise der Ernst unserer Lage noch nicht einmal klar. Mal ehrlich: Wer hat schon von einer `ArrayStoreException` gehört?

24.2   Kovarianz von generischen Java-Typen

Die Kovarianz von Arrays kann in künftigen Java-Versionen auch nicht so einfach aufgehoben werden: Es gibt bereits viele Millionen Zeilen Java-Code, die Kovarianz nutzen und dann von heute auf morgen nicht mehr übersetzt würden. Aber man könnte ja künftig verantwortungsvoller mit Kovarianz umgehen: In Java 5 wurden generische Datentypen eingeführt. Bei diesen Typen gibt es keine Kovarianz wie bei den Arrays. Der folgende Code wird erst gar nicht übersetzt:

```
List<String> strings = new ArrayList<String>();
List<Object> objects = strings;
```

In generischen Typen gibt es keine Kovarianz, und auf den ersten Blick auch keinen Grund, der Kovarianz nachzuweinen. Es gibt jedoch Situationen, in denen sie – trotz aller Unsicherheiten – wirklich nützlich ist. Praktisch wäre doch, wenn der folgende Code übersetzt würde:

```
List<Integer> ints = new ArrayList<Integer>();
ints.add(4711);
List<Number> numbers=ints;
```

Wenn wir `numbers` aber mit Hilfe des Platzhalters ? definieren, versprechen wir, dass wir `numbers` nur Listen zuweisen, die einen generischen Typ haben, der Untertyp von `Numbers` ist:

```
List<? extends Number> numbers = ints;
```

So kommen wir in den Genuss der Vorteile der Kovarianz, ohne ihre dunkle Seite fürchten zu müssen. Wenn wir versuchen, eine Fließkommazahl in der Liste abzulegen:

```
numbers.add(47.11);
```

scheitert dieser Versuch, da nur Mitglieder des Typs `List<Number>` genutzt werden dürfen. Dieser Typ enthält aber keine Methode `add(d double)`. Das Ganze funktioniert jedoch nur auf Objektebene; bei der *Definition* generischer Typen können wir nur den Typparameter einschränken, der Platzhalter `'?'` alleine ist nicht zulässig. Es gibt in Java keine Möglichkeit, Klassen kovariant zu definieren. Die Bemühungen, jedes Auftreten von kovarianten Typen im Keim zu ersticken, gehen so weit, dass es keine saubere Möglichkeit gibt, generische Arrays zu erzeugen. Der Java-Compiler weigert sich mit der Meldung *Cannot create a generic array of T*, den folgenden, ganz einfachen Code zu übersetzen:

```
class Container<T>{
  T[] data = new T[5];
  ...
}
```

Der Compiler warnt sogar vor der Lösung, wie sie in der Java-API etwa die Klasse `java.util.ArrayList` intern verwendet:

```
T[] data = (T[])(new Object[5]);
```

In [Kre07b] findet man eine umfangreiche Diskussion der Möglichkeiten, generische Arrays in Java zu erzeugen.

24.3 Mehr Kovarianz in Java

Kovarianz läuft uns auch in ganz einfachen (generischen und nichtgenerischen) Methoden über den Weg. Bevor es Java 5 gab, wurde das folgende Codefragment nicht übersetzt:

```
class Upper{
  Object transform(String s) {
    return new Object();
  }
}
class Lower extends Upper {
  String transform(String s) {
    return s.toLowerCase();
  }
}
```

Lower ist eine Unterklasse von Upper, und die Methode transform wird in Lower überschrieben. Da die Rückgabewerte von transform nicht übereinstimmen, meldet der Compiler einen Fehler. Seit Java 5 sind Rückgabetypen kovariant, und der Code wird übersetzt: Der Rückgabetyp der überschriebenen Methode muss ein Untertyp des Rückgabetyps der Methode der Basisklasse sein. Wenn wir versuchen, Kovarianz auch für Parameter von Methoden zu verwenden, geht das scheinbar. Tatsächlich überschreiben wir die Methode nicht, sondern überladen sie. Java unterstützt Kovarianz nur für Rückgabewerte, nicht aber für Parameter.

24.4   Kontravarianz in Java

Wie sieht Kovarianz eigentlich im Rückwärtsgang aus? Wenn T Basistyp von S ist, kann es dann sinnvoll sein, dass die Klasse MyClass<S> ein Basistyp von MyClass<T> ist? Auch wenn dieses Szenario dem Wesen der Vererbung zu widersprechen scheint – es gibt sinnvolle und legitime Anwendungen für diese **Kontravarianz**: Wenn wir zwei Objekte einer Klasse miteinander vergleichen wollen, können wir das Interface Comparator (siehe auch Abschnitt 5.2), das nur die Methode compareTo enthält, implementieren. Im folgenden Code wird die Implementierung nur angedeutet:

```
class AnimalComparer implements Comparator<Animal>{
  public int compare(Animal a1, Animal a2) {
    ...
  }
}
```

Wenn wir davon ausgehen, dass Dog eine Unterklasse von Animal ist, dann ist die Zuweisung

```
Comparator<Dog> dc = new AnimalComparer();
```

durchaus sinnvoll: Jedes Objekt vom Typ Dog kann alles, was ein Objekt vom Typ Animal kann, also können wir es insbesondere mit einem anderen Objekt vom Typ Dog vergleichen. Allein – die Syntax von Java lässt es nicht zu. Generische Typen sind in Java weder ko- noch kontravariant. Wir können den Compiler nicht dazu bringen, Comparator zum kontravarianten Typ zu machen. Genauso wie in Abschnitt 24.2 können wir die Situation auf Objektebene wieder mit Platzhaltern und Typeinschränkungen retten:

```
Comparator<? super Dog> dc = new AnimalComparer();
```

24.5   Varianz in Scala

Die gängigen Beispiele zur Kovarianz, die wir auch in diesem Kapitel bisher diskutiert haben, erwecken den Eindruck, dass ein Verbot von Kovarianz auf Klassenebene durchaus sinnvoll sein kann. In Scala sind Ko- und Kontravarianz nicht verboten, sondern können zugelassen werden, wenn es sicher ist. Im Fall der beiden folgenden *unveränderbaren* Listen

```
val strings = List("Snoopy")
val objects: List[Any] = strings
```

spricht überhaupt nichts gegen die Kovarianz: In die Liste `strings` kann ja gar nichts eingefügt werden, da sie unveränderbar ist. Der Ausdruck

```
23::strings
```

fügt `23` in keine der beiden Listen `strings` und `objects` ein, sondern erzeugt eine neue Liste vom Typ `List[Any]`. Tatsächlich wird die Anweisung auch übersetzt. Unveränderbare generische Typen sind in Scala kovariant. Die Kovarianz des unveränderbaren Typs `List` spezifizieren wir bei der Definition der Klasse:

```
sealed abstract class List[+A]
```

Das Pluszeichen vor dem Typparameter bedeutet also, dass der Typ kovariant ist. Jetzt verstehen wir auch, warum `Nil` zu allen Listen passt:

```
case object Nil extends List[Nothing]
```

■ `Nil` hat den Typ `List[Nothing]`,

■ `Nothing` ist Untertyp jedes anderen Typs, und

■ der Typ `List` ist kovariant.

Veränderliche Typen wie Arrays sind hingegen weder ko- noch kontravariant, sondern invariant:

```
final class Array[A](_length: Int)
```

Unser einführendes Java-Beispiel wird somit in Scala nicht übersetzt:

```
scala> val strings = new Array[String](2)
strings: Array[String] = Array(null, null)

scala> val objects: Array[Object] = strings
<console>:6: error: type mismatch;
 found   : Array[String]
 required: Array[java.lang.Object]
       val objects : Array[Object] = strings
```

Das folgende Beispiel demonstriert, dass Funktionen hinsichtlich ihrer Parameter kontravariant sind:

```
scala> val f: Int=>String = (v: AnyVal) => v.toString
f: (Int) => String = <function>
```

In der Definition des Typen `Function1` wird dem kontravarianten Parametertypen der Funktion ein Minuszeichen vorangestellt:

```
trait  Function1[-T1, +R]
```

So einfach ist das: Für Kovarianz ein +, für Kontravarianz ein −.

Um unser Verständnis für Varianz zu vertiefen, definieren wir jetzt unseren eigenen generischen Typen:[1]

```scala
class Container[T](val capacity: Int){
  private val data:  Array[T] = new Array[T](capacity)
  private var size = 0
  def add(key: T) {
    data(size) = key
    size += 1
  }
  def contains(key: T): Boolean =
    data contains key
}
```

Der Typ Container soll Daten in einem Array verwalten: Daten können dazu mit der Methode add eingefügt und mit der Methode contains gesucht werden. Der Code ist nicht funktional, da wir veränderbare Attribute und veränderbare Typen wie Array verwenden. Wir könnten ihn auch verbessern, indem wir in der Methode add den Fall abfangen, dass das Array überläuft.

Jetzt versuchen wir den Typen kovariant zu machen, indem wir die Definition ändern:

```scala
class Container[+T]
```

Der Scala-Compiler beanstandet etwa den Typ des Attributs data:

```
covariant type T occurs in invariant
position in type => Array[T] of value data
```

Die Kovarianz des Typparameters T passt nicht zur Invarianz des Arrays. Der Typparameter kann natürlich auch eingeschränkt werden; wenn die Container nur Wertetypen enthalten soll, schreiben wir einfach:

```scala
class Container[T <: AnyVal]
```

Hier klärt sich auch ein weiteres Rätsel, das wir in der Einleitung dieses Kapitels erwähnt haben: Bei der *generischen* Methode

```scala
def  reduceLeft[B >: A](op: (B, A) => B): B
```

muss der Parameter B einen Typ haben, der Basistyp von A ist.

---

[1] Wir sehen dabei übrigens, dass wir auch in Scala problemlos selbst generische Typen definieren können.

Alles klar?

- In Scala können generische Typen definiert werden.

- Bei der Definition lässt sich über das „Vorzeichen" des Typparameters festlegen, ob ein Typ ko- oder kontra-, oder invariant verwendet werden darf.

- Bei generischen Typen kann der Typparameter mit $<:$ oder $>:$ eingeschränkt werden.

Kapitel 25

Pakete und Sichtbarkeit

In Java können wir unsere Typen übersichtlich in Paketen organisieren. Thematisch verwandte Typen kommen in das gleiche Paket. Im JDK sind etwa alle Interfaces und Klassen, die mit Ein- und Ausgabe zu tun haben, im Paket `java.io` abgelegt. Es gibt die Konvention, dass Paketnamen, die nicht zur Java-API gehören, mit einem Domänennamen anfangen, dessen einzelne Komponenten wir in umgekehrter Reihenfolge notieren. Zum vorliegenden Buch gibt es die Website www.grundkurs-funktionale-programmierung.de; entsprechend würden wir ein Paket namens `common` so definieren:[1]

```
package de.grundkurs_funktionale_programmierung.common
```

In Java darf es für jede Quelldatei höchstens eine `package`-Anweisung geben. Wenn wir den Java-Code mit der Option `-d` übersetzen, werden die Dateien mit der Endung `class` passend im Verzeichnis `de/grundkurs_funktionale_programmierung/common` abgelegt. Der Compiler erzeugt alle erforderlichen Verzeichnisse, die es noch nicht gibt. Auch wenn Java hierarchische Paketstrukturen nicht kennt, werden die Pakete auf die Hierarchie des Dateisystems mit ihren Ordnern und Unterordnern abgebildet.

25.1 Pakete in Scala

Wenn wir *wollen*, können wir in Scala problemlos wie in Java arbeiten: In jeder Datei stehen dann Typen, die alle zum gleichen Paket gehören. Beim Übersetzen müssen wir nicht einmal eine Option angeben; der Compiler erzeugt automatisch die benötigten Verzeichnisse für den Bytecode.

In einer Quelldatei können wir aber auch mehrere Typen definieren, die möglicherweise zu *verschiedenen* Paketen gehören. Die Syntax ist intuitiv, wir finden einige Beispiele im folgenden Codefragment:

```
package de.grundkurs_funktionale_programmierung{
  package common{
```

---

[1] Weil das Zeichen – nicht verwendet werden darf, ersetzen wir es durch _.

```
sealed class Animal
object Animal{
  def apply(kind : String): Animal= kind match {
    case "cat" => new special.Cat
    case "dog" => new special.Dog
  }
}
package special{
  class Dog extends Animal
  class Cat extends Animal
}
}
package test{
  import common._
  object Tester extends Application{
    val a1 = Animal("cat")
    val c = new special.Cat
  }
}
}
```

Wir ersparen uns etwas Schreibarbeit: Die Klasse `Animal` gehört zum Paket `de.grundkurs_funktionale_programmierung.common`, die Klassen `Dog` und `Cat` zu `de.grundkurs_funktionale_programmierung.special`. In der Methode `apply` müssen wir die Typen `Cat` und `Dog` nicht mehr mit vollständigem Paketnamen importieren, sondern können mit dem relativen Paketnamen arbeiten. Im Paket `test` sehen wir, dass relative Paketnamen auch für die Importe ausreichen. In diesem Fall haben wir auch eine bessere Übersicht.

Die Vorteile, die Scala uns zur Paketdefinition bietet, beschränken sich aber nicht auf weniger Schreibarbeit und mehr Übersicht, sondern unterstützen eine noch bessere Kapselung: Wenn wir nämlich eine Basisklasse wie `Animal` als `sealed` markieren, müssen alle Unterklassen in der gleichen Datei stehen wie `Animal`. Sollen die Unterklassen zu einem anderen Paket gehören, *müssen* wir sogar die Möglichkeiten zur Paketdefinition nutzen, die Scala uns bietet.

25.2   Sichtbarkeit in Scala

In Java kennen wir die vier Sichtbarkeiten `public`, `private`, `protected` und paketprivat. Die paketprivate Sichtbarkeit ist der Standard, es gibt dafür kein eigenes Schlüsselwort. Wir wundern uns vielleicht zunächst, dass Scala neben `private` und `protected` nur die öffentliche Sichtbarkeit anbietet, wo es doch in modernen Sprachen wie C# einen ganze Bauchladen an Sichtbarkeiten gibt. Die öffentliche Sichtbarkeit ist in Scala der Standard und kann nicht durch ein eigenes Schlüsselwort spezifiziert werden. Anders als in Java hat `protected` keine Tücken: So gekennzeichnete Mitglieder sind ausschließlich in Untertypen sichtbar.

Teilweise reichen uns die vier Sichtbarkeitsstufen in Java kaum: Wenn beispielsweise eine Java-Klasse auch außerhalb ihres Pakets gebraucht wird, müssen wir sie dazu öffentlich machen, was oft schon wieder zu viel des Guten ist. Auf den *ersten Blick* ist das in Scala noch schlimmer; bei genauerem Hinschauen sehen wir aber, dass Scala hier mehr Möglichkeiten bietet, die Sichtbarkeit einzustellen, als alle Javas und C#s dieser Welt.

Der Code, mit dem wir uns das Paketkonzept in Scala klargemacht haben, wurde hier noch etwas variiert:

```
package de.grundkurs_funktionale_programmierung{

  package common{
    class Animal
    object Animal{
      def apply(kind : String): Animal= kind match {
        case "cat" => new special.Cat
        case "dog" => new special.Dog
        }

    }
    package special{
      private[common] class Dog extends Animal
      private[common] class Cat extends Animal
    }
  }
  package test{
    import common._
    object Tester extends Application{
      val a1 = Animal("cat")
      val c = new special.Cat
    }
  }
}
```

Im vorigen Abschnitt haben wir uns davon überzeugt, dass es in Scala auch möglich ist, Hierarchien für Pakete zu definieren. Diese Hierarchien nutzen wir in diesem Listing, um die Sichtbarkeit der beiden Klassen Cat und Dog weiter einzuschränken: sie sind jetzt nur noch im Paket common *und seinen Unterpaketen* sichtbar. Die Klassen Dog und Cat sind also in den beiden Paketen de.grundkurs_funktionale_programmierung.common und de.grundkurs_funktionale_programmierung.common.special sichtbar.

Die Übersetzung des Tester-Singletons scheitert daher: Tester gehört zum Paket de.grundkurs_funktionale_programmierung.test, das kein Unterpaket von common ist, sondern mit common auf der gleichen Hierarchieebene liegt. Die Klasse Animal ist dagegen weiterhin öffentlich sichtbar.

Jetzt ist auch vieles möglich, was sonst schwer oder gar nicht realisierbar war: Ein Paket kann einige Typen in Form von Traits öffentlich machen und etwa zu jedem Trait eine Factory publizieren. Außerhalb des Paketes muss niemand wissen, dass es überhaupt implementierende Klassen gibt; alles ist ordentlich gekapselt.

25.3   Privater als privat

Wir erfahren nun, dass es möglich, sinnvoll und notwendig sein kann, Attribute mit einer Sichtbarkeit zu versehen, die noch restriktiver als die private Sichtbarkeit ist. Dazu betrachten wir die folgende einfache Klasse, die wir in ähnlicher Form bereits in Kapitel 22 kennengelernt haben:

```
class Dog(val name : String, private var s : Int) {
    require(s>0)
  def size =s
  def size_=(sz : Int) ={
    require(sz>0)
    s=sz
  }
  def setS(Dog : other)=
    other.s=s
}
```

Das veränderbare Attribut `s` der Klasse `Dog` ist privat: Wir können nur in der Klasse und – wenn es existiert – in ihrem im Begleitobjekt auf `s` zugreifen. Um `s` zu ändern, haben wir die Methode `size_` definiert. Nach außen ist `size` das veränderbare Attribut. In der Methode `setS` sehen wir aber, dass `s` doch nicht ganz privat ist: Immerhin kann es auch von fremden Objekten vom Typ `Dog` geändert werden. Das ist so auch in Java möglich. Generell darf man die Sichtbarkeit `private` nicht weiter einschränken, da wir wichtige Methoden wie `equals` sonst gar nicht mehr sinnvoll implementieren können. Wenn wir es, wie in diesem Fall, für notwendig halten, ist eine weitere Einschränkung durchaus möglich: Mit `private[this]` markierte Mitglieder eines Typen sind **objektprivat** und somit nur innerhalb ihres Objekts sichtbar. Wenn wir die Definition von `Dog` ändern:

```
class Dog(val name : String, private[this] var s : Int)
```

wird die Methode `setS` nicht mehr übersetzt, da sie auf das objektprivate Attribut `s` zugreift.

Gerade an den feingranularen Möglichkeiten, die wir zur Konfiguration der Sichtbarkeit haben, sehen wir wieder, wie ausdrucksstark Scala auch mit wenigen syntaktischen Elementen ist.

Alles klar?

- In Scala können Pakete hierarchisch organisiert und definiert werden.

- Mit Hilfe der eckigen Klammern hinter dem Schlüsselwort `private` lässt sich steuern, ab welcher Paketebene ein Typ sichtbar ist.

- Mit `private[this]` als objektprivat markiert Attribute und Methoden sind außerhalb ihres Objekts auch nicht in anderen Objekten der eigenen Klasse sichtbar.

Kapitel 26

Typumwandlung

Wer lange mit der Java-Plattform gearbeitet hat, kennt die wichtigsten Klassen und Methoden der API. Aufgrund der Integration von Scala in die Java-Architektur können wir dieses Wissen weiter nutzen. Wenn wir aber sehen, dass Ausdrücke wie

```
"Scala" reverse
```

oder gar

```
"Scala" * 3
```

übersetzt und ausgeführt werden, bezweifeln wir vielleicht, dass wir uns wirklich mit der Java-API auskennen. In der Klasse `java.lang.String` gibt es keine Methode `reverse`, und eine Methode, die einfach `*` heißt, kann es aufgrund der Namensregeln für Methoden in Java schon gar nicht geben. Wir kommen der Sache auf die Spur, wenn wir in der Dokumentation der Scala-API auf die Klasse `scala.runtime.WrappedString`[1] stoßen und dort die Methode `reverse` finden. Ein Blick auf die Möglichkeiten von `WrappedString` lohnt sich immer: er ist ein Untertyp von `TraversableLike[Char]` (siehe auch Abschnitt 20.2) und enthält viele der Methoden wie `filter` und `map`, die es auch für Listen gibt.

Zusammen mit den Methoden aus `java.lang.String` bekommen wir einen reichhaltigen Fundus an Möglichkeiten für die Arbeit mit Texten.

26.1 Implizite Methoden für implizite Casts

Da die Sprachdefinition von Scala spartanisch gehalten ist, kommt für die seltsame Mutation von `String` zu `WrappedString` eigentlich nur das Singleton `Predef` in Frage.

`Predef` ist Untertyp von `LowPriorityImplicits`, und in der Dokumentation dieser Klasse finden wir die Definition

---

[1] Bis zur Version 2.7. hieß der Typ `RichString`.

```
implicit def wrapString(s: String): WrappedString =
  new WrappedString(s)
```

die aus einem Objekt vom Typ `String` ein Objekt vom Typ `WrappedString` macht. Neu für uns ist das Schlüsselwort `implicit`: es sorgt dafür, dass die Methode nicht nur explizit, also in der Form

```
stringWrapper ("Scala")
```

ausgeführt werden kann, sondern immer dann, wenn es *nötig* ist.

Im Ausdruck

```
"Scala" reverse
```

bemerkt der Compiler, dass der Typ `String` die Methode `reverse` nicht hat, und macht sich auf die Suche nach Methoden mit einem Parameter vom Typ `String`, die als `implicit` markiert sind. Der Ergebnistyp muss dabei die Methode `reverse` enthalten. Da `Predef` in unserem Fall genau so eine Methode hat, beendet der Compiler seine Suche und führt `stringWrapper` aus, bevor er die Methode `reverse` verwendet. Implizit macht der Compiler aus der Anweisung

```
"Scala" reverse
```

also

```
Predef.stringWrapper("Scala") reverse
```

Der Spaß hört natürlich auf, wenn der Compiler sich nicht entscheiden kann; wenn wir beispielsweise im Begleitobjekt der folgenden Klasse

```
class MyString{
  def reverse() = "Boom"
}
```

die Methode

```
implicit def stringToMyString(s: String) = new MyString
```

definieren, verweigert der Compiler die Übersetzung von

```
import MyString._
"Scala" reverse
```

unter dem Hinweis auf `"ambiguous conversions"`, also Umwandlungen, die nicht eindeutig sind: Die `reverse`-Methoden von `MyString` und `WrappedString` kommen beide für die Transformation in Frage.

Es ist also kein Wunder, dass wir bisher keinen Cast-Operator in Scala kennengelernt haben: Dieses Sprachfeature kann *vollständig* durch explizite und implizite Typumwandlungen (dt. für *casts*) ersetzt werden.

26.2 Wozu noch explizite Casts?

Wie in Java sind explizite Umwandlungen beispielsweise nötig, wenn wir einer ganzen Zahl eine Fließkommazahl zuweisen wollen. Der folgende Code wird nicht übersetzt:

```
scala> val v: Int = 2.3
```

Zahlen vom Typ `double` können im Allgemeinen nur unter Informationsverlust in eine Zahl vom Typ `int` transformiert werden. Damit der Entwickler weiß, was er tut, findet diese Transformation nicht implizit statt. Wir müssen die Umwandlung explizit veranlassen:

```
scala> val v: Int = 2.3 toInt
```

Da der Cast-Operator in Scala unbekannt ist, ziehen wir Methoden für die Transformation heran. Schließlich ist Scala eine *funktionale* Programmiersprache. Die umgekehrte Transformation ist in Java durch einen impliziten Cast möglich; in Scala wird sie durch die *implizite Methode*

```
implicit def int2double(x: Int): Double
```

aus `Predef` ermöglicht.

In Java werden Casts und ihre Wirkung durch die Sprache definiert und sind somit begrenzt. In Scala können wir frei schalten und walten: Wenn wir eine implizite Umwandlung von `Double` zu `Int` wünschen, ist das kein Problem:

```
scala> implicit def doubleToInt(d: Double) = d toInt
doubleToInt: (Double)Int
```

Wir wissen aber, dass man Features nicht verwenden *muss*, nur weil es sie gibt. Im Ausdruck

```
scala> val v: Int = 2.3
v: Int = 2
```

führt die implizite Transformation zu einem Informationsverlust, den wir möglicherweise übersehen und gar nicht wollen.

Sprachfeatures haben meistens Vor- und Nachteile. Bei impliziten Casts ist das noch etwas ausgeprägter: Werden sie geeignet eingesetzt, ersparen sie uns eine Menge Schreibarbeit und erhöhen die Lesbarkeit des Codes. Da wir die Wirkung impliziter Casts nur erkennen können, wenn wir *wissen*, welche es gibt, sind sie in den Händen von Pfuschern eine gefährliche Waffe. Implizite Casts gilt es daher sparsam und umsichtig einzusetzen.

26.3 Angereicherte Typen

Es gibt analog zur Klasse `WrappedString` auch für jeden der acht in Java als „primitiv" bezeichneten Typen eine zugehörige `Rich`-Klasse, die den Funktionsumfang des Typs erweitert. Für uns sind Ausdrücke wie

```
scala>  0 to 10
res1: Range.Inclusive = Range(0, 1, 2, 3, 4, 5, 6, 7, 8, 9, 10)
```

oder

```
scala>  0 until 10
res2: Range = Range(0, 1, 2, 3, 4, 5, 6, 7, 8, 9)
```

jetzt keine Hexerei mehr: Die Klasse `Int` hat keine Methode namens `to` oder `until`, dafür aber die Klasse `RichInt`. Für die Transformation in `RichInt` sorgt eine geeignete implizite Methode aus `Predef`. Der Typ `Range` ist ein Untertyp von `TraversableLike[Int]` (siehe Abschnitt 20.2) und kann im Wesentlichen das, was auch Typen wie `List[Int]` können.

26.4   Pimp Your Library!

Der Typ `List` bietet keine Methode `contains`. Wenn wir wissen wollen, ob eine Liste einen bestimmten Wert enthält, finden wir in Abschnitt 18.8 die Methode `exists` für die Zutatenliste unseres Pizzateigs:

```
pizza exists (_=="Flour")
```

Wollen wir eine eigene Methode `contains` für Listen haben, können wir dazu nicht die Vererbung verwenden: Die Klasse `List` ist als `sealed` markiert, und alle Unterklassen müssen somit in der gleichen Quelldatei stehen wie die Klasse `List`.

In der objektorientierten Entwicklung wird die *Delegation* (siehe auch [Blo08]) gerne alternativ zur Vererbung benutzt. Wir definieren einen Wrapper für Listen, der die gewünschte Methode `contains` enthält:

```
class ListWrapper[S](val xs: List[S]){
  def contains(v: S): Boolean=
    xs.exists (_==v)
}
```

Das zugehörige Begleitobjekt enthält die entsprechende implizite Methode für die Typumwandlung von `List` zu `ListWrapper`:

```
object ListWrapper{
  implicit def listToListWrapper[S](xs: List[S]): ListWrapper[S] =
    new ListWrapper(xs)
}
```

Durch implizites Casting können wir `contains` jetzt wie eine Methode der Klasse `List` einsetzen:

```
List(4,7,1,1) contains 7
pizza contains "Flour"
```

Nach diesem Muster, auch bekannt unter dem Namen „pimp my library"[2], können wir die Funktionalität beliebiger Klassen erweitern.

---

[2] Siehe http://www.artima.com/weblogs/viewpost.jsp?thread=179766

26.5 Sprachfeatures mit impliziten Casts umsetzen

In Kapitel 20 haben wir Key-Value-Paare für Maps kennengelernt und sie wie im folgenden Beispiel definiert:

```scala
scala> "D"->"Deutschland"
```

Der Pfeil -> (siehe Abschnitt 20.3) scheint zur Syntax von Scala zu gehören; tatsächlich wirkt hier ein impliziter Cast, den wir im Predef-Singleton finden (wo auch sonst!):

```scala
class ArrowAssoc[A](x: A) {
  def -> [B](y: B): Tuple2[A, B] = Tuple2(x, y)
  ...
}
implicit def any2ArrowAssoc[A](x: A): ArrowAssoc[A] =
  new ArrowAssoc(x)
```

In unserem Beispiel erkennt der Compiler, dass es für das Objekt "D" keine *Methode* namens -> gibt. Er findet aber any2ArrowAssoc als eine verfügbare *implizite* Methoden. Mit

```scala
new ArrowAssoc("D")
```

wird dann ein neues ArrowAssoc-Objekt erzeugt. Der Aufruf der generischen Methode ->, die es für dieses Objekt gibt, liefert

```scala
Tuple2("D", "Deutschland")
```

Diesen Effekt haben wir bereits in Abschnitt 20.3 gesehen. Jetzt verstehen wir ihn.

Alles klar?

- ▨ In der *Syntax* von Scala gibt es keine Typumwandlungen.

- ▨ Anwender können Methoden zur Typumwandlung selbst definieren.

- ▨ Methoden, die als implicit markiert sind, müssen nicht explizit aufgerufen werden.

- ▨ Implizite Umwandlungen gibt es etwa zu Typen wie WrappedString oder RichInt, die die Funktionalität von String oder Int erweitern.

- ▨ In Verbindung mit der Delegation können implizite Casts auch als Ersatz für die Vererbung genutzt werden.

26.6 Aufgaben

1. Ein Palindrom ist ein Wort, das sich vorwärts geschrieben gleich liest wie rückwärts geschrieben. Implementieren Sie eine Methode isPalindrome, die prüft, ob ein Wort ein Palindrom ist.

2. Was müssen Sie unternehmen, damit der Ausdruck

   ```
   "otto" isPalindrome
   ```

   den Wert `true` hat?

Kapitel 27

Parallele Programmierung mit Aktoren

„Wenn es keinen guten Grund für den Einsatz von Threads gibt, vermeiden Sie Threads lieber." [Sch02] Diesen guten Ratschlag lesen wir so oder so ähnlich auf den ersten Seiten einiger Lehrbücher über parallele Programmierung.

In Zeiten, in denen jeder PC vom Discounter mehrere Kerne hat, wollen wir die maximale Leistung aus unserer Hardware holen indem wir alle Prozessoren beschäftigen. Wir haben daher wirklich gute Gründe mit mehreren Threads zu arbeiten. Trotzdem sind wir noch skeptisch – schließlich hat man uns davor gewarnt.

Threads können uns viele Fallen stellen, und wenn wir nicht aufpassen, verwickeln wir uns in eines der folgenden Probleme:

- Inkonsistenzen
- Deadlocks
- Starvation (*Verhungern*)

In der parallelen Programmierung müssen wir uns um die *Sicherheit* (dt. für *Safety*) und die *Lebendigkeit* (dt. für *Liveness*) unserer Software kümmern. Durch den ersten Aspekt wird die Konsistenz unserer Objekte sichergestellt, durch den zweiten vermieden, dass unser Programm zum Stillstand kommt. Oft erhalten wir den einen Zustand nur auf Kosten des anderen. Frustrationen, die mit der parallelen Programmierung einhergehen, können schon sarkastische, aber treffende Charakterisierungen wie die aus [Lea99] hervorrufen:

- Safety: Nothing bad ever happens to an object.
- Liveness: Something eventually happens within an activity.

Auch wenn wir in diesem Kapitel einige grundlegende Aspekte der parallelen Programmierung besprechen, wird im Folgenden ein grundsätzliches Verständnis für die parallele Programmierung vorausgesetzt.

27.1   Viele Köche verderben den Brei

Mehrere Threads können gleichzeitig auf das gleiche veränderbare Objekt zugreifen; in der
Literatur ist dieser Sachverhalt auch als *Object-Sharing* bekannt. Wenn der linke Thread nicht
weiß, was der rechte tut, müssen wir uns über Inkonsistenzen nicht wundern. In Lehrbüchern
zur parallelen Programmierung, wie [Oec07], findet man dazu gute Beispiele. Wir versuchen
also, unsere Threads zu bändigen, und passen auf, dass der Zugriff auf Objekte, die von
mehreren Threads geteilt werden, gut organisiert ist:

Zunächst identifizieren wir alle kritischen Abschnitte, also diejenigen Teile unseres Programms, die zur gleichen Zeit von nur *einem* Thread ausgeführt werden dürfen. Oft ist es
nicht einfach, die kritischen Abschnitte zu identifizieren; die Stellen, an denen der Zustand
eines Objekts verändert wird, gehören sicher dazu, es kann aber noch viele mehr geben.

Und überhaupt: Wohin mit den ausgesperrten Threads? Wenn nur ein Thread einen kritischen
Abschnitt betreten darf, lassen wir weitere Interessenten einfach *warten*. Sobald der kritische
Abschnitt frei ist, gewährt der Scheduler einem der Threads aus der Warteschlange Zutritt.
Das hört sich ganz einfach an; wenn wir aber hier nicht aufpassen, gibt es wartende Threads,
die gar nicht mehr zum Zug kommen und verhungern.

Erschwerend kommt hinzu, dass Probleme in Programmen mit mehreren Threads nur in wenigen Fällen reproduzierbar sind. Es kommt vor, dass ein Fehler bei einer Software, die 7x24
Stunden läuft, nur einmal im Monat auftritt und kein Mensch weiß, woran es liegt. Was Tests
auch nicht leichter macht.

Um konsistente Objekte zu erhalten, könnten wir alle Programmteile, bei denen wir uns nicht
ganz sicher sind, zu kritischen Abschnitten erklären. Der Vorsatz ist zwar gut gemeint, aber
oft ist „gut gemeint" das Gegenteil von gut: Das Problem besteht darin, dass wir möglicherweise mehr Threads als nötig zum Warten verdammen und einige für immer von der Arbeit
abhalten. Auch wenn es nicht zum Stillstand des Programms kommen muss: die Parallelität wird in jedem Fall reduziert. Dabei war die maximale Parallelität doch unser Ziel, oder?
Im Extremfall machen wir das ganze Programm zu einem einzigen kritischen Abschnitt und
verlieren die Parallelität vollständig.

27.2   Parallele Programmierung mal anders

Bereits in Kapitel 4 haben wir gesehen, dass es die Probleme, die Object-Sharing nach sich
zieht, in der rein funktionalen Programmierung nicht gibt. Weil Scala aber Objekte mit veränderbaren Zuständen zulässt, muss die Sprache auch Möglichkeiten bieten, um Objekte im
Parallelbetrieb zu verwalten. Wir können uns etwa der Java-API bedienen und mit den Typen des Paketes `java.util.concurrent` arbeiten. Wer schon einmal `synchronized`,
`wait` und `notify` genutzt hat, muss darauf auch in Scala nicht verzichten: Auch wenn sich
einiges anders anfühlt und etwa `synchronized` in Scala kein Schlüsselwort, sondern eine
Methode ist: Wenn wir uns ein bisschen eingewöhnt haben, können wir ganz ähnlich wie in
Java arbeiten. Die Sprachspezifikation von Java enthält bereits einige Konzepte für die parallele Programmierung. In Scala gibt es dafür kein einziges Schlüsselwort, es wird alles mit
geeigneten Bibliotheken gelöst.

Es stellt sich nur die Frage, ob wir das wollen: Die Arbeit mit gemeinsam genutzten Objekten, Sperren und Warteschlangen macht keinen Spaß und kann uns alle Probleme bescheren, die wir in Abschnitt 27.1 besprochen haben. Wenn wir uns ins Bewusstsein rufen, dass Konzepte wie Sperren und Warteschlangen ihren Ursprung in Betriebssystemen haben und für höhere Programmiersprachen adaptiert wurden, wundert uns nichts mehr.

Wir haben ein ähnliches Phänomen wie bei der imperativen Programmierung: Auf niedriger Abstraktionsebene wird mit Konzepten gearbeitet, die sich in unser Leben eingeschlichen haben und unsere Arbeit erschweren, weil wir wie Maschinen denken müssen.

In diesem Buch haben wir die funktionale Programmierung als Gegenpol zur imperativen Programmierung kennengelernt. In diesem *Kapitel* lernen wir, wie Aktoren (dt. für *actors*) auf einem höheren Abstraktionsniveau arbeiten. In Scala gibt es nämlich zusätzlich zu den Bordmitteln von Java das Paket `scala.actors`, das uns Aktoren zur Verfügung stellt. Die Konzepte dieser Klassenbibliothek sind nicht neu, sondern wurden von der Programmiersprache Erlang übernommen. Aktoren wurden auch nicht extra für Erlang erfunden: Die Idee gibt es bereits seit 1973, ihre Praxistauglichkeit wurde aber erst in den letzten Jahren entdeckt.

Ein **Aktor** kann

- anderen Aktoren Nachrichten schicken.
- Nachrichten von anderen Aktoren empfangen.
- auf empfangene Nachrichten reagieren.

In einem Programm ist alles Teil eines Aktors:

- Jeder Aktor enthält eine Menge von Objekten.
- Insbesondere gehört jedes Objekt zu einem Aktor, so dass ein Programm aus einer Menge von Aktoren besteht.
- Jedes Objekt *kann* genau einem Aktor zugeordnet werden, so dass Methoden nur von Objekten aufgerufen werden, die zum gleichen Aktor gehören.
- Ein Objekt, das zum Aktor A gehört, kann den Zustand eines Objekts, das zu einem anderen Aktor B gehört, ändern, indem es dem Aktor B eine Nachricht schickt. Aktor B kümmert sich dann selbst um die Änderung.

Im traditionellen Modell rufen Objekte wechselseitig ihre Methoden auf und verändern so Zustände. Wenn wir mit Aktoren arbeiten, können wir unsere Objekte in Watte packen: Andere Aktoren können Zustände nicht mehr ändern, nur der eigene Aktor veranlasst Zustandsänderungen als Reaktion auf Nachrichten von außen. Auf diese Weise können wir konsistente Zustände für unsere Objekte gewährleisten.

Da wir das Object-Sharing oft nur schwer und teilweise gar nicht vermeiden können, treten aber Deadlocks und Starvation nach wie vor auf. Wir werden sehen, dass wir mit dem Aktoren-Modell komfortabel parallel entwickeln können; selbstständig denken müssen wir allerdings weiterhin.

Aktoren werden parallel betrieben: Zu jedem Aktor gehören einer oder mehrere Threads. Die Klassen des Pakets `scala.actors` und insbesondere die Klasse `Actor` wurden aber so entwickelt, dass möglichst oft auf Threadpools zugegriffen und die aufwändige Erzeugung von Threads auf ein Minimum reduziert wird. Die Threads sind in den Aktoren gekapselt, die

Rolle, die Threads gespielt haben, wird von Aktoren übernommen. Unter der Haube haben wir es zwar wieder mit Threads, Sperren und Warteschlangen zu tun, nur sind diese Betriebsmittel nicht mehr sichtbar.

27.3   Erste Versuche mit Aktoren

Die Arbeit mit Aktoren machen wir uns jetzt anhand einiger Beispiele klar.

Da jedes Objekt und somit jede Methode zu einem Aktor gehört, muss es auch einen Aktor geben, zu dem die Scala-Shell oder die `main`-Methode unserer Programme gehört. Um diesen Aktor zu identifizieren und mit ihm zu arbeiten, importieren wir den Trait (siehe Kapitel 23) `scala.actors.Actor` und die Methoden seines Begleitobjekts:

```
import scala.actors.Actor
import scala.actors.Actor._
```

Mit der Methode `self` des Begleitobjekts erhalten wir eine Referenz auf den Aktor, mit dem wir gerade arbeiten:

```
scala> self
res0: scala.actors.Actor = scala.actors.ActorProxy@a0a058
```

Wir können uns selbst auch eine Nachricht schicken:

```
scala> self ! "Hello Actor"
```

Nachrichten werden mit der Methode `!`[1] asynchron gesendet, der Absender wartet nicht auf eine Antwort des Empfängers. Jeder Aktor hat eine Mailbox, in der alle an ihn geschickten Nachrichten landen. Mal schauen, wie viele Nachrichten gerade in unserer Box sind:

```
scala> mailboxSize
res1: Int = 1
```

Etwas komplizierter wird es, wenn wir Nachrichten aus unserer Mailbox *abrufen* wollen: Dazu gibt es die Methode `receive`, die einen Ausdruck vom Typ `PartialFunction` (siehe Abschnitt 16.7) erwartet, die wir zur Mustererkennung nutzen können. Das sieht dann so aus:

```
scala> receive{case s: String => println(s)}
Hello Actor
```

Die Mailbox wird also nach Nachrichten durchsucht, die dem Muster genügen. Die Methode `receive` hat einen Parameter vom Typ `PartialFunction` (siehe Abschnitt 16.7) und besteht somit aus einer Auflistung verschiedener Fälle.

Gelesene Nachrichten werden automatisch aus der Mailbox gelöscht:

```
scala> mailboxSize
res2: Int = 0
```

---

[1] Von Entwicklern wird das Ausrufezeichen oft auch als *bang character* bezeichnet.

Was passiert, wenn wir versuchen, Nachrichten aus einer leeren Mailbox abzurufen?

```
scala> receive{case s: String => println(s)}
```

Die Shell wartet geduldig, bis eine Nachricht eintrifft. Die Auswertung der Mailbox ist hier
also eine blockierende und keine asynchrone Operation. Wir können die Wartezeit limitieren
und so vermeiden, dass der Aktor bis zum Sankt-Nimmerleins-Tag wartet. Wenn innerhalb
der vereinbarten Dauer keine Nachricht eintrifft, wird eine Exception geworfen:

```
scala> receiveWithin(1000){case s: String => println(s)}
java.lang.RuntimeException: unhandled timeout
```

27.4 Der Typ `Actor`

Wir werden Nachrichten in diesem Abschnitt noch auf verschiedene Weisen versenden und
empfangen. Versuchstiere sind dabei wieder die Objekte der folgenden bekannten, beliebten
und unveränderbaren Klasse:

```
class Dog(val name: String, val size: Int) {
  def bark()
    println(name+" says woof")
}
```

Der folgende Aktor erzeugt einen treuen Freund und lässt ihn ein paar Mal bellen:

```
import scala.actors.Actor
class Barker extends Actor{
  println(self)
  def act{
    println(self)
    val dog=new Dog("Snoopy", 23)
    for(i <- 1 to 3)
      dog bark
  }
}
```

Die Klasse `Barker` ist eine Unterklasse des Traits `scala.actors.Actor`, den wir hier
kennenlernen wollen. Die einzige abstrakte Methode von `Actor` ist `act`, in der definiert
wird, was der Aktor eigentlich machen soll. Die parameterfreie Methode `act` spielt hier eine
ähnliche Rolle wie die Methode `run` in der Klasse `Thread` in Java. In diesem einführenden
Beispiel soll einfach nur ein paar Mal die Methode `bark` eines Hundes aufgerufen werden.
Vorher wird zweimal der aktuelle Aktor ausgegeben; einmal im Konstruktor, einmal in der
Methode `act`.

Aktoren sind in Scala so implementiert, dass die Methode `act` in einem eigenen Thread[2] abläuft. Die Ausgaben des jeweils aktuellen Aktors helfen uns, besser zu verstehen, was hier passiert:

```
def main(args: Array[String])  {
  println(self)
  new Barker start
}


scala.actors.ActorProxy@10c832d2
scala.actors.ActorProxy@10c832d2
actors.Barker@58a17083
Snoopy says woof
Snoopy says woof
Snoopy says woof
```

Die erste Ausgabe von `self` zeigt uns, zu welchem Aktor die Methode `main` gehört, an der zweiten erkennen wir, dass der Konstruktor von `Barker` zum gleichen Aktor gehört wie die `main`-Methode. Die dritte Ausgabe zeigt, wie erwartet, dass die `act`-Methode zu einem neuen Aktor gehört.

Ein häufiger Fehler besteht darin, die Methode `start` des Aktors nicht aufzurufen: Dann passiert natürlich nichts von dem, was wir in der Methode `act` vereinbart haben. Wenn wir auf Nummer sicher gehen wollen, können wir die Methode `start` auch gleich im Konstruktor des Aktors aufrufen.

27.5 Die `Actor`-Fabrik

Automatisch gestartete Aktoren erhalten wir auch, wenn wir einen alternativen Weg einschlagen, um Aktoren zu erzeugen: Das Begleitobjekt von `Actor` enthält eine Factory-Methode namens `actor`, die einen Aktor erzeugt und ihn gleich startet. Dabei findet ein Call-by-Name (siehe Abschnitt 19.2) statt, der übergebene Code wird also erst verzögert in der Factory-Methode ausgeführt:

```
def barker( dog: Dog, times: Int) = actor{
  for(i <- 1 to times)
    dog bark
}
```

Da der Aktor ohne expliziten Aufruf seiner `start`-Methode gestartet wird, beginnt die Ausgabe bereits mit dem folgenden Aufruf:

```
barker(snoopy, 3)
```

Mit der Factory erzeugte Aktoren können praktisch genauso wie Aktoren verwendet werden, die mit Hilfe des Konstruktors von `Actor` erzeugt wurden. Der einzige Unterschied besteht

---

[2] Es wird auch nicht immer ein neuer Thread erzeugt, sondern nach Möglichkeit ein Thread aus einem Threadpool ausgeliehen.

darin, dass wir kontrollieren können, *wann* der Thread gestartet wird, wenn wir eine eigene Unterklasse von `Actor` definieren.

27.6 Einfache Standardprobleme und ihre Lösung

Die Factory-Methode aus dem vorherigen Abschnitt ließ uns in in alte Muster zurückfallen: Der Parameter `dog` referenziert ein Objekt, das zum Aktor der `main`-Methode gehört. Weil das Objekt auch zu dem Aktor gehört, der von der Factory-Methode erzeugt wird, handelt es sich wieder um das gute, alte Object-Sharing. Im vorliegenden Fall gibt es keine negativen Folgen, da der Typ `Dog` unveränderbar ist. Wenn wir den Hund wie in der Klasse `Barker`, also ohne Object-Sharing, erzeugen wollen, funktioniert das folgendermaßen:

```
def barker = actor{
  val snoopy = new Dog("Snoopy", 23)
  for( i<- 1 to 3)
    snoopy bark
}
```

Snoopy gehört jetzt zwar zu genau einem Aktor, dafür ist alles sehr statisch: Wenn wir Snoopy gegen Lassie austauschen wollen, müssen wir die Implementierung der Methode `barker` ändern. Den gleichen Nachteil hat natürlich auch die Klasse `Barker`. Da wir Object-Sharing meiden wollen, dürfen wir der Methode `barker` den Hund nicht als Argument übergeben, sondern erzeugen ihn innerhalb des Aktors. Diese Objekte müssen so sehr gekapselt sein, dass nur mit Hilfe von Nachrichten – und nicht mit Hilfe öffentlicher Methoden – auf sie zugegriffen werden kann. Im vorliegenden Beispiel senden wir unserem Aktor eine Nachricht in Form eines Tupels, das alle wichtigen Informationen enthält. Dazu passen wir die Methode `barker` etwas an:

```
def barker = actor{
  receive{
    case (dog: Dog, times: Int)  =>
      for(i <- 1 to times)
        dog bark
  }
}
```

Mit dem Aufruf

```
barker ! (lassie, 3)
```

erhalten wir jetzt die gewünschte Ausgabe:

```
Lassie says woof
Lassie says woof
Lassie says woof
```

Der Aktor wird erzeugt, der Thread gestartet, und der Aktor bekommt das Paar (`lassie`, 3) als Nachricht übermittelt. Mit Hilfe seiner `receive`-Methode und der Mustererkennung fragt der Aktor seine Mailbox ab, findet dort das Paar und lässt den Hund `lassie` dreimal bellen. Wir dürfen dabei nicht vergessen, dass die Abfrage der Mailbox blockierend wirkt: Der Aktor wartet, bis eine Nachricht eintrifft, die dem Muster entspricht. Da wir jedes beliebige Objekt an einen Aktor verschicken können, besteht auch die Möglichkeit, dass wir ein veränderbares Objekt verschicken und so wieder mit Problemen konfrontiert sind, die mit geteilten Objekten einhergehen.

Bei vielen Aktoren, die viele Nachrichten austauschen, kann es vorkommen, dass wir uns irren und einem Aktor Nachrichten schicken, die gar nicht für ihn bestimmt sind. Wenn unsere Aktoren nicht mit falsch adressierten Nachrichten rechnen und wir die Mustererkennung nur an erwarteten Nachrichten ausrichten, kann es vorkommen, dass die Mailbox voller falsch adressierter, nicht abgeholter Nachrichten ist. Da solche Fehler uns lange beschäftigen können, vermeiden wir sie besser gleich, indem wir das folgende Codefragment als Muster verwenden:

```
def barker = actor{
  receive{
    case (dog: Dog, times: Int)  =>
      for(i <-1 to times)
      dog bark
    case _ => throw new RuntimeException()
  }
}
```

Unerwartete Nachrichten werden nicht mehr ignoriert, sondern mit einer Exception quittiert.

27.7 Aktoren können antworten

Ein Aktor empfängt Nachrichten *synchron*, indem er in seiner `receive`-Methode wartet, bis eine Nachricht in seiner Mailbox eintrifft. Nachrichten, die wir mit ! versenden, werden *asynchron* übermittelt, der Aktor wartet nicht auf eine Antwort. Vielleicht wollen wir aber doch wissen, wann unser Hund zu bellen aufgehört hat. Auch das ist kein Problem: In der Methode `receive` können wir dem Absender der Nachricht mit Hilfe der Methode `reply` antworten:

```
def barker = actor{
  receive{
    case (dog: Dog, times: Int)  =>
      for(i <- 1 to times)
        dog bark
      reply(dog.name+" stopped barking" )
    case _ => throw new RuntimeException()
}
```

Immer wenn der Hund zu bellen aufhört, informiert der Aktor den Absender darüber. Wenn wir Lassie jetzt in unserer `main`-Methode lassen bellen wollen und dann warten, bis er mit dem Bellen fertig ist, geht das so:

```
val lassie = new Dog("Lassie", 42)
barker ! (lassie, 3)
receive{
  case s: String => println(s)
}
```

Da Nachrichten häufig synchron verschickt werden, gibt es dazu eine eigene Methode:

```
println(barker !? (lassie, 3) )
```

Der Aktor sendet die Nachricht mit !? und wartet auf eine Antwort. Die Antwort ist das Ergebnis des Ausdrucks und wird ausgegeben:

```
Lassie says woof
Lassie says woof
Lassie says woof
Lassie stopped barking
```

Alternativ zu

```
reply(dog.name+" stopped barking" )
```

hätten wir auch

```
sender ! dog.name+" stopped barking"
```

schreiben können. So wie self den aktuellen Aktor referenziert, so referenziert sender den Aktor, der Absender einer Nachricht ist.

27.8   Producer-Consumer-Probleme

Aktoren sollten ihre Mailbox nicht nur einmal, sondern in einer Schleife immer wieder abhören. Es ist wie im wirklichen Leben: ständig empfangen wir Nachrichten, reagieren darauf und verschicken selbst Nachrichten. Im folgenden Beispiel verwenden wir für unsere Nachrichten diese Case-Typen:

```
case object Done
case class Message(from: Int, data: Int)
```

Case-Typen sind ideal für Botschaften, da sie perfekt mit der Mustererkennung harmonieren. Das folgende Singleton wartet darauf, beschäftigt zu werden:

Listing 27.1: Eine Konsumentenklasse zur Verarbeitung von Nachrichten

```
object Consumer extends Actor{
  start

  def act{
    var done = false
```

```
          while (!done)
            receive{
              case Done =>
                done = true
                println("Consumer terminates")
              case Message(from, data)=>
                println("Received data  " + data+ " from "+from)
              case _ =>
                throw new RuntimeException()
            }
        }
    }
```

Das Singleton `Consumer` hat den Basistyp `Actor`, und die Methode `start` wird gleich im Konstruktor aufgerufen. Die `receive`-Methode befindet sich in einer Schleife, die endet, sobald die Nachricht `Done` eintrifft. Wenn eine Nachricht vom Typ `Message` ankommt, werden der Absender und die Nutzdaten in Form einer einfachen Zahl ausgegeben. Da `Consumer` keine anderen Nachrichtentypen kennt, wird eine Exception geworfen, sobald eine Nachricht eintrifft, die weder den Typ `Done` noch den Typ `Message` hat.

Unseren Consumer wollen wir mit Nachrichten aus mehreren Quellen versorgen und definieren daher eine etwas allgemeinere Methode:

```
def produce(id: Int, messages: Int)=
  actor{
    for(i <- 1 to messages)
      Consumer ! Message(id, (100*Math.random).toInt)
  }
```

Unsere Nachrichtenproduzenten werden hier mit Hilfe der Factory-Methode für Aktoren erzeugt. Jeder Aktor, den die Methode `produce` erzeugt, hat eine `id` und weiß, dass er so viele Nachrichten, wie im Parameter `messages` angegeben, asynchron verschicken soll. Das können wir leicht ausprobieren:

```
for(i <-1 to 10)
  produce(i, 5)
Consumer ! Done
```

Hier erzeugen wir mit der Methode `produce` genau zehn Aktoren mit IDs zwischen 1 und 10, von denen jeder fünf Nachrichten an den `Consumer` verschickt.

Es wurde ja bereits erwähnt, dass aus Performancegründen nicht für jeden Aktor ein neuer Thread erzeugt wird, sondern Threads nur aus einem Pool geliehen werden. Ebenso gibt es eine *ressourcenschonende* Variante der Methode `receive`: Die Methode `react` arbeitet auch die Mailbox ihres Aktors ab, kehrt danach aber nicht mehr von ihrer Arbeit zurück. In der folgenden Klasse verwenden wir `react` anstatt `receive`:

```
class Reactor extends Actor{
  start
  def act{
```

```
    react{
      case s: String => println("received "+s)
    }
    println("mailbox processed")
  }
}
```

Da `react` nicht mehr zurückkommt, wird der Text `"mailbox processed"` nie ausgegeben. Eine weitere Folge ist, dass wir unsere Mailbox auch nicht in einer `while`-Schleife abhören können. Um dennoch mit Konsumenten wie in Listing 27.1 arbeiten zu können, stellt das `Actor`-Singleton die Funktionalität einer Endlosschleife in Form der Methode `loop` zur Verfügung. Unser Konsument sieht jetzt so aus:

```
object Consumer extends Actor{
  start

  def act{
    loop{
      react{
        case Done =>
          println("Consumer terminates")
          exit
        case Message(from, data)=>
          println("Received data  " + data + " from "+from)
        case _ =>
          throw new RuntimeException()
      }
    }
  }
}
```

27.9 Blockierende Stacks

Ein klassisches Producer-Consumer-Problem ist ein blockierender Stack. Ein Stack mit den beiden bekannten Operationen `pop` und `push` wird dabei von mehreren Aktoren *gemeinsam* genutzt. Wenn aber mehrere Aktoren auf den gleichen Stack zugreifen, kennen sie den aktuellen Status des Stacks nicht.[3] Es wird daher keine Exception geworfen, wenn einer der Aktoren versucht, Daten von einem leeren Stack abzuholen, sondern es wird gewartet, bis wieder Daten auf dem Stack vorhanden sind. Bei einem Push wird entsprechend am vollen Stack gewartet, bis wieder Platz vorhanden ist. Eine Lösung könnte so aussehen:

```
class Stack(private[this] val size: Int) extends Actor{
  private[this] val data = new Array[Int](size)
  private[this] var current: Int = (-1)
```

---

[3] Selbst wenn ein Aktor weiß, dass ein Stack leer ist, kann sich dieser Zustand unbemerkt ändern.

```
start

def act = loop{
  react{
    case IsEmpty =>
      reply(current==(-1))
    case Pop if(current>=0) =>
      current = current-1
      reply(data(current+1))
    case Push(v) if(current<size-1) =>
      current += 1
      data(current) = v
      reply(PushDone)
  }
}
```

Wir erkennen, dass die Daten des Stacks in einem Array, also einer *veränderbaren* Datenstruktur abgelegt werden. Dazu haben wir auch den Zähler current, aus dem wir die Anzahl der Elemente auf dem Stack ableiten können. Die vier verschiedenen Nachrichtentypen haben wir wieder als Case-Typen definiert:

```
case object Pop
case object IsEmpty
case object PushDone
case class Push(v : Int)
```

In der Klasse Stack sind alle Attribute objektprivat (siehe Abschnitt 25.3) und werden ausschließlich als Reaktion auf Nachrichten durch den Aktor verändert. Ein anderes Objekt kann die Atribute current und data nicht ändern. Es gibt keine Methoden, schon gar keine öffentlichen, über die eine Änderung möglich wäre. Indem wir ändernde Zugriffe auf Daten nicht durch öffentliche Methoden ermöglichen, sondern sie dem Aktor überlassen, sorgen wir für die Konsistenz unseres Stacks. Außerdem haben wir auf diese Weise veränderbare Daten als Parameter des Konstruktors und als Bestandteil von Nachrichten vermieden.

27.10   Deadlocks – Nichts geht mehr

Das Gespenst der Inkonsistenz können wir also vergleichsweise einfach bannen. Da für die Sicherheit unserer Daten gesorgt ist, müssen wir uns jetzt um die Lebendigkeit unseres Programms kümmern. Weil die beiden Methoden receive und react blockieren und Nachrichten mit Hilfe der Methode !? auch synchron verschickt werden können, sind Deadlocks und Starvation grundsätzlich möglich. Wir implementieren jetzt die Simulation eines der berühmtesten Probleme aus der parallelen Programmierung in einem kleine Scala-Programm. Beim *Problem der speisenden Philosophen*

■ sitzen fünf Philosophen an einem runden Tisch;

■ steht am Platz jedes Philosophen ein Teller mit Spaghetti;

■ liegt zwischen je zwei Philosophen genau eine Gabel;

■ benötigt jeder Philosoph zum Essen zwei Gabeln gleichzeitig. Er nimmt immer zuerst die linke und dann die rechte Gabel auf. Wenn die Gabel gerade von seinem Nachbarn benutzt wird, wartet er, bis der Nachbar sie nicht mehr braucht;

■ isst und denkt jeder Philosoph abwechselnd.

Da mehr Gabeln benötigt werden, als vorhanden sind, können niemals alle Philosophen zusammen essen. Wir simulieren das ganze Szenario mit Aktoren und sehen, dass es hier zu interessanten Konstellationen kommen kann:

```
class Fork extends Actor{
  start
  private var available = true
  def act = loop{
    react{
      case Get if(available) =>
        available = false
        reply()
      case Put   =>
        available = true
    }
  }
}
```

Die Gabeln werden durch Objekte vom Typ `Fork` repräsentiert. Diese Aktorenklasse enthält das veränderbare Attribut `available`, das über die Nachrichten `Put` und `Get` verändert werden kann. In einer Endlosschleife wartet die Gabel auf ihre Benutzung. Da die Nachricht `Put` keine Antwort liefert, kann sie nur asynchron verwendet werden: Mehr ist auch nicht nötig, da niemand warten soll, wenn er die Gabel weglegt.

Anders sieht es aus, wenn wir eine Gabel aufnehmen wollen: Beim Eintreffen einer `Get`-Nachricht prüft der Aktor, ob die Gabel verfügbar ist. Hat `available` den Wert `false`, weil die Gabel von jemand anderem aufgenommen wurde, wartet der Aktor, bis sich dieser Zustand ändert. Da das Ende der ganzen Warterei das Einzige ist, was passieren kann, wenn wir eine Gabel aufnehmen wollen, ist es sinnvoll, den wartenden Aktor mit einer leeren Antwort `reply` zu erlösen.

Um zu warten, bis eine Gabel `myFork` frei wird, sie dann in die Hand zu nehmen und wieder wegzulegen, gehen wir wie folgt vor:

```
val myFork = new Fork
myFork !? Get
myFork ! Put
```

Da wir warten wollen, bis die Gabel aufgenommen werden kann, versenden wir die Nachricht `Get` synchron.

Durch den synchronen Versand der Nachricht `Get` wird zunächst gewartet, bis die Gabel bereit ist. Da wir die Gabel in jedem Fall ablegen können, reicht ein synchroner Versand von `Put`.

Jetzt können wir auch die Klasse für die Philosophen implementieren. Jedem Philosophen übergeben wir dabei im Konstruktor seinen Namen (id) sowie die Gabeln (left und right) auf seinen beiden Seiten. Da die Philosophen unabhängig voneinander agieren sollen, werden sie als Untertypen von Actor definiert:

```
class Philosopher(val id: String, val left: Fork, val right: Fork)
   extends Actor{
   start

   def act = loop{
       eat
       think
   }
   private def eat{
     println(id+" tries to get left fork")
     left !? Get
     println(id+" got left fork an tries to get right fork")
     right !? Get
     println(id+" got right fork")
     Thread.sleep((1000*java.lang.Math.random).toLong)
     println(id+" stops eating")
     right ! Put
     left ! Put
   }
   private def think{
     println(id+" starts thinking")
     Thread.sleep((1000*java.lang.Math.random).toLong)
     println(id+" stops thinking")
   }
}
```

In der act-Methode passiert nicht viel: In einer Endlosschleife wird immer wieder abwechselnd gegessen und gedacht. Die Methode zum Denken ist ziemlich langweilig, erst in eat wird es interessanter: Der Philosoph nimmt zuerst die linke und dann die rechte Gabel in die Hand, wobei jeweils gewartet wird, bis er sie wirklich erhalten hat. Dann isst er und legt die Gabeln anschließend wieder weg.

Das Szenario erwecken wir jetzt zum Leben:

```
val forks = for(i<- 0 to 4) yield new Fork
val names =
  List ("Socrates", "Descartes", "Nietzsche", "Sartre", "Kant")
for(p<-names.zipWithIndex )
   new Philosopher(p._1, forks(p._2), forks((p._2+1)%forks.length))
```

Es werden fünf Gabeln erzeugt. Damit die Spaghetti nicht kalt werden, versuchen wir jeden der genannten Herren reihum mit zwei Gabeln auszustatten. Wenn wir das Programm starten, kann es sehr, sehr lange dauern, bis es zum Stillstand kommt. Es ist nicht einmal garantiert, dass eine Konstellation eintritt, in der das Programm nicht mehr lebendig ist. Durch die beiden Zwangspausen, die wir mit der `sleep`-Methode eingebaut haben, wird eine „Verklemmung" aber wahrscheinlich, und es ergibt sich vermutlich das folgende Deadlock-Szenario:

```
Socrates tries to get left fork
Descartes tries to get left fork
Nietzsche tries to get left fork
Sartre tries to get left fork
Kant tries to get left fork
Socrates got left fork an tries to get right fork
Descartes got left fork an tries to get right fork
Nietzsche got left fork an tries to get right fork
Sartre got left fork an tries to get right fork
Kant got left fork an tries to get right fork
```

Der Scheduler führt das Programm so aus, dass zunächst alle Tischgäste ihre linke Gabel aufnehmen. Wenn Kant als letzter Philosoph der Tafelrunde seine Gabel aufgenommen hat, fehlt seinem Nachbarn Sokrates die rechte Gabel, er kann mit dem Essen nicht beginnen. Und so ergeht es allen: Jeder Tischgast wartet auf seine rechte Gabel, die aber keiner freigibt, weil mangels Gabel niemand mit dem Essen beginnen und somit auch nicht aufhören kann.

Das Bemerkenswerte an diesem Problem ist, dass der Scheduler viele Möglichkeiten für die Reihenfolge der einzelnen Operationen hat. Nur wenige führen tatsächlich in eine Deadlock-Situation. Es wurde bereits am Anfang des Kapitels erwähnt, dass es Probleme gibt, die nur sehr selten auftreten. Hier wurde das Deadlock provoziert, indem wir zweimal die Anweisung

```
Thread sleep((1000*java.lang.Math.random) toLong)
```

einfügten. Die Ausführung des Programms wird hier angehalten, und ein anderer Aktor kommt zum Zug.

Die Ursache des Problems liegt darin, dass wir in unserer Lösung wieder mit Object-Sharing arbeiteten und mehrere Aktoren (`Philosopher`) das gleiche veränderbare Objekt (`Fork`) verwenden. Auch wenn das Leben für uns Entwickler dank der Aktoren angenehmer wird, ersetzen sie nicht das Nachdenken. Wir haben es auch hier mit den Gegenpolen Sicherheit und Lebendigkeit zu tun.

Alles klar?

- Aktoren sind Objekte, die sich synchron oder asynchron gegenseitig Nachrichten schicken können.

- Da es in Scala zu jedem Aktor einen eigenen Thread gibt, eignen sie sich zur Parallelisierung.

- Auch wenn der gemeinsame Zugriff mehrerer Threads auf das gleiche Objekt vermieden werden kann, sind beispielsweise Situationen wie Deadlocks und Starvation nach wie vor möglich.

27.11   Aufgaben

1. Überlegen Sie, wie Sie das Object-Sharing beim Problem der speisenden Philosophen vermeiden, und finden Sie eine bessere, deadlockfreie Lösung.

2. In dieser Aufgabe sollen Sie Scala verwenden, um das *sleeping barber problem*, ein weiteres klassisches Problem aus der parallelen Programmierung, zu modellieren: Ein Friseur hat in seinem Salon genau einen Frisierstuhl und eine bestimmte Anzahl von Stühlen für wartende Kunden. Jedes Mal nachdem der Friseur einen Kunden bedient hat, ist der nächste wartende Kunde an der Reihe. Falls kein Kunde wartet, macht unser Friseur ein Nickerchen.

   Wenn ein Kunde den Salon betritt und den Friseur schlafend antrifft, weckt er ihn und nimmt auf dem Frisierstuhl Platz. Wenn der Friseur gegenhin bei der Arbeit ist, setzt sich der Kunde auf einen der Stühle im Wartebereich. Falls kein Platz mehr frei ist, verlässt der Kunde den Salon. Spendieren Sie jedem der Vorgänge (Haare schneiden, im Warteraum schauen) mit `Thread.sleep` – fast wie im wirklichen Leben – etwas Zeit.

Literaturverzeichnis

[All01]   ALLEN, E.: *Diagnosing Java Code: Improve the performance of your Java code.*
http://www.ibm.com/developerworks/java/library/j-diag8.html, 2001

[Blo08]   BLOCH, J.: *Effective Java (2nd Edition).* Prentice-Hall, 2008

[Bra77]   BRASS, H.: *Quadraturverfahren.* Vandenhoeck und Ruprecht, 1977

[Dea08]   DEAN, J.; GHEMAWAT, S.: MapReduce: simplified data processing on large clusters. In: *Commun. ACM* 51 (2008), Nr. 1, S. 107–113

[Dij72]   DIJKSTRA, E.W.: The Humble Programmer. In: *Commun. ACM* 15 (1972), Nr. 10, S. 859–866

[EPF10]   EPFL: *LAMP – Publications.* http://lampwww.epfl.ch/publications/, 2010

[Gam09]   GAMMA, E.; HELM, R.; JOHNSON, R.; VLISSIDES, J.: *Entwurfsmuster: Elemente wiederverwendbarer objektorientierter Software.* Addison Wesley, 2009

[Goe04]   GOETZ, B.: *Java theory and practice: The exceptions debate*
http://www.ibm.com/developerworks/java/library/j-jtp05254.html, 2004

[Hun03]   HUNT A.; THOMAS, D.: *Der Pragmatische Programmierer.* Hanser, 2003

[Hut99]   HUTTON, G.: A Tutorial on the Universality and Expressiveness of Fold. In: *Journal of Functional Programming* 4 (1999), S. 355–372

[Knu98]   KNUTH, D.E.: *Art of Computer Programming, Volume 3: Sorting and Searching.* Addison Wesley, 1998

[Kre02]   KREFT, K.; LANGER, A.: Wie, wann und warum implementiert man die equals() Methode? – Teil 1. In: *JavaSPEKTRUM* (2002), Nr. 2/3

[Kre07a] KREFT, K.; LANGER A.: Neue Sprachmittel in Java 5.0 – Teil 6: Type Erasure: Konsequenzen und Einschränkungen . In: *JavaSPEKTRUM* (2007), Nr. 5

[Kre07b] KREFT, K.; LANGER A.: Neue Sprachmittel in Java 5.0 – Teil 7: Erzeugen von Objekten und Arrays eines unbekannten Typs. In: *JavaSPEKTRUM* (2007), Nr. 6

[Kre08]   KREFT, K.; LANGER, A.: *Understanding the closures debate*
http://www.javaworld.com/javaworld/jw-06-2008/jw-06-closures.html, 2008

[Lea99] LEA, D.: *Concurrent Programming in Java: Design Principles and Patterns.* Prentice-Hall, 1999

[Lin99] LINDHOLM T.; YELLIN, F.: *Java Virtual Machine Specification.* Prentice-Hall, 1999

[Mey00] MEYER, B.: *Object-Oriented Software Construction.* Prentice-Hall, 2000

[Ode08] ODERSKY, M.; SPOON, L.; VENNERS, B.: *Programming in Scala: A Comprehensive Step-by-step Guide.* Artima Inc, 2008

[Ode09a] ODERSKY, M. ; EPFL (Hrsg.): *The Scala Language Specification* . http://www.scala-lang.org/docu/manuals.html: EPFL, 2009

[Ode09b] ODERSKY, M.; SOMMERS, F.; VENNERS, B.: *The Origins of Scala.* http://www.artima.com/scalazine/articles/origins_of_scala.html, 2009

[Oec07] OECHSLE, R.: *Parallele und verteilte Anwendungen in Java.* Hanser, 2007

[Oka99] OKASAKI, C.: *Purely functional data structures.* Cambridge Univ. Press, 1999

[Pep06] PEPPER, P.; HOFSTEDT, P.: *Funktionale Programmierung – Weiterführende Konzepte und Techniken.* Springer-Lehrbuch, 2006

[Sch02] SCHREIBER, H.: *Performant Java programmieren.* Addison Wesley, 2002

[Sed03] SEDGEWICK, R.: *Algorithmen in Java.* Pearson Studium, 2003

[Ste03] STEINBERG, D.H.: *Daddy, Are We There Yet? A Discussion with Alan Kay.* http://openp2p.com/pub/a/p2p/2003/04/03/alan_kay.html, 2003

[Tuc29] TUCHOLSKY, K.: Ideal und Wirklichkeit. In: *Die Weltbühne* 25 (1929), Nr. 45, S. 710

[Wad98] WADLER, P.: Why no one uses functional languages. In: *SIGPLAN Not.* 33 (1998), Nr. 8, S. 23–27

[Wam09] WAMPLER, D.; PAYNE A.: *Programming Scala.* O'Reilly Media, 2009

Stichwortverzeichnis

COMPUTER
FACHBÜCHER

HEISSE BÜCHER VON DEN
BESTEN KÖPFEN DER IT.

NATÜRLICH VON HANSER.

HANSER

Hot Stuff – Hot Code.

Heinrich Wimmer
Einführung in Visual Basic

Lehr- und Übungsbuch für Ingenieure und Wissenschaftler

Idee dieses Lehrbuches ist das Erlernen einer Programmiersprache anhand didaktisch wohlabgestimmter Übungsbeispiele. Als Programmiersprache wird Visual Basic eingesetzt, da es sich um die am einfachsten zu erlernende Sprache zur Erstellung von Windows-Programmen handelt.

Erscheint August 2009.
ca. 400 Seiten. FlexCover.
Mit DVD. ca. Euro 29,90.
ISBN 978-3-446-41748-9

R. Huttary
C# 3.0 – Steilkurs

In 12 anspruchsvollen Lektionen C# programmieren lernen

»Huttary gelingt es, auf wenigen Seiten die wichtigsten Aspekte von C# verständlich zu vermitteln. Er verzichtet auf redundante Informationen und konzentriert sich auf das Wesentliche. Ein ausgezeichnetes Buch, das eine Einführung in C# nicht nur verständlich, sondern vor allem auch deutlich schneller als andere Bücher vermittelt. Gesamtnote: sehr gut!« DOTNETPRO

320 Seiten. FlexCover.
Euro 29,90.
ISBN 978-3-446-41578-2

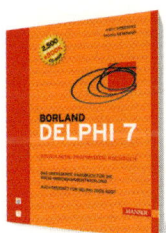

W. Doberenz, T. Gewinnus
Borland Delphi 7 – Grundlagen, Profiwissen, Kochbuch

1200 Seiten. Flexcover. Mit CD.
Euro 59,90.
ISBN 978-3-446-41216-3

U. Breymann
C++

Einführung und professionelle Programmierung

9., neu bearb. Auflage.
768 Seiten. FlexCover.
Euro 39,90.
ISBN 978-3-446-41023-7

B. Kernighan, D. Ritchie
Programmieren in C

Mit dem C-Reference Manual in deutscher Sprache

2. Ausgabe ANSI C. 299 Seiten.
FlexCover. Euro 32,90.
ISBN 978-3-446-15497-1

Rezepte in Hülle und Fülle

W. Doberenz, T. Gewinnus
Visual Basic 2008 – Grundlagen und Profiwissen

1.438 Seiten. FlexCover.
Euro 59,90. ISBN 978-3-446-41491-4

W. Doberenz, T. Gewinnus
Visual C# 2008 – Grundlagen und Profiwissen

2., aktual. Auflage. 1.440 Seiten. FlexCover.
Euro 59,90. ISBN 978-3-446-41862-2

Der Titel dieser Bücher ist Programm – hat Tradition: Die Autoren wagen mit ihnen seit zwölf Jahren erfolgreich den Spagat, Grundlagen und professionelle Programmiertechniken zu vermitteln.

Die Bücher verstehen sich dabei nicht als Konkurrenz zur Online-Hilfe oder zur Produktdokumentation. Vielmehr möchten sie dem Einsteiger die wesentlichen Aspekte der .NET-Programmierung mit Visual C# bzw. Visual Basic 2008 nahebringen und rasch erste Erfolgserlebnisse vermitteln.

Für den Profi dagegen stellen sie eine Vielzahl von Informationen bereit, nach denen er in der Dokumentation, im Internet und in der Literatur bislang vergeblich gesucht hat.

W. Doberenz, T. Gewinnus
Visual Basic 2008 – Kochbuch

1.132 Seiten. FlexCover. Mit DVD.
Euro 59,90. ISBN 978-3-446-41492-1

W. Doberenz, T. Gewinnus
Visual C# 2008 – Kochbuch

1.448 Seiten. FlexCover. Mit DVD.
Euro 59,90. ISBN 978-3-446-41442-6

Die Kochbücher von Doberenz/Gewinnus basieren auf einer einfachen Erkenntnis: Programmierbeispiele eignen sich nicht nur hervorragend, um souverän und richtig programmieren zu lernen. Sie liefern sie auch sofort anwendungsbereite Lösungen, nach denen der Programmierer in der Dokumentation oder im Web lange sucht, und schließen so eine Wissenslücke. Die vorliegenden Kochbücher setzen diese Tradition fort. Der inhaltliche Bogen ihrer Rezepte spannt sich dabei vom simplen Einsteigerbeispiel bis hin zu komplexen Profi-Techniken.

Die Beispiele erfassen alle wesentlichen Einsatzgebiete der Windows- und Webprogrammierung unter Visual C# 2008 bzw. Visual Basic 2008.

Für Durchblicker

W. Doberenz, M. Fischer, J. Frank,
T. Gewinnus, J. Krause, P. Lorenz,
J. Neumann, H. Schwichtenberg
.NET 3.5
WPF, WCF, LINQ, C# 2008,
VB 2008 und ASP.NET AJAX

»Durchweg ist den Autoren ihre
Erfahrung anzumerken. Alle
Abschnitte sind gut gegliedert,
detailliert und mit Tabellen,
Diagrammen, Listings und Screen-
shots versehen. so sind die unter-
schiedlichen Aspekte ausführlich
und gut nachvollziehbar präsentiert. Ist jedoch der Einsatz einer
oder mehrerer dieser Techniken im
eigenen Projekt gefragt, erfordert
das weitere Literatur. Den
Anspruch des Kompletten verfolgt
dieser Band nicht, der Umfang
wäre auch zu groß. Für einen
Einblick in die aktuelle Version
sind diese etwa 400 Seiten jedoch
richtig dimensioniert.« IX

418 Seiten.
Euro 39,90. ISBN 978-3-446-41045-9

M. Fischer, J. Krause
**Windows Communication
Foundation .NET WCF**
Verteilte Systeme und
Anwendungskopplung mit .NET

Windows Communication
Foundation (WCF) ist eine einheitliche Bibliothek zur Entwicklung servicebasierter, verteil-
ter Systeme für die .NET-Platt-
form. Sie erlaubt die Erstellung
von Kommunikationsanwendun-
gen zum Fernaufruf von Code und
zur Anwendungskopplung im
Intra- und Internet. Das Buch
demonstriert anschaulich die
Umsetzung der WCF-Konzepte in
der Praxis, liefert auf diese Weise
Tipps und Lösungen für Probleme
der täglichen Programmierarbeit
und ergänzt so sinnvoll die WCF-
Dokumentation von Microsoft.

360 Seiten. FlexCover.
Euro 39,90. ISBN 978-3-446-41043-5

J. Kriesten
Praxisbuch Scala
Programmieren in Scala für
Ein- und Umsteiger

Sie sind neugierig auf Scala, die
neue, universale Programmiersprache, die Objektorientierung
und funktionale Programmierung
vereint? Sie wollen diese Sprache
kennen lernen und erfahren, welche Vorteile sie gegenüber Java
hat? Dann sind Sie hier richtig.
Jan Kriesten führt Sie in diesem
Buch umfassend in die Welt von
Scala ein.

Erscheint Juli 2009
ca. 300 Seiten. FlexCover.
ca. Euro 34,90.
ISBN 978-3-446-41863-9

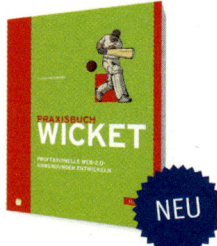

M. Mosmann
Praxisbuch Wicket
Professionelle Web-2.0-
Anwendungen entwickeln

Wicket ist ein mächtiges Framework
für die Entwicklung von Web-2.0-
Anwendungen, die auf Java basieren.
Es bietet eine einfache Integration
von AJAX, ohne dass Sie sich mit
XML oder JavaScript auseinandersetzen müssen, und erleichtert
Ihnen die Wiederverwendung, weil
es konsequent komponentenorien-
tiert arbeitet. In diesem Buch
erfahren Sie, wie Wicket Sie bei
der Entwicklung von Web-2.0-
Anwendungen unterstützt und
welche Vorteile es bietet.

Erscheint August 2009
ca. 280 Seiten. FlexCover. ca. Euro 39,90.
ISBN 978-3-446-41909-4

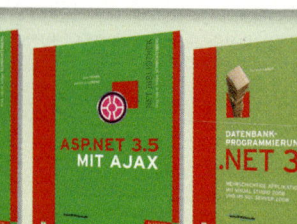

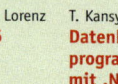

J. Wegener
**Windows
Presentation
Foundation
.NET WPF**
Grafische Benutzer-
schnittstellen mit
.NET

584 Seiten. FlexCover.
Euro 44,90.
ISBN 978-3-446-41041-1

J. Frank, P. A. Lorenz
**ASP.NET 3.5
mit AJAX**

416 Seiten. Euro 39,90
ISBN 978-3-446-41199-9

T. Kansy
**Datenbank-
programmierung
mit .NET 3.5**
Mehrschichtige
Applikationen mit
Visual Studio 2008
und MS SQL Server
2008

648 Seiten. FlexCover.
Euro 49,90.
ISBN 978-3-446-41450-1

M. Fischer, J. Krause
ASP.NET 3.5
Konzepte und Techniken zur
Programmierung von Websites

Die Autoren, beide langjährige
ASP.NET-Experten, sind der Über-
zeugung, dass nur, wer die Konzepte
hinter ASP.NET kennt, wirklich
effiziente ASP.NET-Anwendungen
erstellen kann. Ihr Ziel ist der
»fähige« Webentwickler, der versteht, warum Webanwendungen
mit ASP.NET so und nicht anders
entwickelt werden. Heraus kommt
eine umfassende und aktuelle
Einführung in ASP.NET, die unge-
achtet ihres praxis sehr praxis-
bezogen ist und im Regal eines
Webentwicklers nicht fehlen darf!

Erscheint August 2009
ca. 1.088 Seiten. FlexCover.
ca. Euro 59,90. ISBN 978-3-446-41924-7

C. Darie, u.a.
Ajax und PHP
Interaktive Webanwendungen für
das Web 2.0 erstellen
288 Seiten. FlexCover.
Euro 29,90. ISBN 978-3-446-40920-0

R. Oates, u.a.
Spring & Hibernate
Eine praxisbezogene Einführung
2., aktual. Auflage. 317 Seiten. FlexCover.
Euro 34,90. ISBN 978-3-446-41213-2

NEU

D. Ratz, J. Scheffler, D. Seese, J. Wiesenberger
Grundkurs Programmieren in Java

Band 1: Der Einstieg in Programmierung und Objektorientierung

4., überarbeitete Auflage
489 Seiten. FlexCover.
Euro 29,90.
ISBN 978-3-446-41268-2

Band 2: Einführung in die Programmierung kommerzieller Systeme

2., aktualisierte und überarbeitete Auflage. Basiert auf Java 5.0.
489 Seiten. FlexCover.
Euro 29,90.
ISBN 978-3-446-40494-6

B. Müller
JBoss Seam
Die Web-Beans-Implementierung

»Für Neulinge stellt dieses Buch einen gelungenen Leitfaden dar. Mit dem Anspruch, ein Reiseführer auf den ersten Erkundungen in der Welt von JBoss Seam zu sein, ist das Buch zu allererst an Softwareentwickler adressiert, aber auch Architekten finden hier wertvolle Hinweise, wenn es darum geht, ob das Framework für ein Projekt eingesetzt werden kann oder nicht.« JAVA MAGAZIN

280 Seiten. FlexCover.
Euro 34,90.
ISBN 978-3-446-41190-6

B. Müller
JavaServer Faces
Ein Arbeitsbuch für die Praxis

Dieses Arbeitsbuch führt Sie in JavaServer Faces ein und zeigt, wie Sie damit Benutzerschnittstellen für die Praxis entwickeln können. Verfolgen Sie Schritt für Schritt die Entwicklung einer Online-Banking-Anwendung und lernen Sie so alle wichtigen Features von JSF kennen.

Erscheint August 2009
2., aktual. u. erweiterte Auflage
ca. 512 Seiten. FlexCover.
ca. Euro 34,90.
ISBN 978-3-446-41992-6

Pragmatisch!

A. Hunt, D. Thomas
Der Pragmatische Programmierer

Egal ob Einsteiger, erfahrener Programmierer oder Projektmanager: Wer die Tipps täglich anwendet, wird seine Produktivität, Genauigkeit und Zufriedenheit bei der Arbeit rasch steigern und legt damit die Basis für den langfristigen Erfolg als Pragmatischer Programmierer.

»Sie sollten dieses Buch kaufen, es zweimal lesen und dann all Ihren Kollegen raten, sich sofort auch ein Exemplar zu besorgen. Dieses Buch würde ich nie verleihen, weil ich befürchten müsste, es nie wieder zu bekommen.«
KEVIN RULAND, MANAGEMENT SCIENCES, MSG-LOGISTICS

Mit vier Büchern der Pragmatischen Bibliothek auf CD.
331 Seiten. FlexCover. Mit CD und Beiheefter.
Euro 39,90. ISBN 978-3-446-22309-7

T. Langner, D. Reiberg
J2EE und JBoss – Grundlagen und Profiwissen
Verteilte Enterprise Applikationen auf Basis von J2EE, JBoss & Eclipse

Dieses Buch zeigt Ihnen, wie Sie mit J2EE und JBoss eine komplette Unternehmensanwendung entwickeln können. Ausführlich stellen die Autoren die einzelnen J2EE-Technologien und ihr Zusammenspiel mit JBoss vor. Sie zeigen, wie Sie eine J2EE-Anwendung anpassen, damit sie innerhalb eines JBoss Application-servers lauffähig ist.

733 Seiten. FlexCover.
Euro 44,90.
ISBN 978-3-446-40508-0

U. Breymann, H. Mosemann
Java ME
Anwendungsentwicklung für Handys, PDA und Co.

Java Micro Edition (Java ME) ist eine Umsetzung von Java für mobile Endgeräte. Dieses Buch beschreibt die Konzepte der Software mobiler Anwendungen, deren technische Realisierung und die verwendete Technologie auf der Basis von Java ME. Der Schwerpunkt liegt auf der Softwareentwicklung für Geräte mit begrenzten Ressourcen wie PDAs und Mobiltelefone.

2., aktual. u. erweiterte Auflage
448 Seiten. FlexCover.
Euro 44,90.
ISBN 978-3-446-41376 4

R. Oechsle
Parallele und verteilte Anwendungen in Java

»Mit der 2. Auflage ist dieses Buch wieder auf dem neusten Stand und bleibt das Einstiegs-Standardwerk zu Parallelität und Verteilung.« AMAZON.DE-REDAKTION

»Hervorzuheben ist der strukturelle Aufbau sowie die didaktisch gut verständliche Behandlung der Themen.« IT-DIRECTOR

2., vollständig überarbeitete und erweiterte Auflage
392 Seiten. FlexCover.
Euro 34,90.
ISBN 978-3-446-40714-5

Das neue Buch vom Autor des Bestsellers »Der Pragmatische Programmierer«

Andy Hunt
Pragmatisches Denken und Lernen
Refactor Your Wetware!

Software entsteht in unseren Köpfen, nicht in einem Editor, einer IDE oder einem Design-Tool. Deshalb wird es Zeit, pragmatischer an das Denken und Lernen heranzugehen. Egal ob Sie Programmierer, Manager, Wissensarbeiter, Technikfreak oder analytischer Denker sind oder ob Sie einfach nur Ihr Gehirn tunen möchten, dieses Buch wird Ihnen dabei helfen.

265 Seiten. FlexCover.
Euro 24,90. ISBN 978-3-446-41643-7

Kultbücher von Manning bei Hanser

NEU

C. Campbell, J. Stockton
Microsoft Silverlight 2 im Einsatz

Bei Silverlight handelt es sich um eine neue Microsoft-Technologie, mit der Webentwickler animierte Web 2.0-Anwendungen in und für Microsoft-Umgebungen erstellen können. Damit steht Silverlight in direkter Konkurrenz zu Adobes Flash-Player und Flex-Framework.

In **Silverlight 2 im Einsatz** behandeln die Autoren so wichtige Themen wie die Verwendung flexibler Layout-Komponenten, das Extensible Control Model, das Communication Framework sowie die Datenbindung und die Erstellung animierter RIAs. Darüberhinaus machen sie Sie mit den Architekturkomponenten wie auch mit dem Silverlight-Objektmodell vertraut. Das Buch bietet zahlreiche praxistaugliche Beispiele, die Schritt für Schritt zeigen, wie Silverlight bei der Erstellung unterschiedlicher Web 2.0-Anwendungen eingesetzt werden kann, und wendet sich an Entwickler und Designer gleichermaßen, die wissen möchten, wie sie mit Silverlight ansprechende Webanwendungen erstellen können.

400 Seiten. FlexCover.
Euro 39,90. ISBN 978-3-446-41859-2

F. Marguerie, S. Eichert,
J. Wooley
LINQ im Einsatz

Dieses Buch ist ein Programmiertutorial für Entwickler, die Microsofts Language Integrated Query, kurz LINQ, als universelle Abfragesprache einsetzen möchten. Es zeigt die vielfältigen Einsatzgebiete und stellt die wesentlichen Möglichkeiten dieser neuen Technologie vor.

552 Seiten. 90 Abb. FlexCover.
Euro 49,90.
ISBN 978-3-446-41429-7

J. Lott u.a.
Adobe AIR im Einsatz

Adobe AIR im Einsatz wendet sich an Entwickler speziell im Flex-/Flash-Umfeld, die lernen möchten, wie sich AIR-Anwendungen erstellen lassen. Es deckt die Erstellung einer Vielzahl AIR-basierter Webanwendungen ab und zeichnet sich durch eine klare Sprache und prägnante Beispiele aus.

356 Seiten. 71 Abb. FlexCover.
Euro 39,90.
ISBN 978-3-446-41734-2

D. König, A. Glover, P. King, G. Laforge, J. Skeet
Groovy im Einsatz

»Ihre Leidenschaft ist Programmieren? Sie sprechen fließend Java? Dann werden Sie »Groovy im Einsatz« lieben: Die beste Spracheinführung, die ich seit sehr langem gelesen habe (und ich habe wirklich viele gelesen in den letzten 20 Jahren). Mein persönliches Fazit: Kaufen!«
GERNOT STARKE

629 Seiten. FlexCover.
Euro 49,90.
ISBN 978-3-446-41238-5

D. Jamae, P. Johnson
JBoss im Einsatz

Den JBoss Application Server konfigurieren

»An diesem Buch gefällt mir am besten seine pragmatische Herangehensweise: Es spricht genau die am weitesten verbreiteten Themen und Probleme an, auf die ein Entwickler bei der Arbeit stößt. Ich kann es nur wärmstens empfehlen.«
DIMITRIS ANDREADIS, JBOSS APPLICATION SERVER PROJECT LEAD, RED HAT

543 Seiten. FlexCover. Euro 49,90. ISBN 978-3-446-41574-4

NEU

D. Brown, C. Davis,
S. Stanlick
Struts 2 im Einsatz

»Ein heißes Thema – cool und ansprechend präsentiert«.
PATRICK STEGER, ZÜHLKE AG

478 Seiten. FlexCover.
Euro 49,90.
ISBN 978-3-446-41575-1

N. Klein, M. Carlson,
G. mit MacEwen
Laszlo im Einsatz

»Jeder Laszlo-Entwickler sollte ein Exemplar dieses Buches haben.«
RYAN STEWART, ADOBE

526 Seiten. FlexCover.
Euro 49,90.
ISBN 978-3-446-41427-3

C. Walls, R. Breidenbach
Spring im Einsatz

»Wirklich eine ausgezeichnete Quelle. Sehr detailgenau. In höchstem Maße zu empfehlen.« JAVALOBBY.ORG

676 Seiten. FlexCover.
Euro 49,90.
ISBN 978-3-446-41240-8

C. Bauer, G. King
Java Persistence mit Hibernate

»Tolles Thema, großartiger Inhalt und riesiger Bedarf an diesem Buch!«
RYAN DAIGLE, LEAD ENGINEER, RTP REGION, ALTERTHOUGHT

729 Seiten. FlexCover.
Euro 59,90.
ISBN 978-3-446-40941-5

P. Armstrong
Flexible Rails

Flex 3 auf Rails 2

»Erstklassiges Lernerlebnis mit gewaltigem Nutzen!«
LOUIS F. SPRINGER, SUN

517 Seiten. FlexCover.
Euro 59,90.
ISBN 978-3-446-41573-7

R. Wirdemann, T. Baustert
Rapid Web Development mit Ruby on Rails

»Ruby on Rails hat die Weichen neu gestellt in puncto Produktivität, Agilität und Einfachheit bei der Entwicklung modernster Webapplikationen. Verpassen Sie nicht den Anschluss – dieses Buch ist Ihr Ticket zu einer bisher ungeahnten Leichtigkeit in der Softwareentwicklung für das neue Web.«
FRANK WESTPHAL, EXTREME PROGRAMMER & COACH

3., überarbeitete Auflage
436 Seiten. FlexCover.
Euro 34,90.
ISBN 978-3-446-41498-3

M. Johann
Ruby on Rails für JEE-Experten
Umfassender Einstieg in Rails und JEE-Integration mit JRuby

Dieses Praxisbuch von Michael Johann ist ein Standardwerk für die professionelle Anwendungsentwicklung mit Ruby on Rails ab Version 2.1. Die Konzepte von Rails und die Unterschiede zu Java EE lernen Sie anhand zahlreicher Beispiele detailliert kennen.

486 Seiten. FlexCover.
Euro 49,90.
ISBN 978-3-446-41535-5

A. Ebner, P. Lobacher
TYPO3 und TypoScript Kochbuch
Lösungen für die TYPO3-Programmierung mit Typo und PHP

Mit über 300 Rezepten zur TYPO3-Programmierung liefert dieses Kochbuch Lösungen für typische Probleme des TYPO3-Alltags.

»Die zur Zeit beste Empfehlung, wenn man solides Einsteigerwissen vertiefen und erweitern möchte. Weiter so:-)«
EIN BEGEISTERTER LESER

2., überarbeitete Auflage.
864 Seiten. FlexCover.
Euro 49,90.
ISBN 978-3-446-41733-5

Tom Alby 4.0

T. Alby
Web 2.0
Konzepte, Anwendungen, Technologien

Das Buch von Tom Alby ist kein weiteres Buch zu Web 2.0-Techniken. Vielmehr behandelt es die Konzepte, ohne die man die Vorteile des Web 2.0, die sich vor allem Unternehmen bieten, verschenkt. Tom Alby untersucht die Ansätze und Geschäftsmodelle von Web 2.0-Anwendungen und zeigt Gemeinsamkeiten wie auch Unterschiede auf.

»Kaufens- und lesenswert. Gesamtnote: sehr gut!«
DOTNETPRO

»Neben einem durchaus kritischen Blick auf Techniken und Konzepte beleuchtet der kundige Autor auch die Probleme finanzieller Abhängigkeit, die sich mit Web 2.0 ergeben werden.« MAC LIFE

3., überarbeitete Auflage
280 Seiten. FlexCover.
Euro 22,90.
ISBN 978-3-446-41449-5

T. Alby
Das mobile Web

Mit **Das mobile Web** knüpft Tom Alby konzeptionell an seinen Bestseller über das Web 2.0 an. Er beschreibt, wie sich typische Anwendungen der Web 2.0-Generation wie Flickr, Youtube, Newsgator, LastFM oder GMail ihren Weg auf mobile Geräte wie Handy, Smartphone, PDA oder iPod/iPhone bahnen.

»Das Buch wendet sich an Web-User und -Professionals, die erfahren möchten, wie sie das mobile Web optimal für sich nutzen können. Es liefert eine verständliche Einführung, behandelt alle wesentlichen Technologien des mobilen Webs, widmet sich zahlreichen nichttechnischen Aspekten und nennt bereits bestehende Anwendungen und solche der Zukunft.« WISSENHEUTE

240 Seiten. FlexCover.
Euro 24,90.
ISBN 978-3-446-41507-2

TIPP

NEU

S. Widjaja
Rich Internet Applications mit Adobe Flex 3

Mit Flex bietet Adobe Entwicklern ein mächtiges Framework, mit dem sie anspruchsvolle Webanwendungen erstellen können. Wie sich Flex dabei effizient einsetzen lässt, zeigt Simon Widjaja, Flexer der ersten Stunde. Sein Buch ist ein Leitfaden, der angehenden Flexern eine kompakte, aber trotzdem umfassende und vor allem praxisnahe Einführung in die Entwicklung von RIAs bietet.

496 Seiten. 224 Abb. FlexCover.
Euro 39,90.
ISBN 978-3-446-41366-5

T. Fuchß
Mobile Computing
Grundlagen und Konzepte für mobile Anwendungen

In Zukunft werden mobile und verteilte Anwendungen das alltägliche Leben immer entscheidender prägen. Dieses Lehrbuch stellt die mit dem Thema Mobile Computing verbundenen Fragen und Probleme auf verständliche Art und Weise dar und bietet prinzipielle Lösungsmuster, die die Entwicklung auch komplexer mobiler Anwendungen ermöglichen.

248 Seiten. 74 Abb. FlexCover.
Euro 29,90.
ISBN 978-3-446-22976-1

T. Hauser, C. Wenz
Joomla! 1.5
Das Open Source-CMS einsetzen und erweitern

Dieser Bestseller zeigt, wie man das auf PHP/MySQL basierende Content Management System Joomla! optimal einsetzt, um Webseiten zu erstellen und zu verwalten. Sie erhalten eine solide Einführung, die sich durch ihre überzeugende Struktur, übersichtliche Darstellung und klare Sprache auszeichnet.

3., überarbeitete Auflage
456 Seiten. 476 Abb. FlexCover.
Euro 29,90.
ISBN 978-3-446-41026-8

T. Alby, S. Karzauninkat
Suchmaschinenoptimierung
Professionelles Website-Marketing für besseres Ranking

2., aktual. Auflage. 282 Seiten.
FlexCover. Euro 29,90.
ISBN 978-3-446-41027-5

T. Alby
Professionell bloggen mit WordPress

320 Seiten. 89 Abb. FlexCover.
Euro 34,90.
ISBN 978-3-446-41354-2

Oracle im Griff

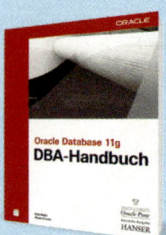

F. Haas

Oracle Tuning in der Praxis

Rezepte und Anleitungen für Datenbankadministratoren und -entwickler

»Sehr gelungen.« DOAG NEWS

2., erweiterte und aktualisierte Auflage
308 Seiten. FlexCover.
Euro 29,90. ISBN 978-3-446-40725-1

A. Held

Oracle Database 11g – Neue Features

für DBAs und Software-Entwickler

471 Seiten. FlexCover.
Euro 39,90. ISBN 978-3-446-41198-2

K. Loney

Oracle Database 11g Die umfassende Referenz

Diese Referenz ist für Datenbankentwickler und -administratoren ein unersetzliches Hilfsmittel bei der täglichen Arbeit. In diesem ultimativen Buch zur Oracle Database finden Sie fundierte und aktuelle Informationen zu allen wichtigen Themen der Version 11g.

Erscheint August 2009.
ca. 1000 Seiten. FlexCover. Mit CD.
ca. Euro 89,00. ISBN 978-3-446-41864-6

K. Loney

Oracle Database 11g DBA-Handbuch

Eine skalierbare und sichere Oracle Enterprise Datenbank administrieren

Managen Sie eine flexible, hochverfügbare Oracle-Datenbank mit Hilfe der Experten-Informationen aus diesem erfolgreichen Handbuch der Oracle Press.

»Für Oracle-Datenbankadmins ein Standardwerk, das in keiner Fachbibliothek fehlen sollte.« IT-DIRECTOR

735 Seiten. FlexCover.
Euro 79,00. ISBN 978-3-446-41379-5

D. Larisch

Praxisbuch Microsoft Hyper-V

Installation, Konfiguration und Systemverwaltung von Hyper-V für Windows Server 2008 und MS Hyper-V Server

Hier erhalten Sie einen umfassender einstieg in die Voirtualisierung mit Hyper-V. Der erfahrene Systemadministrator Dirk Larisch vermittelt Ihnen einen Überblick über die Funktionen von Hyper-V für Windows Server 2008 und MS Hyper-V Server. Nutzen Sie dieses praxisorientierte Nachschlagewerk für Ihre tägliche Arbeit und profitieren Sie von den zahlreichen Praxistipps und Best Practices zur Fehlerbehebung.

461 Seiten. FlexCover.
Euro 49,90. ISBN 978-3-446-41687-1

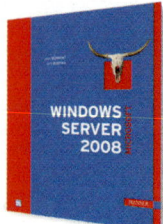

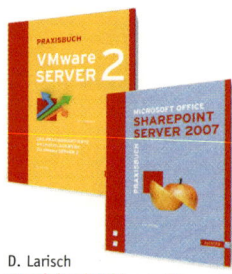

H. Schrödl

Business Intelligence mit Microsoft SQL Server 2008

BI-Projekte erfolgreich umsetzen

»Kann das Buch allen Interessierten, die noch keine Erfahrungen in diesem Themenbereich haben, als Einstieg empfohlen werden. Die zahlreichen Beispiele und Hinweise aus der Praxis sowie der Stil des Autors machen das Buch leicht verständlich und lesenswert.«
CARSTEN JÜRCK, BI-SPEKTRUM

2. Auflage. Erscheint Juli 2009
ca. 650 Seiten. FlexCover.
ca. Euro 49,90
ISBN 9778-3-446-41210-1

D. Rzepka, U. Bünning

Microsoft Windows Server 2008

Einrichten und Verwalten von Unternehmensnetzwerken

Rzepka und Bünning liefern nicht nur ausführliche und anschauliche Anleitungen, die die Installation, Konfiguration und Administration des Servers erheblich erleichtern. Sie blicken auch hinter die Kulissen des Betriebssystems und erläutern, weshalb es so und nicht anders funktioniert. Das Buch unterstützt – zusammen mit seinem einzigartigen System von Querverweisen – eine effiziente praxisorientierte Arbeit und dient als verlässliches Grundlagen- und Nachschlagewerk.

1280 Seiten. 620 Abb. FlexCover.
Euro 59,90. ISBN 978-3-446-41446-4

I. Bauder

Microsoft SQL Server 2008 für Administratoren

Dieses Buch liefert hierfür das grundlegende Know-how und deckt alle Phasen von der Installation über die Konfiguration bis hin zur Administration ab. Neben dem erforderlichen Grundlagenwissen stehen insbesondere die Neuerungen der Version 2008 im Mittelpunkt.

Ein umfassendes Werk, mit vielen praktischen Tipps und wertvollen Checklisten für die tägliche Arbeit mit dem MS SQL Server 2008.

720 Seiten. 170 Abb. FlexCover.
Euro 39,90. ISBN 978-3-446-41393-1

D. Larisch

Praxisbuch VMware Server 2

Das praxisorientierte Nachschlagewerk zu VMware Server 2

2., überarbeitete Auflage
485 Seiten. FlexCover.
Euro 49,90. ISBN 978-3-446-41558-4

D. Larisch

Praxisbuch Microsoft Office SharePoint Server 2007

Praxisorientierte Schritt-für-Schritt-Anleitungen für SharePoint-Anwender

536 Seiten. 410 Abb. FlexCover.
Euro 49,90. ISBN 978-3-446-41707-6

G. Starke
Effektive Software-Architekturen
Ein praktischer Leitfaden

»Ein lesenswerter Einstieg in die Materie: Obgleich die Thematik zeitweilig sehr trocken sein kann, wird dies dank des lockeren Schreibstils überbrückt. Das Buch ist dadurch gerade für Einsteiger interessant, die sich mit der Thematik der Softwarearchitektur vertraut machen möchten.«
DOTNETPRO

3., aktual. u. erweiterte Auflage
387 Seiten. FlexCover.
Euro 39,90.
ISBN 978-3-446-41215-6

J. Dunkel u.a.
Systemarchitekturen für Verteilte Anwendungen
Client-Server, Multi-Tier, SOA, Event-Driven Architectures, P2P, Grid, Web 2.0

Die Autoren beschreiben die Konzepte der verschiedenen Systemarchitekturen und stellen jeweils die wichtigsten Realisierungsplattformen und einfache Code-Beispiele vor. Der Vergleich der Architekturen, die Beschreibung ihrer Vor- und Nachteile und eine Reihe von Fallbeispielen helfen Ihnen bei der Architekturwahl.

305 Seiten. FlexCover.
Euro 34,90.
ISBN 978-3-446-41321-4

H. Sneed u.a.
Der Systemtest
Von den Anforderungen zum Qualitätsnachweis

Mit diesem Buch erhalten Sie eine praktische Anleitung zur Planung, Organisation und Durchführung des Systemtests, egal ob Sie die Systeme gekauft, von Open-Source-Bibliotheken übernommen oder neu entwickelt haben. Alle vorgestellten Methoden haben die Autoren vielfach in der Praxis getestet.

2., aktual. u. erweiterte Auflage
309 Seiten. FlexCover.
Euro 39,90.
ISBN 978-3-446-41708-3

B. Gloger
Scrum
Produkte zuverlässig und schnell entwickeln

Es spricht sich herum: Wer Scrum in der Softwareentwicklung richtig einsetzt, sorgt dafür, dass Teams deutlich produktiver arbeiten und funktionierende Produkte ausliefern. Mit diesem Buch erhalten Sie einen umfassenden Überblick und wertvolle Tipps, wie Sie Scrum einführen und leben können.

»Ein klares ›Sehr gut‹!«
DOTNETPRO

2., aktualisierte Auflage
400 Seiten. FlexCover.
Euro 39,90.
ISBN 978-3-446-41913-1

R. Wirdemann
Scrum mit User Stories

Setzen Sie zwei führende Techniken der Agilen Softwareentwicklung gemeinsam erfolgreich in Ihrem Projekt ein. In diesem Buch erfahren Sie, wie Sie Anforderungen im Sinne des Kunden mit Hilfe von User Stories beschreiben und im Product Backlog verwalten. Sie lernen, wie User Stories den Flow eines Scrum-Projekts steuern und das Team bei der Entwicklung werthaltiger Software leiten.

232 Seiten. FlexCover.
Euro 29,90.
ISBN 978-3-446-41656-7

D. Liebhart u.a.
Business Communication Architecture Blueprint
Leitfaden zur Konstruktion von Output Management Systemen

208 Seiten. FlexCover.
Euro 29,90.
ISBN 978-3-446-41703-8

Integration Architecture Blueprint
Leitfaden zur Konstruktion von Integrationslösungen

224 Seiten. FlexCover.
Euro 29,90.
ISBN 978-3-446-41704-5

Doppelpakt

C. Rupp, C. SOPHIST GROUP
Requirements-Engineering und -Management
Professionelle, iterative Anforderungsanalyse für die Praxis

»Mit Requirements-Engineering und -Management führt Chris Rupp und die ›GROUP‹ gekonnt vom A bis zum Z des RE und RM – der Detailreichtum ist dabei unglaublich und mitunter so faszinierend, dass man ganz vergisst ein Fachbuch zu einer schwierigen Thematik zu lesen. Sie bereiten einen roten Teppich in Richtung erfolgreiches IT-Projekt, auf dem sich von Entwicklern bis hin zu Managern und Studenten alle optimal Vorbereitet und abgesichert fühlen!«
AUS DER AMAZON.DE-REDAKTION

4., aktualisierte und erweiterte Auflage
580 Seiten. FlexCover. Euro 39,90. ISBN 978-3-446-40509-7

C. Rupp, S. Queins, B. Zengler
UML 2 glasklar
Praxiswissen für die UML-Modellierung

Dieses topaktuelle und nützliche Nachschlagewerk enthält zahlreiche Tipps und Tricks zum Einsatz der UML in der Praxis. Die Autoren beschreiben alle Diagramme der UML und zeigen ihren Einsatz anhand eines durchgängigen Praxisbeispiels.

Folgende Fragen werden u.a. beantwortet: Welche Diagramme gibt es in der UML 2? Wofür werden diese verwendet und aus welchen Elementen bestehen sie? Worauf sollte man bei der Modellierung mit einem bestimmten Diagramm achten?

3., aktualisierte Auflage
566 Seiten. FlexCover. Euro 34,90. ISBN 978-3-446-41118-0

Ausgezeichnet – Tom DeMarco

Ausgezeichnet mit dem Jolt Award 2009

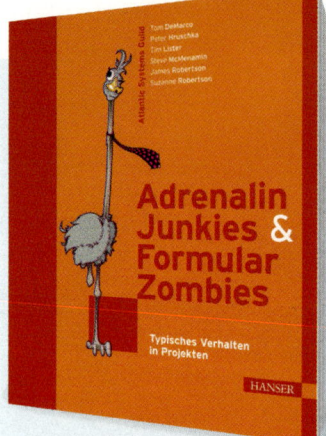

T. DeMarco
Spielräume
Projektmanagement jenseits von Burn-out, Stress und Effizienzwahn

224 Seiten. FlexCover.
Euro 19,90. ISBN 978-3-446-21665-5

T. DeMarco, P. Hruschka, T. Lister, S. McMenamin, J. Robertson, S. Robertson
Adrenalin-Junkies und Formular-Zombies
Typisches Verhalten in Projekten

Nerd, Überflieger, Bandit, Leckermaul, Zicke, Primadonna, Workaholic ... Wir kennen viele Begriffe, die menschliches Verhalten im Alltag anschaulich beschreiben. Für das Verhalten von Menschen in Projekten kennen wir solche Begriffe nicht. Bis jetzt.

Die Atlantic Systems Guild – die Leute, die u.a. die Bücher Der Termin, Wien wartet auf Dich und Mastering the Requirements Process geschrieben haben – haben jetzt Tausende von Projekten unter die Lupe genommen. Sie zeigen, wie das Verhalten von Projektteams und das ihrer Mitglieder und Manager die Ergebnisse des Projekts bestimmen können. Dabei wird deutlich, dass Projekte oft durch unbewusste Verhaltensweisen in Schwierigkeiten geraten. Umgekehrt gelingen Projekte normalerweise, wenn sich Projektteams so verhalten, dass es sich positiv auf ihre Arbeit auswirkt.

228 Seiten. FlexCover. Vierfarbig. Euro 24,90.
ISBN 978-3-446-41254-5

T. DeMarco, T. Lister
Bärentango
Mit Risikomanagement Projekte zum Erfolg führen

234 Seiten. Broschur.
Euro 19,90. ISBN 978-3-446-22333-2

Tom DeMarco
Der Termin
Ein Roman über Projektmanagement

Mit über 100.000 verkauften Exemplaren ist **Der Termin** von Tom DeMarco seit 1998 immer wieder auf den Bestsellerlisten und zählt zu den erfolgreichsten Managementbüchern überhaupt. Vielleicht wegen der spannenden Story und ganz sicher, weil sich jeder in dem Buch wiederfindet, der schon einmal einen mörderisch knappen Termin im Nacken gehabt hat.

Worum geht es? Der Manager Mr. Tompkins steht vor einer neuen Aufgabe: der Entwicklung von sechs Softwareprodukten. Auf jedes Produkt setzt er drei Teams an – jedes arbeitet nach seiner eigenen Methode. Der Wettlauf gegen die Zeit beginnt.

272 Seiten. FlexCover.
Euro 19,90.
ISBN 978-3-446-41439-6

Auch als spannendes Hörbuch erhältlich:

2 CDs. Ca. 130 Minuten Spielzeit.
Euro 19,90. ISBN 978-3-446-40049-8

T. DeMarco, T. Lister
Wien wartet auf Dich!
»Peopleware« in deutscher Sprache – Der Faktor Mensch im DV-Management

2. Auflage mit acht neuen Kapiteln. 283 Seiten. Broschur. Euro 19,90. ISBN 978-3-446-21277-0

Bücher und Themen für Querleser

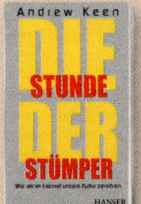

Facebook You Tube Xing & Co

GEWINNEN MIT SOCIAL TECHNOLOGIES

CHARLENE LI – JOSH BERNOFF

HANSER

Ch. Li, J. Bernoff
Facebook, You Tube, Xing & Co.
Gewinnen mit Social Technologies

Viele Unternehmen tun sich schwer mit den Social Technologies: Sie sind es nicht gewohnt, dass sich Kunden ganz unverblümt zu ihren Produkten äußern, statt die »offizielle« Produktwerbung zu schlucken.

Doch die Bedeutung der Social Technologies nimmt ständig zu. Wer diesen Trend ignoriert, ist jetzt schon erheblich im Nachteil gegenüber den Wettbewerbern.

Wie Social Technologies funktionieren, wie Unternehmen sie strategisch nutzen und so Umsatz und Gewinn steigern, beschreibt dieses Buch.

302 Seiten. Gebunden.
Euro 24,90. ISBN 978-3-446-41782-3

NEU

K. Eck
Karrierefalle Internet
Managen Sie Ihre Online-Reputation, bevor andere es tun!

Die wenigsten ahnen, was über sie im Internet kursiert. Dass nicht alle Informationen stimmen, wäre noch nicht so schlimm. Gezielte Diffamierungen und Lügen dagegen können schnell zum Karriere-Killer werden. Auch Unternehmen bleiben nicht ungeschoren! Der Schaden geht in die Milliarden. Welche Strategien und Werkzeuge dagegen schützen, zeigt das Buch.

264 Seiten. Gebunden. Euro 19,90
ISBN 978-3-446-41628-4

S. Baker
Die Numerati
Datenhaie und ihre geheimen Machenschaften

Ob wir eine Kreditkarte benutzen, im Internet surfen oder mit dem Handy telefonieren – immer hinterlassen wir digitale Spuren. Diese Spuren fügen sich zusammen zu klaren, regelmäßigen Mustern – für den, der sie zu lesen weiß.

Stephen Baker wirft einen beunruhigenden Blick auf die verborgenen Machenschaften der Numerati, die uns genauer kennen, als uns recht sein kann. Es sind mathematisch geschulte Experten, die unsere digitalen Spuren genauestens auswerten, Nutzerprofile erstellen und ohne unser Wissen weitergeben. Das ist gefährlich.

272 Seiten. Gebunden. Euro 19,90 · ISBN 978-3-446-40939-2

J. Palfrey, U. Gasser
Generation Internet
Die Digital Natives: Wie sie leben | Was sie denken | Wie sie arbeiten

»Wo viele Skeptiker im vermeintlichen Chaos des Netzes einen jugendverschlingenden Moloch sehen, weisen Palfrey und Gasser auf die Chancen hin, die der Jugend dort geboten würden. (...) Das Prinzip des Trial and Error, das jede Pubertät begleite, könne im virtuellen Raum besser erprobt werden.«
ZEIT ONLINE

448 Seiten. Gebunden. Euro 19,90
ISBN 978-3-446-41484-6

D. Tapscott, A. Williams
Wikinomics
Die Revolution im Netz

»Das Buch zeigt auf, wie andere den stürmischen Wandel nutzen, um dank verstärkter, offener Kooperation erfolgreich zu sein, und liefert dadurch Anregungen und Ideen, wie dem Sturm mit einem eigenen Kurs begegnet werden kann.« NZZ

»Die erste große Bestandsaufnahme über die neue kooperative Weltökonomie.«
PETER FELIXBERGER, SZ

332 Seiten. Gebunden. Euro 19,90
ISBN 978-3-446-41219-4

Ein faszinierendes Buch.
WALL STREET JOURNAL

A. Keen
Die Stunde der Stümper
Wie wir im Internet unsere Kultur zerstören

Das Internet und besonders das Web 2.0 sind ein Segen für die Meinungsfreiheit, so heißt es ... »Ein gefährlicher Irrweg«, sagt Andrew Keen: Wo Halbwissen und blanke Lügen herrschen statt verlässlicher Information, da ist unsere Kultur in ihren Grundfesten erschüttert. Ein scharf formuliertes Plädoyer gegen die Auswüchse des Internets.

256 Seiten. Gebunden. Euro 19,90. ISBN 978-3-446-41566-9

11

NEU

<E. Tiemeyer

Handbuch IT-Management

Konzepte, Methoden, Lösungen und Arbeitshilfen für die Praxis

Damit Sie als IT-Manager für die Praxis gerüstet sind, stellt dieses Handbuch umfassendes, aktuelles und in der Praxis unverzichtbares Wissen aus allen Bereichen des IT-Managements zur Verfügung. Die Autoren, allesamt Experten auf ihrem Gebiet, vermitteln Ihnen die Fähigkeit zur Entwicklung von IT-Strategien und zur Planung von IT-Architekturen sowie fundiertes Wissen zu Managementthemen und Führungsaufgaben. Sie erhalten einen Überblick über wichtige Anwendungsfelder der IT und Unterstützung bei der Nutzung bewährter Methoden und Instrumente im IT-Management.

3., überarb. u. erweiterte Auflage
739 Seiten. FlexCover.
Euro 59,90. ISBN 978-3-446-41842-4

F. Lehner, S. Wildner, M. Scholz

Wirtschaftsinformatik

Eine Einführung

2. Auflage. 427 Seiten. FlexCover.
Euro 34,90. ISBN 978-3-446-41572-0

12

I. Hanschke

Strategisches Management der IT-Landschaft

Ein praktischer Leitfaden für das Enterprise Architecture Management

»Dem als Leitfaden konzipierten Buch kommt in Krisenzeiten eine besondere Bedeutung zu – wie bedeutsam ist die IT für den Erfolg eines Unternehmens? Grundsätzlich soll die IT-Landschaft nach den Geschäftszielen ausgerichtet sein, dann reagiert das Unternehmen erfolgreich auf unterschiedliche Herausforderungen. Als IT-Manager, CIO oder als Interessent erfährt der Leser, wie eine solche Ausrichtung erfolgreich gelingt.«
DOTNETPRO

343 Seiten. FlexCover.
Euro 44,90. ISBN 978-3-446-41702-1

F. Lehner

Wissensmanagement

Grundlagen, Methoden und technische Unterstützung

3., aktualisierte und erweiterte Auflage
382 Seiten. FlexCover.
Euro 39,90. ISBN 978-3-446-41742-7

J. Schwab

Geschäftsprozessmanagement mit Visio, ViFlow und MS Project

2., aktualisierte und erweiterte Auflage
312 Seiten. FlexCover. Mit CD.
Euro 34,90. ISBN 978-3-446-40464-9

J. Schwab

Projektplanung realisieren mit Project 2007

Das Praxisbuch für alle Project-Anwender

Dieses Praxisbuch stellt die Methoden des Projektmanagements und deren Umsetzung mit Microsoft Project 2007 dar. Eben diese Verzahnung von Projektmanagement und methodischem Einsatz der Software macht dieses Werk zu MS Project einzigartig.

Der Autor wendet sich an alle Project-Anwender, unabhängig, ob sie lokal oder Server-basiert arbeiten.

527 Seiten. FlexCover.
Euro 39,90. ISBN 978-3-446-41342-9

C. Johner, P. Haas

Praxishandbuch IT im Gesundheitswesen

Erfolgreich einführen, entwickeln, anwenden und betreiben

Wenn Sie als Fach- und Führungskräfte an der Nahtstelle von IT und Gesundheitswesen arbeiten, finden Sie in diesem Praxishandbuch ideale Unterstützung. Hier lernen Sie alle relevanten Bereiche der IT im Gesundheitswesen kennen. Sie finden hier praktische Lösungen für die technologischen, rechtlichen, betriebswirtschaftlichen, organisatorischen und (gesundheits-)politischen Aspekte Ihrer Arbeit.

580 Seiten. FlexCover.
Euro 59,90. ISBN 978-3-446-41556-0

M. Beims

IT-Service Management in der Praxis mit ITIL® 3

Zielfindung, Methoden, Realisierung

Dieses Buch zeigt, wie Sie IT-Service Management mit ITIL® in der Praxis planen und realisieren. Sie erfahren, wie Sie die Best Practices von ITIL® Ihren Zielen entsprechend mit ISO 20000, IT-Kennzahlen, Balanced Scorecard, CobIT und PRINCE2 richtig kombinieren und einsetzen.

»Sehr angenehm ist an diesem Einführungswerk, dass Beims sich nicht einseitig auf ein Nachbeten der ITIL-Literatur beschränkt, sondern die ITIL-Empfehlungen in den Kontext benachbarter Konzepte und Modelle einbindet.« LANLINE

327 Seiten. FlexCover.
Euro 49,90. ISBN 978-3-446-41320-7

NEU

Christian Wischki

ITIL®V2, ITIL®V3 und ISO/IEC 20000

Gegenüberstellung und Praxisleitfaden für die Einführung oder den Umstieg

In diesem praktischen Leitfaden erhalten Sie übersichtliche und kompakte Information über die beiden Versionen von ITIL. Der Autor arbeitet ganz gezielt die Unterschiede und Neuerungen heraus und erklärt, welche davon wirklich wichtig sind. Mit zahlreichen Praxistipps und Beispielen unterstützt er Sie bei der Umstellung Ihres IT-Betriebs von ITIL v2 auf ITIL v3.

Erscheint September 2009
ca. 210 Seiten. FlexCover.
ca. Euro 29,90. ISBN 978-3-446-41977-3

D. Hoffmann

Grundlagen der Technischen Informatik

»Dirk Hoffmann kommt aus dem Hochschulbetrieb der Uni Karlsruhe, er kennt die Themen und Fragen rund um die Technische Informatik und er besitzt das pädagogische Geschick sein Wissen in selbststudiumstaugliche Form zu bringen – eine seltene und sehr, sehr angenehme Kombination, die ihm so mancher Student noch danken wird.«
AMAZON.DE-REDAKTION

432 Seiten. 308 farbige Abbildungen.
57 farbige Tabellen. FlexCover.
Euro 39,90. ISBN 978-3-446-40691-9

U. Lämmel, J. Cleve

Künstliche Intelligenz

Konzepte der künstlichen Intelligenz ganz praktisch

In den 80er-Jahren erlebte die Symbol verarbeitende künstliche Intelligenz eine Phase der Euphorie. Neuronale Netze wurden dann ein Allheilmittel der 90er. Es entstanden leistungsstarke Techniken, die heute in zahlreichen Produkten zum Einsatz kommen. Das Buch gibt eine Einführung in diese Techniken der künstlichen Intelligenz (KI) und behandelt als eines der wenigen Werke sowohl die Symbol verarbeitende KI als auch konnektionistische Ansätze in Form der neuronalen Netze.

3., neu bearbeitete Auflage
352 Seiten. 160 Abb. 50 Tab. FlexCover.
Euro 34,90. ISBN 978-3-446-41398-6

R. Socher

Theoretische Grundlagen der Informatik

Das Buch bietet einen Einstieg in die theoretischen Grundlagen der Informatik. Es beschränkt sich auf die klassischen Themen: formale Sprachen, endliche Automaten und Grammatiken, Turing-Maschinen, Berechenbarkeit und Entscheidbarkeit, Komplexität. Das Konzept der Transformation zwischen den verschiedenen Formalismen zieht sich wie ein roter Faden durch das gesamte Buch.

3., aktualisierte und erweiterte Auflage
232 Seiten. 29 Abb. 31 Tab. FlexCover.
Euro 24,90. ISBN 978-3-446-41260-6

D. Hoffmann

Theoretische Informatik

Theoretische Informatik muss nicht trocken sein. Sie kann Spaß machen und genau dies versucht das Buch zu vermitteln. Die verschiedenen Methoden und Verfahren werden anhand konkreter Beispiele eingeführt und durch zahlreiche Querverbindungen wird gezeigt, wie die fundamentalen Ergebnisse der theoretischen Informatik die moderne Informationstechnologie prägen. Alle Kapitel werden durch zahlreiche Übungsaufgaben komplettiert, so dass sich das Buch auch bestens zum Selbststudium eignet.

431 Seiten. 258 farbige Abbildungen.
22 farbige Tabellen. FlexCover.
Euro 39,90. ISBN 978-3-446-41511-9

M. Monka, W. Voß, N. Schöneck

Statistik am PC

Lösungen mit Excel

»Den Autoren gelingt das Kunststück, die Begriffe und Vorgehensweisen der Statistik so zu erklären, dass auch Interessenten mit geringem Zahlenverständnis die Lust am Lesen und Arbeiten erhalten bleibt.« COMPUTERWOCHE

Dieses Buch behandelt wesentliche Grundlagen der Statistik und vermittelt die wichtigsten statistischen Methoden. Mit Referenzkarte mit den wichtigsten statistischen Excel-Funktionen

5., aktualisierte und erweiterte Auflage
544 Seiten. 391 Abb. FlexCover.
Mit CD und Referenzkarte.
Euro 49,90. ISBN 978-3-446-41555-3

J. Plate

Linux Hardware Hackz

Messen, Steuern und Sensorik mit Linux

Linux leistet nicht nur als Server-Betriebssystem hervorragende Dienste, sondern auch als Betriebssystem für eingebettete Systeme. Wie Sie solche Mess-, Steuerungs- und Regelungsanwendungen konkret realisieren können, zeigt dieses Buch. Sie erfahren, wie Sie das Betriebssystem Linux für diese Zwecke verwenden, wie Betriebssystem-Kern und PC-Schnittstellen miteinander kommunizieren und wie man über digitale und analoge Aktoren und Sensoren die Brücke zur Außenwelt schlägt.

462 Seiten. FlexCover.
Euro 39,90. ISBN 978-3-446-40783-1

U. Kastens, H. Kleine Büning

Modellierung

Grundlagen und formale Methoden

Das Modellieren ist eine typische Arbeitsmethode der Informatik: Aufgaben, Probleme oder Strukturen werden untersucht und formal beschrieben, bevor sie durch den Entwurf von Software, Algorithmen, Daten oder Hardware gelöst bzw. implementiert werden. Dieses Buch vermittelt den Lehrstoff zur Modellierung für Einführungsvorlesungen und eignet sich für die Bachelor-Studiengänge Informatik und verwandter Fächer. Die zweite Auflage um Abschnitte zu UML und XML erweitert.

2., überarbeitete und erweiterte Auflage
293 Seiten. FlexCover.
Euro 34,90. ISBN 978-3-446-41537-9

E. Kienzle, J. Friedrich

Programmierung von Echtzeitsystemen

Das Buch vermittelt Fachwissen zu Funktion und Programmierung von Echtzeitsystemen. Sein Schwerpunkt liegt auf der Programmierung. Die wesentlichen Echtzeit-Programmierkonzepte für Einprozessor-Rechner werden allgemein erläutert. Stichworte sind Softwareentwicklung, Echtzeitverhalten, nebenläufige Prozesse, Multitasking und seine Programmierung, Speicherverwaltung, Unterbrechungstechnik und Ein-/Ausgabesystem.

320 Seiten. 190 Abb. 15 Tab. FlexCover.
Euro 34,90. ISBN 978-3-446-40735-0

W. Rankl, W. Effing
Handbuch der Chipkarten

Aufbau · Funktionsweise · Einsatz von Smart Cards

Dieses Buch ist das weltweite Standardwerk zur Chipkartentechnologie. Es bietet einen umfassenden Überblick über das gesamte Themengebiet. Als Grundlagen- und Nachschlagewerk ist es für alle unentbehrlich, die sich in der Praxis oder Ausbildung mit Chipkarten beschäftigen.

»Das ultimative Handbuch.« CARD FORUM

5., überarb. u. erweit. Auflage
1168 Seiten. FlexCover.
Euro 79,00.
ISBN 978-3-446-40402-1

P. Henning, H. Vogelsang
Taschenbuch Programmiersprachen

Dieses Taschenbuch dient als kompaktes Nachschlagewerk allen, die mit der Programmierung von Computern beschäftigt sind. Es gibt einen Überblick über die wichtigsten Programmiersprachen, um einerseits Bekanntes griffbereit zu haben und andererseits Neues schnell lernen zu können.

2., neu bearbeitete Auflage
632 Seiten. Taschenbuch.
Euro 29,90.
ISBN 978-3-446-40744-2

U. Schneider, D. Werner
Taschenbuch der Informatik

Hier bekommen Sie einen Überblick zu den wichtigsten Teilgebieten der Informatik, von der Theoretischen über die Technische und Praktische bis zur Angewandten Informatik und zur Wirtschaftsinformatik. Neben Grundlagen und Technologien werden auch aktuelle Trends sowie moderne Entwicklungen und Anwendungen wie Web-Services und E-Business behandelt.

6., neu bearbeitete Auflage
832 Seiten. Taschenbuch.
Euro 29,90.
ISBN 978-3-446-40754-1

T. Kudraß
Taschenbuch Datenbanken

Das Buch vermittelt Datenbankwissen in konzentrierter und übersichtlicher Form aus Anwender- und aus Entwicklerperspektive. Es eignet sich als kompaktes und gut strukturiertes Nachschlagewerk auch besonders zur Prüfungsvorbereitung.

»Ein informatives, qualitativ hochwertiges Nachschlagewerk.«
DATENBANK-SPEKTRUM

584 Seiten. Taschenbuch.
Euro 29,90.
ISBN 978-3-446-40944-6

E. Stein
Taschenbuch Rechnernetze und Internet

3., neu bearbeitete Auflage
600 Seiten. Taschenbuch.
Euro 29,90.
ISBN 978-3-446-40976-7

P. Henning
Taschenbuch Multimedia

4., aktualisierte Auflage
648 Seiten. Taschenbuch.
Euro 29,90.
ISBN 978-3-446-40971-2

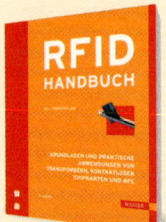

K. Finkenzeller
RFID-Handbuch

Grundlagen und praktische Anwendungen von Transpondern, kontaktlosen Chipkarten und NFC

Dieses einzigartige Handbuch bietet einen praxisorientierten und umfassenden Überblick über die Grundlagen und die Techniken von RFID-Systemen.

»So bleibt keine technische Frage unbeantwortet.« C'T

»Sehr empfehlenswert.«
TECHNOLOGIE & MANAGEMENT

5., aktual. u. erweiterte Auflage
550 Seiten. FlexCover.
Euro 59,90.
ISBN 978-3-446-41200-2

K. Schmeh
Elektronische Ausweisdokumente

Grundlagen und Praxisbeispiele

In diesem Buch zeigt der Sicherheits-Experte Klaus Schmeh auf, welche Technik den Elektronischen Ausweisen zugrunde liegt und wofür sie neben ihrer Ausweisfunktion noch genutzt werden können.

Erscheint August 2009
ca. 280 Seiten. FlexCover.
ca. Euro 39,90.
ISBN 978-3-446-41918-6

U. Schmidt
Digitale Film- und Videotechnik

2., überarb. u. erweit. Auflage
244 Seiten. Broschur. Euro 29,90.
ISBN 978-3-446-41250-7

T. Görne
Tontechnik

2., aktualisierte Auflage
376 Seiten. Broschur. Euro 29,90.
ISBN 978-3-446-41591-1

C. Fries
Grundlagen der Mediengestaltung

Mediengestaltung ist mehr als nur Design. Deshalb liegt der Fokus dieses Buches auf der konzeptionellen Gestaltung. Dabei stehen Grundidee und ein umfassendes Konzept im Vordergrund. Gestaltungstechniken und formales Design werden als unverzichtbarer Hintergrund ebenfalls umfassend behandelt. Mit vielen praktischen Übungen und Checklisten.

3., überarb. u. erweit. Auflage
256 Seiten. Vierfarbig. Broschur.
Euro 29,90.
ISBN 978-3-446-40898-2

H. Raffaseder
Audiodesign

Gutes Audiodesign basiert auf der Kenntnis der Schnittstellen zwischen Wahrnehmung, Technik und Gestaltung sowie des Zusammenspiels von Bild und Ton. Genau dort setzt dieses Buch an: Es beschreibt u.a. die physikalischen Zusammenhänge der Schallentstehung, erläutert Schallausbreitung, -wandlung und -aufzeichnung und geht auf die gestalterischen Aspekte von Audiodesign ein.

Erscheint Oktober 2009
2., aktual. u. erweiterte Auflage
ca. 310 Seiten. Broschur.
ca. Euro 34,90.
ISBN 978-3-446-41762-5

14

Play on!

Rüdiger Schreiner
Computernetzwerke

Von den Grundlagen zur
Funktion und Anwendung

Viele Anwender suchen oft
nach einer kompakten
Einführung in die Grund-
lagen moderner Computer-
netzwerke, die trotzdem
alle wesentlichen Aspekte
präzise behandelt. Mit
diesem Buch endet die
Suche.

Das Konzept basiert auf
jahrelanger Erfahrung
des Autors als Netzwerk-
verantwortlicher: Nur
verstandene Grundlagen
ermöglichen einen pro-
blemlosen Aufbau von
Computernetzen. Im
Vordergrund steht daher
nicht das ›So‹, sondern
das ›Wie‹.

Die Neuauflage wurde
komplett durchgesehen
und überarbeitet und um
neue Abschnitte zu
Netzzugang, Standards
und Verfahren erweitert.

**»Rüdiger Schreiner
liefert in diesem Buch
fundiertes Know-how
zu verschiedenen
Bereichen des Networ-
kings: Vom OSI-Modell
über die TCP/IP-
Protokollfamilie,
VLANs und VPNs,
Funknetzen wie dem
WLAN bis hin zu
Steckern und Kabeln.«**
IT BUSINESS

**»Als Leser merkt man
die didaktische Qualität
und Kompetenz des
Verfassers, der auch
Kurse über Netzwerke
durchführt.«** IT DIRECTOR

3., aktualisierte Auflage.
320 Seiten. FlexCover.
Euro 24,90.
ISBN 978-3-446-41922-3

J. Fischer
VoIP-Praxisleitfaden

IP-Kommunikation für
Sprache, Daten und Video
planen, implementieren
und betreiben

Jörg Fischer gibt Ihnen
eine Fülle von Tipps aus
seiner über 15jährigen
Praxiserfahrung mit VoIP.
Er beantwortet viele in der
Praxis häufig gestellten
Fragen wie: Welche VoIP-
Lösungen eignen sich für
welches Unternehmen? Wo
liegen welche Fallstricke
bei VoIP-Projekten und wie
kann man sie umgehen?

494 Seiten. FlexCover.
Euro 39,90.
ISBN 978-3-446-41188-3

A. Badach, E. Hoffmann
Technik der IP-Netze

Funktionsweise, Protokolle
und Dienste

**»Ein Werk, das keine Fragen
offen lässt, sondern ver-
ständliche Antworten gibt.«**
M. ACKERMANN, ONLINE-REDAKTEUR

Dieses Buch ist eine syste-
matische und fundierte Darstellung der Technik und
Einsatzmöglichkeiten der IP-
Netze. Es geht ausführlich
auf IPv6, die neue Version
von IP, ein und zeigt die
Migrationswege zum IPv6-
Einsatz auf.

2., aktual. u. erweiterte Auflage
720 Seiten. FlexCover.
Euro 49,90.
ISBN 978-3-446-21935-9

E. Eren, K. Detken
VoIP Security

Konzepte und Lösungen für
sichere VoIP-Kommunikation

VoIP wird immer beliebter.
Doch mit zunehmender Ver-
breitung häufen sich Berichte
über eine mangelhafte Sicherheit von VoIP-Installationen
und -Netzwerken. Dieses
Buch ist als Leitfaden für
die Umsetzung erprobter
Sicherheitskonzepte im VoIP-
Umfeld gedacht. Aufgrund
der Vielzahl von Beispielen
zeichnet es sich durch
einen hohen praktischen
Nutzwert aus.

320 Seiten. FlexCover.
Euro 39,90.
ISBN 978-3-446-41086-2

A. Badach
**Voice over IP –
Die Technik**

Grundlagen, Protokolle,
Anwendungen, Migration,
Sicherheit

**»Wer sich nach einem
umfassenden Werk zu
VoIP umsieht, sollte das
Werk von Anatol Badach
in die engere Wahl
nehmen.«** NETWORK COMPUTING

Erscheint September 2009
4., überarb. u. erweit. Auflage.
544 Seiten. FlexCover.
Euro 39,90.
ISBN 978-3-446-41772-4

D. Scherfgen
**3D-Spiele-
programmierung mit
DirectX 9 und C++**

Um 3D-Computerspiele zu
entwickeln, bedarf es einer
gehörigen Portion Erfahrung.
Oder dieses Buch, das sich
an Programmierer mit C++-
Kenntnissen wendet.

Im Mittelpunkt steht
DirectX. Der Autor geht auf
die DirectX 9-Komponenten
Direct3D, DirectSound,
DirectInput und Direct-
Show ausführlich ein.
Daneben widmet er sich
auch fortgeschrittenen
Themen, die sonst meist
unberücksichtigt bleiben.
Die Entwicklung einer 3D-
Spiele-Engine und zahlrei-
che Beispielprogramme, in
Visual C++ realisiert, ver-
deutlichen die verschiede-
nen Aspekte der Spiele-
programmierung. Tipps und
Tricks zeigen, wie man
Probleme von vornherein
umgeht.

3., aktualisierte Auflage.
Inkl. kompletter Spiele-Engine.
864 Seiten. FlexCover. Mit CD.
Euro 39,90.
ISBN 978-3-446-40596-7

H. Kalista
**C++ für
Spieleprogrammierer**

Wer anspruchsvolle
Computerspiele entwickeln
möchte, kommt an C++
nicht vorbei. Dieses Buch
macht den Leser mit allen
für die Spieleentwicklung
relevanten C++-Kenntnis-
sen vertraut.

Der Autor liefert dazu eine
praxisnahe Einführung in
die Sprache, ihre Kompo-
nenten und das Prinzip der
Objektorientierung.
Anhand von Beispielen,
die sich ausschließlich auf
die Spieleentwicklung
beziehen, zeigt er sehr
anschaulich, wie man
effektiv programmiert.
Dieser pragmatische Ansatz
wird durch zahlreiche
Aufgaben und Fehlerquell-
texte ergänzt, mit denen
der Leser für die Programmierung eigener Spiele fit
gemacht wird.

2., erweiterte Auflage
480 Seiten. Flexcover. Mit CD.
Euro 34,90.
ISBN 978-3-446-40332-1

T. Lucka
Mobile Games

Spieleprogrammierung für
Handys mit Java ME

**»Gut geeignet, um auf
hohem Niveau in die
Spieleprogrammierung für
den mobilen Einsatz ein-
zutauchen.«** IX

348 Seiten. 93 Abb. FlexCover.
Euro 34,90.
ISBN 978-3-446-41197-5

Hiermit bestelle ich über:

Expl.	Titel	ISBN 978-3-446-...

Firmenadresse ☐ Privatanschrift ☐

Vorname | Name

Firma

Abteilung

Straße / Postfach

Land / PLZ / Ort

E-Mail

Telefon

Datum / Unterschrift

HANSER

© Carl Hanser Verlag GmbH & Co. KG · Kolbergerstr. 22 · 81679 München · Tel.: +49/89/998 30-0 · Fax: +49/89/998 30-269 · info@hanser.de · www.hanser.de
Preise und Redaktionsschluss: Alle Angaben entsprechen dem Stand vom 01.06.09. Die Preise sind gebunden. Sie schließen die geltende Mehrwertsteuer ein.
(Irrtum und Preisänderungen bleiben vorbehalten.)

553/89042